제2조(정의) 이 조례에서 사용하는 용어의 뜻은 다음과 같다. 1. '학교'란 「초·중등교육법」 제2조에

부'란 부모, 후견인 또는 다른 법령의 규정에 따라 보호·감독자 등의 지위에서 취학하여야 할 아동

두고 있는 기구를 말한다 4. '총회'란 학부모 전체가 참여하는 학부모회의 최고 의사 결정 방식으로서

조례 또는 총회에서   기구를 말한다. 제3조(학부모회의 설치) 서울

한다. 제4조(학부모   해당 학교명 다음에 '학부모회'를 붙여 표시하

교육 모니터링 2. 학   여·지원3. 자녀교육 역량 강화를 위한 학부모

6조(회원) 회원의 자격은 해당 학교에 재학하는 학생의 학부모로 한다. 다만, 졸업한 학생의 학부모

명, 부회장과 감사로 구성하되, 임원의 정수는 해당 학교 학부모회 정으로 정한다.② 임원은 총회에서

있다. 제8조(임원의 임기)① 임원의 임기는 선출일 다음 날부터 다음 학년도 정기총회일까지로 한다.

수 있다. 제9조(임원의 직무)① 회장은 학부모회를 대표하고, 학부모회의 업무를 총괄한다.② 부회장

무 및 회계를 감사한다.④ 제③항의 감사는 연 1회 실시하되, 감사가 학부모회의 공정한 운영을 위하

일 이내에 학교 홈페이지 등을 통해 전체 회원에게 공개하여야 한다. 제10조(임원의 자격) 임원의 자격

회 규정이 정하는 바에 따라 대의원회, 학년별 학부모회, 학급별 학부모회, 기능별 학부모회를 둘 수

다.③ 임시총회는 회장이 필요하다고 인정할 때, 또는 전체 회원의 10분의 1 이상의 요구가 있을 때 소

하여야 한다.⑤ 총회는 회원의 10분의 1 이상의 출석과 출석 회원 과반수의 찬성으로 의결한다.⑥ 회

사항 등)① 다음 각 호의 사항은 총회의 의결을 거쳐야 한다. 1. 학부모회 활동 계획 수립2. 해당 학교

의견 수렴이 필요한 사항 5. 그 밖에 회장이 총회의 의결을 거치는 것이 필요하다고 인정하는 사항3.

조에 따른 학교운영위원회의 학부모위원과 「학교폭력 예방 및 대책에 관한 법률」 제13조에 따른 학교

「서울특별시립학교 운영위원회 구성 및 운영 등에 관한 조례」 제11조에 해당하는 사항에 대하여 학교운

영위원회 위원장에게 의견을 제출할 수 있다. 제14조(대의원회)① 대의원회는 임원, 학년별 학부모회

정으로 정한다.② 대의원회의 회장은 학부모회 회장이 겸임한다.③ 대의원회는 정기회와 임시회로

대의원회는 회장이 소집한다.⑤ 회장은 대의원회를 개최하려는 경우 회의 소집 의안 및 일시, 장소를

반수의 찬성으로 의결한다.⑦ 회장은 회의 결과를 회의 종료 후 7일 이내에 학교 홈페이지 등을 통해

각 호의 총회의 의결 사항 외의 학부모회 운영에 관한 사항2. 총회의 의결로 대의원회에 위임한 사항

별로 민주적 절차에 따라 선출한다.② 학년 학부모회에서는 해당 학년의 학교생활, 학년 운영 등에

학부모회 회원 5분의 1 이상의 요구가 있을 때 개최한다.④ 학급 학부모회는 제①항에서 제③항의 규

회 규정으로 정한다. 제17조(해산)① 학교 통·폐합 등으로 학부모회가 존속할 필요가 없을 때에는

.③ 학부모회가 해산된 경우 교육청 및 지방자치단체의 보조금 등 학부모회의 남은 예산은 해당 학교

) 교육감과 학교의 장은 학부모회의 효율적인 운영을 위하여 필요한 예산을 지원할 수 있다.② 학부

도 한다.제2조(정의) 이 조례에서 사용하는 용어의 뜻은 다음과 같다. 1. '학교'란 「초·중등교육법」

.2. '학부모'란 부모, 후견인 또는 다른 법령의 규정에 따라 보호·감독자 등의 지위에서 취학하여야 할

원으로 두고 있는 기구를 말한다. 4. '총회'란 학부모 전체가 참여하는 학부모회의 최고 의사 결정 방식

되어 이 조례 또는 총회에서 위임한 사항을 결정하는 의사 결정 기구를 말한다.제3조(학부모회의 설치

으로 정한다.제4조(학부모회의 명칭) 학부모회의 학교별 명칭은 해당 학교명 다음에 '학부모회'를 붙여

및 학교교육 모니터링 2. 학부모 자원봉사 등 학교교육 활동 참여·지원3. 자녀교육 역량 강화를 위한

사업제6조(회원) 회원의 자격은 해당 학교에 재학하는 학생의 학부모로 한다. 다만, 졸업한 학생의 학

회장 1명, 부회장과 감사로 구성하되, 임원의 정수는 해당 학교 학부모회 정으로 정한다. ② 임원은 총회에

둘 수 있다. 제8조(임원의 임기) ① 임원의 임기는 선출일 다음 날부터 다음 학년도 정기총회일까지로

임할 수 있다. 제9조(임원의 직무) ① 회장은 학부모회를 대표하고, 학부모회의 업무를 총괄한다.② 부회

업무 및 회계를 감사한다. ④ 제③항의 감사는 연 1회 실시하되, 감사가 학부모회의 공정한 운영을 위하

7일 이내에 학교 홈페이지 등을 통해 전체 회원에게 공개하여야 한다.제10조(임원의 자격) 임원의 자

회 규정이 정하는 바에 따라 대의원회, 학년별 학부모회, 학급별 학부모회, 기능별 학부모회를 둘 수

한다③ 임시총회는 회장이 필요하다고 인정할 때, 또는 전체 회원의 10분의 1 이상의 요구가 있을 때

고하여야 한다.⑤ 총회는 회원의 10분의 1 이상의 출석과 출석 회원 과반수의 찬성으로 의결한다.⑥ 회

사항 등) ① 다음 각 호의 사항은 총회의 의결을 거쳐야 한다. 1. 학부모회 활동 계획 수립2. 해당 학교

의 의견 수렴이 필요한 사항 5. 그 밖에 회장이 총회의 의결을 거치는 것이 필요하다고 인정하는 사항

조에 따른 학교운영위원회의 학부모위원과 「학교폭력 예방 및 대책에 관한 법률」 제13조에 따른 학교

「서울특별시립학교 운영위원회 구성 및 운영 등에 관한 조례」 제11조에 해당하는 사항에 대하여 학교운

운영위원회 위원장에게 의견을 제출할 수 있다. 제14조(대의원회) ① 대의원회는 임원, 학년별 학부모

규정으로 정한다.② 대의원회의 회장은 학부모회 회장이 겸임한다.③ 대의원회는 정기회와 임시회로

대의원회는 회장이 소집한다.⑤ 회장은 대의원회를 개최하려는 경우 회의 소집 의안 및 일시, 장소를

과반수의 찬성으로 의결한다.⑦ 회장은 회의 결과를 회의 종료 후 7일 이내에 학교 홈페이지 등을 통해

각 호의 총회의 의결 사항 외의 학부모회 운영에 관한 사항2. 총회의 의결로 대의원회에 위임한 사항제

로 민주적 절차에 따라 선출한다. ② 학년 학부모회에서는 해당 학년의 학교생활, 학년 운영 등에 대한

부모회 회원 5분의 1 이상의 요구가 있을 때 개최한다. ④ 학급 학부모회는 제①항에서 제③항의 규정을

규정으로 정한다.제17조(해산) ① 학교 통·폐합 등으로 학부모회가 존속할 필요가 없을 때에는 통

③ 학부모회가 해산된 경우 교육청 및 지방자치단체의 보조금 등 학부모회의 남은 예산은 해당 학교의

감과 학교의 장은 학부모회의 효율적인 운영을 위하여 필요한 예산을 지원할 수 있다. ② 학부모회

은 해당 학교 학부모회 규정으로 정한다. 부칙〈제6141호, 2015. 12. 31.〉제1조(시행일) 이 조례는

…등학교·중학교·고등학교 및 특수학교를 말한다. 다만 방송중신고등학교와 정송통신…

…1의 학생에 대하여 실질적인 교육의 책임을 지고 있는 사람을 말한다. 3. '학부모회'란 전체 학부모를…

중등교육법 시행령」 제59조 제2항에 따른 학부모 전체회의를 말한다. 5. '대의원회'란 학부모 대표로…

…육감 관할 공립학교에는 학부모회를 두고, 사립학교의 경우에는 학교 법인의 정관 또는 해당 학교의…

…조(기능) 학부모회는 학교교육 발전을 위하여 다음 각 호의 사항을 수행한다. 1. 학교운영에 대한 의견…

…지역사회와 연계한 비영리 교육사업 5. 그 밖에 학교의 사업으로써 해당 학교 학부모회의 규정으로 정…

…회 임원은 임기 만료일까지 회원의 자격이 있는 것으로 본다. 제7조(임원 등의 구성) ① 학부모회의 임…

…인 절차에 따라 선출한다. ③ 학부모회의 사무를 원활하게 처리하기 위하여 학부모회의 회원 중에서 간…

…생의 졸업으로 인한 경우는 임기만료일까지 임원의 자격을 유지한다. ② 학부모회의 회장은 1회에 한하…

…보좌하며 회장이 부득이한 사유로 직무를 수행할 수 없을 때에는 그 직무를 대행한다. ③ 감사는 학부모…

…인정할 경우에는 대의원회의 의결을 거쳐 특정 감사를 실시할 수 있다. ⑤ 감사는 감사 결과를 감사 종…

…학부모회 규정으로 정한다. 제11조(학부모회의 조직) 학부모회는 총회를 두되, 필요한 경우 해당 학교…

…총회) ① 총회는 정기총회와 임시총회로 구분하며, 정기총회는 매년 3월에 개최한다. ② 총회는 회장이…

…장은 총회를 개최하려는 경우 총회 소집 의안 및 일시, 장소를 총회 개최 7일 전까지 학교 홈페이지 등…

…과를 회의 종료 후 7일 이내에 학교 홈페이지 등을 통해 전체 회원에게 공개하여야 한다. 제13조(총회…

…정의 제·개정 3. 학부모회 임원 선출 4. 학교운영에 있어서 학부모들과 직접 관련 있는 사항으로써 학부…

…·중등교육법 시행령」 제59조제2항 및 「서울특별시립학교 운영위원회 구성 및 운영 등에 관한 조례…

…치위원회의 학부모위원을 선출한다. ③ 학부모회 회장은 총회의 의결 사항 중 「초·중등교육법」 제32…

…위원장에게 의견을 제출할 수 있다. ④ 학부모회 회장은 그 밖에 학부모회 규정이 정하는 사항에 대하여…

…별 학부모회 대표, 기능별 학부모회 대표를 포함하여 구성한다. 이 경우 대의원의 수는 해당 학교 학부…

…회는 매년 1회 이상 개최하고, 임시회는 회장이나 재적 대의원 5분의 1 이상의 요구가 있을 때 개최한…

…전까지 학교 홈페이지 등에 공고하여야 한다. ⑥ 대의원회 회의는 재적 대의원 과반수 출석과 출석…

…게 공개하여야 한다. 제15조(대의원회 의결 사항) 대의원회는 다음 각 호의 사항을 의결한다. 1. 제13조…

…학급·기능별 학부모회) ① 학년 학부모회는 해당 학년의 학부모로 구성하고, 학년 학부모 대표는 해당…

…직 사항 등 의견을 학부모회 회장에게 제출한다. ③ 학년 학부모회는 해당 학년 학부모 대표나 해당…

…기능별 학부모회는 해당 학부모회에 참여를 희망하는 학부모로 구성하며 그 밖의 사항은 해당 학교…

…해산한다. ② 학부모회를 해산하였을 때에는 해산 일로부터 2주 이내에 회원에게 해산 사항을 알려…

…귀속된다. 제18조(청산) 학부모회를 해산할 때에는 임원이 청산 사무를 담당한다. 제19조(재정 지원 등…

…의 회비를 징수하지 아니한다. 제20조(위임 규정) 이 조례에서 규정하지 아니한 학부모회 운영 등에…

…부터 시행한다. 제1조(목적) 이 조례는 경기도 내 학교의 학부모회 설치와 운영에 관한 사항을 정하여…

따른 초등학교·중학교·고등학교 및 특수학교를 말한다. 다만 방송통신고등학교와 방송통신중학

또는 학교의 학생에 대하여 실질적인 교육의 책임을 지고 있는 사람을 말한다. 3. '학부모회'란 전체 학

「초·중등교육법 시행령」 제59조 제2항에 따른 학부모 전체회의를 말한다.5. '대의원회'란 학부모

특별시교육감 관할 공립학교에는 학부모회를 두고, 사립학교의 경우에는 학교 법인의 정관 또는 해당

다.제5조(기능) 학부모회는 학교교육 발전을 위하여 다음 각 호의 사항을 수행한다. 1. 학교운영에 대

교육4. 지역사회와 연계한 비영리 교육사업 5. 그 밖에 학교의 사업으로써 해당 학교 학부모회의 규정

학부모회 임원은 임기 만료일까지 회원의 자격이 있는 것으로 본다.제7조(임원 등의 구성)① 학부모

민주적인 절차에 따라 선출한다.③ 학부모회의 사무를 원활하게 처리하기 위하여 학부모회의 회원 중

다만, 학생의 졸업으로 인한 경우는 임기만료일까지 임원의 자격을 유지한다.② 학부모회의 회장은 1

은 회장을 보좌하며 회장이 부득이한 사유로 직무를 수행할 수 없을 때에는 그 직무를 대행한다.③ 감

필요하다고 인정할 경우에는 대의원회의 의결을 거쳐 특정 감사를 실시할 수 있다.⑤ 감사는 감사 결

해당 학교 학부모회 규정으로 정한다.제11조(학부모회의 조직) 학부모회는 총회를 두되, 필요한 경우

다.제12조(총회) ① 총회는 정기총회와 임시총회로 구분하며, 정기총회는 매년 3월에 개최한다② 총

한다.④ 회장은 총회를 개최하려는 경우 총회 소집 의안 및 일시, 장소를 총회 개최 7일 전까지 학교

은 회의 결과를 회의 종료 후 7일 이내에 학교 홈페이지 등을 통해 전체 회원에게 공개하여야 한다.제13

부모회 규정의 제·개정3. 학부모회 임원 선출4. 학교운영에 있어서 학부모들과 직접 관련 있는 사항

회는 「초·중등교육법 시행령」 제59 조제2항 및 「서울특별시립학교 운영위원회 구성 및 운영 등에 관

력대책자치위원회의 학부모위원을 선출한다.③ 학부모회 회장은 총회의 의결 사항 중 「초·중등교

영위원회 위원장에게 의견을 제출할 수 있다.④ 학부모회 회장은 그 밖에 학부모회 규정이 정하는 사

대표, 학급별 학부모회 대표, 기능별 학부모회 대표를 포함하여 구성한다. 이 경우 대의원의 수는 해당

하며, 정기회는 매년 1회 이상 개최하고, 임시회는 회장이나 재적 대의원 5분의 1 이상의 요구가 있을

의 개최 7일 전까지 학교 홈페이지 등에 공고하여야 한다. ⑥ 대의원회 회의는 재적 대의원 과반수 출석

체 회원에게 공개하여야 한다.제15조(대의원회 의결 사항) 대의원회는 다음 각 호의 사항을 의결한다

6조(학년·학급·기능별 학부모회) ① 학년 학부모회는 해당 학년의 학부모로 구성하고, 학년 학부모

건의와 지원 사항 등 의견을 학부모회 회장에게 제출한다. ③ 학년 학부모회는 해당 학년 학부모회

을 따른다.⑤ 기능별 학부모회는 해당 학부모회에 참여를 희망하는 학부모로 구성하며 그 밖의 사항

폐합 일자로 해산한다.② 학부모회를 해산하였을 때에는 해산 일로부터 2주 이내에 회원에게 해산 시

학교 회계에 귀속된다.제18조(청산) 학부모회를 해산할 때에는 임원이 청산 사무를 담당한다.제19조(개정

에게는 일체의 회비를 징수하지 아니한다. 제20조(위임 규정) 이 조례에서 규정하지 아니한 학부모회

어서 와
학부모회는
처음이지?

어서 와
학부모회는 처음이지?

발행일 2017년 12월 27일 초판 1쇄 발행
지은이 조용미
발행인 방득일
편 집 신윤철, 박정화, 문지영
디자인 강수경
마케팅 김지훈

발행처 맘에드림
주 소 서울시 도봉구 노해로 379 대성빌딩 902호
전 화 02-2269-0425
팩 스 02-2269-0426
e-mail momdreampub@naver.com

ISBN 978-89-97206-62-9 03370

어서 와 학부모회는 처음이지?

조용미 지음

맘에드림

학교공동체를 지향하는
학부모 교육 주체 참여 성장론

이재정(경기도 교육감)

이 책은 다년간 학교의 교육 활동에 참여한 학부모의 실천적 경험을 통해 개인이 아니라 공동체의 관점에서 학부모가 함께 걸어온 길과 앞으로 더욱 나아가야 할 길을 그렸다.

학교교육 참여의 서먹함과 두려움을 떨치고 교육의 한 주체로 적극적이고 당당히 성장하는 길.

학교참여의 가치와 역할과 경계를 세워가는 길.

학교 민주주의 실현을 위한 민주적 학교 문화 만들기에 함께하는 길.

우리 모두의 아이로 마을에서 아이들의 성장을 품는 길.

배움과 삶이 일치되는 교육, 공동체 회복을 위한 교육을 고민하고 애쓰는 많은 학부모, 교사, 지역사회 모든 분께 실천 방향을 안겨줄 것이다. 이 책이 참된 학교 공동체 만들기를 희망하는 이들이 서로 공감하고 소통하며 실천해나가는 길 위의 동행자이자 벗이 되기를 바란다.

도시가 학교다, 시민이 교사다

김현철(포천교육지원청 장학관)

'한 아이를 키우려면 온 마을이 필요하다'라는 아프리카 속담이 있습니다. 교육은 '삼위일체'라는 말로도 회자되곤 합니다. 이는 아이들의 바람직한 성장을 위해서는 공동체 구성원 모두가 관심을 갖고 참여해야 한다는 말입니다.

모두가 동의하는 이런 생각이 그동안 현실에서는 제대로 실현되지는 않았던 듯합니다. 국민의 높은 교육열을 생각하면 이상한 일입니다. 교육공동체 구성원 모두가 교육에 참여해야 한다는 원론에는 동의하지만 현실에서는 제대로 실현되지 않는 것을 어떻게 받아들여야 할까요?

20세기까지만 해도 학부모와 지역사회 등 학교 밖의 교육 구성원이 교육에 참여하는 일은 부차적인 일로 여겨졌습니다. 객관주의 교육관이 지배하고 있던 당시에 교육은 '그 사회가 이룩한 문화의 정수를 다음 세대로 전달하는 일'로 인식되었기 때문입니다. 그 문화의 정수를 간직한 것은 교사이고, 학교 내부의 역량만으로도 사회가 요구하는 교육적 역할을 해내는 것이 가능했기 때문입니다.

1997년 제7차 교육과정 이후의 교육은 근본적인 관점에서부터 변화를 요구합니다. 이른바 구성주의 교육관입니다. 교육 혹은 학습은 '학습자가 자기주도적으로 환경과의 상호작용을 통해 자신에게 의미 있는 지식을 구성하는 것'으로 정의됩니다. 2015 개정 교육과정에서 추구하는 '창의융합형 인재'를 규정하는 여섯 개의 역량, 즉 자기관리 역량, 지식정보 처리 역량, 창의적 사고 역량, 심미적 감성 역량, 의사소통 역량, 공동체 역량도 이 관점 위에서 설계된 것들입니다.

이 정의에서 말하는 환경에 학교뿐만 아니라 아이들이 살아가야 할 지역사회, 나아가 나라 전체와 전 세계가 포함되어야 함은 당연한 일입니다. '의미 있는 지식'이란 교과서에 적힌 단순 지식이 아니라 인간이 자신의 삶을 행복하게 살아가면서 타인과 사회에 기여할 수 있는 힘, 즉 역량인 것입니다.

'지식'에서 '역량'으로의 관점 변화는 교육에 관한 우리 생각에도 변화를 요구하고 있습니다. 세상에서 살아갈 힘을 세상과 분리된 학교 울타리 안에서 기르는 것은 불가능한 일입니다. 교육의 장이 학교라는 울타리를 넘어서야 합니다. 인간은 자신이 살아가는 모든 환경에서 배운다는 것을 생각하면 이건 너무나 당연한 일입니다.

이러한 변화는 교육공동체 구성원에게 지금까지와는 다른 교육적 역할을 부여해야 한다는 것을 뜻하기도 합니다. 아이들에게 자신의 삶에 필요한 역량을 학교 내부 구성원만의 노력으로 길러주는 것은 어렵기 때문입니다.

이제 학부모와 지역사회 구성원의 역할은 달라져야 합니다. 학교교육의 단순 협력자, 비판자, 건의자, 혹은 민원인에서 학교교육의 공동 주인으로 서야 합니다. '학교교육을 통해 아이들에게 주고 싶은 것은 무엇인지?', '그것을 어떻게 해낼 것인지?'와 같은 보다 근본적인 문제 설정에도 참여해야 합니다. 같이 실행하고 함께 책임져야 합니다. 그것이 공교육에 아이들과 국가의 미래를 걸고 있는 이 사회가 학교에 요구하는 교육적 역할이 실현될 수 있는 거의 유일한 길입니다.

아이들이 살아가는 도시의 모든 공간이 학교입니다. 아이들과 함께 살아가는 모든 시민이 교사입니다.

학부모는 학교에서 무엇인가

안선회(중부대 교육대학원 교수)

내 아이의 현재와 미래를 함께 걱정하고 배려하는 학부모. 뿐만 아니라 모든 자녀의 성장과 행복을 함께 배려하고 지원하는 학부모. 그들은 나라의 주권자이자 교육 주권자입니다. 우리는 이런 학부모입니다. 그린데도 속이 탑니다. 현실은 그렇지 않기 때문입니다. 그렇지 못하기 때문입니다.

초등학생들은 즐겁게 학교에 다니지만 학업 성취를 제대로 모르고, 중학생은 고교 입학을 위한 내신과 비교과에 매달립니다. 고등학생은 내신 교과와 비교과를 비롯해 학교 생활기록부 성적과 기록 때문에 3년 내내 사실상 입시 지옥을 경험하고 있습니다. 지금도 행복하지 않고, 미래의 성장과 행복도 알 수가 없습니다. 불안합니다. 바로 이것이 지금, 우리 아이들의 모습입니다.

중학생은 고교 자기주도학습전형 때문에, 고등학생은 대학 학생부종합전형 때문에 학생과 학부모 모두가 고통을 겪고 있습니다. 학교가 더 부풀리고, 교사가 더 좋은 기록을 만들어주지 않으면 피해를 봅니다. 어떤 것이든 지원해줄 만한 여건이 되는 부모가 없는 아이들은 선발에서 뒤처지고 있습니다. 아이 스스로 노력하고 능력을 키우고 성장하는 것만으로는 어떤 것도 확신할 수 없는 깜깜한 세상, 불공정한 세상입니다.

학교 교과 성적과 비교과 경쟁에 시달리며 학교와 교사에 순응하고 때론 비굴하게, 때론 자존심과 양심에 상처를 받으며 좀 더 좋은, 좀 더 미화된 학교생활기록부 기록과 서류를 기대합니다. 이 잘못된 교육제도와 학교의 모습이 우리의 자존감과 양심, 그리고 모든 아이를 위한 더 넓은 배려를 어렵게 만들고 있습니다. 참 나쁜 제도입니다.

자사고이든 혁신학교이든, 그것은 소수 학교만의 노력이자 성과입니다. 모두를 위한 모든 학교의 교육 혁신, 학교 혁신은 요원합니다. 모든 학생과 학부모를 위한 진정한 교육, 진정한 학교, 진정한 교실 만들기는 정부, 학교, 교사에만 기대해서는 이루어지지 않습니다. 이러한 상황을 극복하기 위한 유일한 길은 부모, 바로 학부모의 올바른 노력과 열정뿐입니다.

이 책에는 학부모의 모든 고민과 열정, 노력이 들어 있습니다. 내 자녀와 우리 자녀를 위한 배려와 사랑이 담겨 있습니다. 학교를 바꾸고, 교육을 좀 더 바르고 아름답고 행복하게 만들기 위한 부모들의 바람과 구체적인 실천이 있습니다.

이 노력들이 최고의 방법과 대안이 아닐 수도 있습니다. 하지만 그 속의 고민과 실천, 깨달음은 이 땅에서 자녀를 위해 노력한 교육 실천의 아름다운 여정입니다.

조용미 님의 교육을 위한 실천에 감사합니다. 작지만 큰 울림이 있는 이 책 속의 이야기들을 다른 학부모들과 함께 나누고 싶습니다. 그럼으로써 우리 교육을, 학교를, 교실을 더 바르고 아름답고 행복하게 만들었으면 좋겠습니다. 아이들의 아름다운 성장과 행복을 위해 더 많은 학부모님이 함께 읽었으면 좋겠습니다.

저자의 말

필자는 두 아이가 중학교에 다녔던 2010년부터 2016년까지 7년간 학부모 활동을 했다. 학부모회 활동을 한다고 하면 자녀에 대한 지나친 교육열, 집착하는 학부모로 바라보는 주변의 눈빛 때문에 불편하다. 아직, 한국 사회에서 학부모회 활동은 당당하지 못하다.

내 아이가 별 탈 없이 학교에 다녀준다면, 학교에서 그다지 좋지 않은 소식이 들려도 두 눈 질끈 감고 못 들은 척하고 싶은 것이 현실이다. 불행히도 내 아이에게 피치 못할 사정이 생기면 그제야 학교에 찾아가고 관심을 갖게 되지만, 정작 어떤 태도를 취해야 내 아이에게 교육적이고 내 삶에 비겁하지 않을 수 있을까 고민스럽다.

짧지 않은 기간 동안 아이들의 학교에서 학부모 활동을 하면서 학부모라는 이름에 담긴 공동체성을 발견한 기쁨이 컸다. 학부모가 되면서 이웃을 만나게 되었고, 학부모가 된 덕분에 마을 안에서 학교와 이웃을 연결하는 역할도 할 수 있었다.

그동안 학부모 활동을 해온 경험을 나누고 싶다. 다른 학부모들에게 나름의 노하우를 이야기해주면, 노하우 말고 구체적으로 '무엇'을 했는지 말해달라고들 한다. 사실 '무엇'을 했느냐는 별로 중요하지 않다. 고민의 지점이 '어디'에 있었는지 알고 각자의 학교 환경에 따라 '적용'시키는 것이 중요하다. 그래도 무엇을 했는지 궁금해하기에 활동 내용과 함께 고민의 지점을 어떻게 이어갔는지 자세히 적었다.

결론적으로 말하면, 학부모 활동은 자원봉사가 아니다. 학교교육을 지원하는 조력자도 아니다. 학부모 활동은 학교교육의 공동 주인으로서 책임과 권리를 다하는 것이다. 작게는 학교 내에서 무엇을 교육할 것인지 함께 고민하고, 크게는 교육의 정책을 제시하는 것이다. 시작은 학급 학부모회에 참가하는 것부터다.

우리 학교는 교사들의 기피 대상이었다. 학생이라고 다르지 않다. 인근 초등학교에서 6학년이 되면 우리 학교로 배정될까 봐 멀리로 전학을 보냈다. 하지만 지금은 혁신학교로 선정되었고, 마을학교로 손꼽히고 있으며, 회복적 생활교육으로 학생들이 행복한 학교가 되었다. 조금만 길게 보면 달라질 수 있다. 아이가 졸업하면 끝 아니냐는 사람들도 있다. 내 아이가 건강한 마을에서 자라고 있다. 학교를 어떻게 변화시켜왔는지 내 아이가 눈으로 보고, 몸으로 느끼고 배웠다. 학교가 바뀌면 마을의 문화적 지평이 달라진다. 만일 7년 전의 학교, 마을에서 내 아이가 살고 있다고 생각하면 아찔하다.

학부모들은 아이가 자존감을 지키면서도 삶에 대한 통찰력과 사회적 삶의 역량을 가진 어른으로 자라기를 바라지만, 학교에서 올바른 교육을 받는다 해도 여전히 그렇지 못한 사회가 우리 아이들을 기다리고 있다.

학부모가, 교사가, 학생이 지금과는 다른 사회적 환경을 만들어야 한다. 불행하게도 우리 세대는 권위적이고 지식 중심적 교육을 받아와서 어떻게 해야 올바른 교육이 되는지 잘 모른다. 삶에는 연습이 없다고 하지만 학교는 배움의 기회가 있는 곳이니 더 나은 사회를 만들기 위한 연습 공간이 되어줄 수 있지 않을까?

학부모 활동을 통해 올바른 어른이 되는 연습을 해보자. 더 이상 처세 교육이 아닌 품격 있는 공동체적 교육 환경을 만들자. 교육의 3주체가 함께 성장하는 학교를 만들자.

학부모 개인에게 노력을 요구하는 것은, 내 아이에게 '잘'하라는 것과 별반 다를 것이 없다. 혼자는 두렵고 미미하다. 실천력도 떨어진다. 학부모회라는 조직을 이용하자. 내 아이가 실천하길 바라는 것을 학교에서 공동으로 실천하고, 학부모인 내가 실천하길 바라는 것을 학부모회에서 공동의 약속으로 만들자. 학부모회는 학부모 전체의 의사 수렴 기구이자 대표 기구이다. 학부모회를 통한 학부모 활동을 마치 정당 활동처럼 바라보고 시작해보자. 학부모회가 당신의 든든한 교육 보험이 되어줄 것이다.

부모는 대부분 학부모로서 살아간다. 주권의식을 가진 시민이자 교육 주권을 가진 학부모로서 가장 생활 밀착형 운동인 학부모 활동을 시작해보자. 내 아이와 내 삶에 가장 큰 변화를 안겨줄 수 있는 인생의 전환점이 될 것이다.

필자는 학교라는 제도에서 학부모가 어떤 위상, 어떤 관점인지 모르겠다는 이들을 위해 이 책을 썼다. 학부모가 무엇을 할 수 있는지, 무엇이어야 하는지 이야기하고자 한다. 대부분 개인적인 경험에 빗댄 이야기라 환경적으로나 시기적으로 맞지 않는 부분도 있을 것이다. 그러나 학교라는 제도의 한계는 비슷할 것이기 때문에 충분히 공감할 수 있을 것이라 생각한다.

　2016년에 타오른 촛불이 여전히 세상을 밝히고 있다. 먹고사는 것이 바쁘다고 해서 안전하고 공정한 것이 덜 중요한 것은 아니다. 공정하고 자유로운 과정을 배우는 것이 민주주의 교육이다. 무엇을 가르칠지, 무엇을 배울지 결정하는 그 과정에 참여하자. 내 아이들의 배움이 주인으로서의 배움이 되게 하려면, 과정에 참여하는 경험을 해야 하고, 그 실천을 학부모가 함께해야 한다. 학교에는 이미 모든 민주적 시스템이 마련되어 있다. 학교에 민주적 절차와 직접 민주주의를 가르치도록 요구하고, 학부모들이 실천해 보여야 한다. 광화문에 모이는 것만으로 광장의 힘을 보여 줬듯이 학부모회라는 공식 단체에 모이는 것만으로 학부모회의 힘은 시작된다. 대단한 사람들이 세상을 바꾸는 것이 아니라 평범한 가치를 지키는 사람들이 세상을 바꾼다. 진짜 그렇다.

조용미

목차

1장

민주적인
학부모회 만들기

학부모 활동을 시작하다

큰아이를 중학교에 보낼 때 우리 학교는 모두에게 기피 대상이었다. 수업 시간과 쉬는 시간이 구별이 되지 않을 만큼 소란스러웠고, 대낮에도 아이들이 슬리퍼를 끌고 아이스크림을 먹으며 돌아다니거나 구석진 골목에서 담배 연기를 피워 올렸다. 하굣길에는 오토바이가 등장하기도 하고 떼거지로 몰려다니며 소리를 질러 주민들을 눈살 찌푸리게 했다.

해마다 퇴임 직전의 교장들이 와서 말년 병장처럼 가만히 있다가 갔고, 흔히 말하는 가장 노련하다는 중견의 교사들이 지역 가산점을 따기 위해 들어와서 쉬다 가는 곳이라는 말이 돌았다. 왜 아이들은 중학생만 되면 모든 질서와 예의를 밥 말아 먹는지, 중2병은 왜 우리 학교에만 몰려 있는지 모를 일이었다. 참고로 우리 지역엔 이미 7년 전 혁신학교로 선정되어 전국의 관심을 받고 있는 초등학교와 대안학교가 있다. 결코 학부모의 교육적 관심이 적은 곳이라고 볼 수 없다.

학부모들은 아이를 초등학교에 보내면서 이미 많은 소문과 경험으로 교육에 대한 기대를 버려야 했다. 도심의 아파트에서 출퇴근하는 교사들은 흙먼지 나는 길바닥을 돌아다녀서 아이들이 더럽다고 대놓고 말하고, 반장 엄마에게 아이들 시험지를 채점해 오게 하는 일이 아무렇지 않게 있어왔다고 한다. 공개수업을 하는 날, 1학년 아이들에게 공부를 왜 해야 하는지 아느냐 묻고는, 공부를 잘해야 엄마, 아빠 큰 집도 사주고 좋은 차도 사줄 수 있다고, 공부 안 하면 노숙자 된다고 가르쳐 학부모들을 기함하게 만들었다.

복도에서 뛰어선 안 된다는 것, 수업 시간에는 의자에 앉아 있어야 한다는 정도는 알았는데 중학교에 올라와선 그마저 안 해도 된다고, 아무도 뭐라고 하지 않는다고 아이들 입으로 말했다.

그 와중에 이웃의 아이가 다른 아이를 괴롭힌 교사를 교육청에 고발한 사건이 생겼다. 이웃의 일이고 내 아이가 입학하기 전에 일어난 일이어서 사세한 사정은 모르지만 학교는 그 교사를 감쌌고, 고발한 아이를 비난했으며, 운영위원회는 두 손 놓고 있었다. 보다 못한 학부모들이 힘을 합쳐 그 교사를 전출시켰다. 학교의 불합리함을 바로잡는 작은 경험을 한 학부모들은 그 일을 계기로 본격적으로 학부모 활동을 시작했다. 뭔가 하면 달라질 수 있을 거라는 작은 희망을 가지게 된 것이다.

그 사건은 무마되었지만 후유증은 오래갔다. 교사와 학부모 간에 신뢰가 깨지면서 서로를 적으로 간주했다. 전년도에 학부모운영위원으로 들어갔던 이들은 번번이 과반수에 밀려 안건 상정도 제대로 못하고 1년을 보내야 했다. 학교운영을 책임지는 운영위원회에서 교육적 판단을 하지 않고 서로 편을 먹고 과반수로 상대방의 말을 무시하고 안건 상정도 해주지 않았던 것이다.

학부모들은 그동안의 불합리함을 바로잡고자 처음부터 우리(여기서 '우리'란, 그동안 마음 맞아 서로 마실도 가고 차도 마시던 친한 동네 아줌마들인데, 어쩌다 학부모 활동을 같이하면서 '우리'가 되었다) 뜻에 맞는 이들로 구성해서 기선을 제압하기로 했다. 나도 큰아이가 입학하면서 그들과 함께 학부모 운영위원으로 출마하게 되었다.

학교운영위원회는 학부모위원, 교사위원, 지역위원으로 구성되는데 구성 비율이 4 : 3 : 2 정도다. 때문에 학부모위원과 교사위원이 대치할 경우 지역위원이 누구의 편인지가 중요하다. 학부모위원만 우리 뜻에 맞는 이들이 구성된다면 별 어려움 없이 '우리 편'이 과반수를 넘겨 학부모위원이 추천한 지역위원이 될 가능성이 높은 구성이다.

드디어 첫 회의 때 지역위원을 추천하는데 아뿔싸, 한 학부모위원이 학교에서 추천하는 지역위원에게 찬성표를 던졌다. 학교 측 지역위원이 위촉되자 그들이 학교 뜻대로 운영위원장, 부위원장까지 차지했다. 우리의 작전은 시작도 못해보고 물거품이 되었다.

그날 밤 그 학부모에게 왜 그랬냐고 물어봤더니 회의 바로 전에 교장 선생님이 따로 불러서는 도와달라고 해서 그럴 수밖에 없었다고 했다. 할 말이 없었다. 원래 학교에서 권해서 운영위원을 시작했던 분인데 지난 1년을 보내면서 우리 학부모들의 편이 되었을 거라고 착각한 것이다.

그때부터 학교운영회의는 매번 전쟁터를 방불케 했다. 고성이 오가고 의미 없는 질문을 던지고 시간을 끌고 팔짱 낀 자세로 노려보기 위해 회의장에 간 것 같았다. 또다시 1년을 허비해야 하다니 억울했다. 우리는 학교운영위원을 하기 위해 이미 겨울방학 때부터 학부모 단체에서 강사를 모시고 공부를 했었다. 그러나 그런 공부는 무의미했다. 어떤 의견도 받아들여지지 않았고 팽팽한 대치 속 전운이 흘렀다.

다음 해가 되어서야, 완벽하게 우리 편만으로 구성된 학부모운영위원들이 후보 등록을 했다. 학교도 학교 편을 들어줄 학부모들을 후보에 올렸다. 학교 역사상 처음으로 투표를 했는데 기적같이 모두 우리 편이 당선되었다. 우리 편이 모두 운영위원을 하지 학부모 회장 후보로 나왔던 이가 슬그머니 사퇴해서 학부모 회장까지 우리 편이 하게 되었다. 학교는 우리를 교장실에 모이게 해 잘 부탁한다고 했고, 이후 모든 회의에서 학부모들의 의견이 반영되었다. 3년 만에 우리를 회의 대상으로 인정하기 시작한 것이다. 그동안 얼마나 쓸모없는 것에 힘을 빼야 했는지 참으로 허무했다.

돌이켜 생각해보면 어떻게 그렇게 대차게 싸울 수 있었나 싶다. 이제는 무용담처럼 이야기하지만 네 편, 내 편만 남은 비합리적인 상황에서 아이들의 시간은 죽어갔다. 하지만 그런 시간들이 있었기에 다음 계단을 오를 수 있었지 않았나 싶다.

　우리는 원래 운영위원회에는 관심이 없었고 단지 학부모회 활동을 하고 싶었을 따름이다. 그런데 학교에서 학부모 회장이 되려면 운영위원이 되어야 한다고 해서 할 수 없이 운영위원까지 하게 된 것이다. 나중에 알고 보니 우리를 받아들이기 싫어서 관례가 그렇다고 억지를 부린 것뿐이었다. 미리 밝혀두지만 운영위원회나 학부모회는 각기 독립된 조직이며 학부모총회에서 각각 선출되는 선출직이다.

학부모 학교참여 지원사업

　그동안 아무것도 하지 않았으면서 더 격렬하게 아무것도 하고 싶어 하지 않는 학교를 보면서 한숨이 나왔다. 뉴스에서는 혁신학교니 뭐니 해서 교육이 엄청 좋아진 것처럼 말하는데 왜 우리 지역은 이 모양인가 싶었다. 우리도 아이들에게 혁신학교 못지않은 좋은 교육을 제공해주고 싶었다. 마침 학부모회에 운영비를 주고 학부모 활동을 독려하는 '2010년 학부모 학교참여 지원사업' 공모가 처음으로 발표되었다. 우리도 도전해보기로 했다.

　그동안 우리는 모였다 하면 아이들에 관한 이런저런 궁리를 했다. 마을에 아이들이 모여 놀 만한 공간이 없다는 게 속상했고, 청소년들을 위한 프로그램이나 문화가 없다는 것이 안타까웠다. 학교 방과 후 프로그램은 고리타분한 영어, 수학이 전부였기 때문에 하다못해 기타라도 배울 수 있는 기회를 만들어주고 싶었다. 지금은 자치센터 프로그램도 다양해졌고, 실용음악 학원도 들어섰고, 아이들이 좋아하는 카페나 편의점도 생겼지만, 당시는 불량식품을 파는 문방구 하나뿐이었다. 학교에서는 동아리조차 만들 의지가 없었기 때문에 이 기회에 학부모회에서 직접 해보기로 한 것이다.

고전 낭독과 독서 토론, 아버지와 함께하는 생태 탐사와 레포츠 활동, 진로 멘토단, 자원봉사단 등 아이에게 해주고 싶은 내용을 몽땅 담아 학부모 학교참여 지원사업 공모에 신청했다. 의욕 넘치는 계획서 덕분인지 우리가 선정되었으나, 학교에서는 관심도 주지 않았고 알아서 하라는 식이었다. 그래도 가정통신문은 내줄 줄 알았는데 학교가 공식적으로 하는 게 아니어서 곤란하다고 했다. 아이들을 시켜 알음알음 소문을 냈지만 알릴 수 있는 범위는 한계가 있었다.

독서 토론을 위해 도서관을 빌려달라고 하니 겨우 방과 후 한 시간만 내어주는 수준이었다. 사서 선생님의 퇴근 시간을 보장해야 한다는 이유였다. 아버지와 함께하는 프로그램은 아버지들이 참여하지 않으면 안 되는데 우리 아이들의 아버지조차 도와주질 않았다. 아이들도 초등학교 때와 달리 엄마가 하라고 해서 하는 나이가 아니었다.

가족 봉사단도 마찬가지였다. 중학교 내신 점수에 봉사 활동이 있는데, 제대로 된 봉사를 배울 기회가 없기 때문에 가족 봉사단을 통해 봉사의 참 의미를 배우게 하고 싶었다. 그러나 학교에서는 1박 2일로 꽃동네 봉사를 다녀오는 것으로 아이들의 봉사 점수를 해결할 수 있으니 가족 봉사단까지 만들 필요는 없다고 했다.

그나마 학교에서 봉사 점수가 부족한 아이들을 배치해주어서

독거노인 분들께 반찬을 배달하게 되었다. 자원봉사하는 학부모가 차로 아이들을 태우고 반찬 배달을 했는데, 첫 번째 집에선 우물쭈물했던 아이들이 마지막 집에 갈 때쯤엔 어르신들과 눈도 마주치고 슬쩍 웃어드리기도 했다. 하지만 사전 교육도 없이 그냥 따라오는 수준이었기 때문에 그 상황을 모면하고 싶어 하는 아이들이 더 많았다. 마음을 열지 못하고 끝내면 오히려 괜한 편견만 갖게 될 것 같았다. 어르신들과의 관계가 보다 친밀해질 수 있도록 한 번으로 끝내지 말고 서너 번 더 갈 수 있게 해달라고 학교에 이야기했지만, 관리가 어려워서 안 된다고 했다.

다른 프로그램도 마찬가지였다. 신청자가 없으니 우리 아이들을 무조건 동원했는데, 무엇보다 우리가 너무 지쳤다. 많은 프로그램을 다 채워야 하니 뺑뺑이를 돌리는 기분이었다. 학교에서 해주지 않는 프로그램을 많은 아이와 함께하고 싶어서 시작한 일이 있는데 모두가 힘들 뿐 보람을 느끼지 못하게 되었다.

전반적으로 기대한 것만큼 실적이 좋지는 않았지만 마음이 충만해지는 일도 있었다. 내가 맡아서 했던 멘토링 지원단 활동이 특히 좋았다. 당시 멘토링 활동이 유행처럼 번졌었는데, 가정 환경이 어려운 아이들에게 부족한 학습 지도나 반찬 등을 해주는 식이었다. 잘 해나가는 분들도 있었지만 혼자서 감당하기에는 개개인의 책임감이 무겁게 여겨져서 참여자가 적었다. 또한 학습 지도나 상담 등은 전문성이 필요하기 때문에 누구나 쉽게 참여하기 어려운 일이다.

원래 기획했던 멘토링은 각 분야의 전문가와 멘토-멘티를 연결하는 진로 멘토링이었는데, 멘토의 열정이 너무 높은 것이 문제였다. 멘티의 준비 정도와 상관없이 지나치게 많은 것을 주려고 했다. 조언은 하되 받아들이는 여부는 멘티의 몫이다. 그 이상은 간섭이다.

한 아이와의 깊은 멘토링이 기억에 남는다. 학교생활을 무척 힘들어하는 아이였는데, 어느 날 그 아이로부터 전화가 왔다. 당장 날 만나고 싶다고, 만나야 한다고 했다. 뭔가 큰일이 생긴 것 같아 서둘러 학교로 갔다. 교문 앞에서는 친구들과 환하게 웃던 아이가 내 차에 올라타자마자 울음을 터트렸다. 아무에게도 말하지 않았던 비밀이 있는데 지금 당장 털어놓지 않으면 미칠 것 같았다며 긴 이야기를 했다.

복잡한 사연이 있었고 지금도 힘든 상황이었지만 해결해줄 수 있는 것이 없었다. 그 후로도 그 아이가 부르면 무조건 달려갔다. 언제나 밝은 얼굴로 만났지만, 서로의 속은 문드러졌다. 그냥 들어주었다. 아이가 좋아하는 책을 같이 읽고 수다를 떨기도 하고, 뜨개질을 하기도 했다. 청소년 시기에는 특히 부모나 가족이 해줄 수 없는 일들이 있다. 그걸 이웃이 해줄 수 있다는 믿음이 생겼다. 이웃 아줌마라면 감정을 보태지 않고 한 걸음 물러서서 그냥 지켜봐줄 수 있지 않는가.

내가 했던 멘토링은 적극적인 도움의 손길을 주기보다는 이야기 상대가 되어주는 소극적인 것이었다. 사실 지켜봐준다는 것이 더 어려울 수도 있다. 자꾸만 잔소리하게 되고 참견하게 되는데, 이를 잘 참아내는 연습이 필요하다. 끝까지 잔소리하거나 참견하지 않고 참아낼 수 있었던 것은 이웃들, 학부모 활동가들 덕분이다. 그 아이와 나만의 비밀이었기 때문에 자세한 이야기를 공유하지는 못했지만 수시로 쫓아가서 "나 어떡하지? 뭔가 전문가의 조치가 필요한 게 아닐까?" 하며 동동거렸다. 그럴 때마다 충분히 잘하고 있다고 응원해주고 누군가의 이야기를 들어준다는 것의 소중함을 지지하고 격려해주었다. 과하게 감정 이입이 되지 않도록 일깨워주었고 지나친 간섭이 되지 않게 완급 조절을 해주었다.

이후에도 꾸준히 학부모 학교참여 지원사업 공모에 참여했지만 가능한 프로그램이나 행사가 아니라 일상적인 문화를 바꾸는 활동에 중점을 두기 위해 노력했다. 그러는 동안 그럴싸한 프로그램을 제공하는 것보다 학부모, 학생, 교사가 서로에게 영향을 주고 학교의 문화를 바꿔가는 것이 학부모회라는 조직이 할 일이라는 것을 조금씩 알아갔다.

학교 문화를 바꾸는 활동

학교 순회 활동

학교에서는 그동안 학부모회가 해왔던 일들을 이것저것 요구
했다. 체육대회 때 음식 바자회가 대표적이었다. 처음에는 그냥
'해야 하는가 보다' 하고 받아들였다. 떡볶이며 어묵이며 부침개
를 만들어 아이들에게 팔고 있는데 손님이 오셨다고 음식을 대접
하라고 했다. 손님들은 전년도 회장단들과 마을 유지 분들이었
다. 그들은 부침개 몇 조각을 먹고는 봉투를 내밀었다. 우리는 그
만 심드렁해졌다. 무엇을 위한 바자회인지 알 수가 없었다. 아이
들에게 맛있는 음식을 해준다는 즐거움도, 아침부터 이것저것 열
심히 사먹은 아이들이 점심 급식을 다 남기고 버리는 모습을 보는
순간 급격히 사라졌다.

봉투가 가지는 의미가 적지 않음을 안다. 그러나 학부모가 봉
투를 만들어내는 사람이기를 바라지 않았다. 바자회라는 것이 기
금을 목적으로 하기도 하지만, 적어도 기금 모금을 했다면 우리가
목적하는 바를 분명히 하고 그에 맞게 써야 한다.

오후에는 교사와 학부모 간 계주 경기를 진행할 테니 선수를 모으라고 했다. 교사들은 평소 운동량이 적은 학부모들을 이기는 건 식은 죽 먹기라며 의기양양해했다. 우리는 예상치 못한 경기에 당황했고 선생님들의 기세에 완전 기가 죽었다. 처음에는 지다가 강력한 선수 출신 학부모의 등장으로 막판 뒤집기를 하면서 이겼다. 나중에 들려온 소문에 의하면 그걸 왜 이겼냐며 우리한테 눈치가 없다고 했다. 안 하던 달리기로 온몸이 쑤시던 학부모들은 왜 우리가 죽기 살기로 달렸는지 의아해했다. 왜 계주 같은 경기를 해서 학부모와 교사 간 경쟁을 부추겼는지 모르겠다. 아무런 득이 없고 실만 가득했다.

왜 우리는 학교가 요구하는 활동을 아무런 고민 없이 했을까?
그것은 아이들에게 필요한 활동이었을까, 아니면 학부모들에게 필요한 일이었을까?
그 순간 우리는 즐거웠던가?
학부모회는 무엇을 하는 기구인가?
학교라는 공간에서 학부모란 무엇이란 말인가.?

학교가 우리를 불편해하는 것을 알면서도 학부모운영위원과 학부모회를 장악하면서까지 꼭 하고 싶었던 일들이 있었다. 학교가 '변하는' 것이다. 학생들에게 '필요한' 학교가 되는 일이다. 공부는 학원에서 하고 학교는 무사히 졸업장이나 따는 곳이라는 말도 안 되는 생각들이 만연해 있었다. 아이들의 성장과 역량을 키우는 배움과 학습이 있는 학교로 변화하는 데 우리가 작은 역할이라도 할 수 있기를 바랐다. 학교 일을 시작한 첫해에는 그동안 해보고 싶었던 일을 두서없이 해봤다면, 이제 아이들에게 직접적이면서도 긍정적인 영향을 미치고 싶었다. 근본적으로 교육과정에 변화를 줄 수 있는 일을 하기로 마음먹었다.

우선, 수업이 제대로 이루어지게 하기 위해서 학교 순회에 힘을 기울이기로 했다. 학교 순회 활동은 학교 주변을 순회하면서 학교폭력 예방 및 지도하는 활동을 말한다. 주로 패트롤맘이나 어머니폴리스 등의 단체에서 제복을 입고 학교 내 순찰 활동을 하는 것이다. 우리는 그런 단체는 아니었고 그저 엄마의 마음으로 수업 종이 쳐도 서두르지 않는 아이들을 교실로 들여보내고 사각지대에서 담배를 태우는 아이들을 타이르는 일을 했다.

학교에서도 이 활동만큼은 협조해왔다. 처음에는 복도에 학부모들이 돌아다니면 수업하는 교사들이 신경 쓰인다는 이유로 수업 시간에는 학교에 오지 못하게 해서 학교 주변만 돌았다. 그러다 학부모들이 성과를 보이자 학교 안으로 들어오게 했다. 학부모들의 도움을 받아서라도 아이들이 수업 시간을 지키게 하는 일이 시급했던 것이다.

점심시간이나 방과 후에는 흡연하는 아이들을 찾아 인근 골목까지 누볐다. 강당 뒤에 수북이 쌓여 있던 꽁초들도 싹 청소했다. 눈에 띄면 담배가 더 생각날 것이고, 꽁초가 있으면 담배를 태워도 되는 공간이라고 생각할 것이기 때문이었다. 아마도 꽁초를 버리는 게 부담스러웠을 것이고, 하나라도 발견되면 당연히 거기 있는 사람이 의심받을 것을 알아서인지 점차 담배 태우는 아이들이 줄기 시작했다.

처음에는 담배 태우는 아이들과 부딪히면 어쩌나 겁이 나기도 했다. "어쩌라고?" 하면서 눈을 부라리면 뭐라고 말해야 하나 싶었다. 다행히 아이들은 우리가 생각했던 것보다 훨씬 착하고 순했다. 가까이 오는 기척만 있어도 놀라서 담배를 껐다. 우리도 야단치지 않기로 했다. 그동안 여기가 담배를 태워도 되는 골목이었다면 이제는 안 된다는 것만 알려주기로 했다. 아이들이 더 으슥한 곳으로 갈까 봐 걱정되기도 했지만, 대부분의 아이는 굳이 담배 태울 공간을 찾아다니지 않았다.

어떤 아이들은 금연을 도와달라고 하기도 했다. 학교에는 알릴 수 없으니 아줌마들이 도와주면 좋겠다는 것이다. 당시 우리 아줌마들의 주머니에는 초콜릿과 사탕이 가득 들어 있었다. 슬그머니 손에 쥐여주고는 "아줌마 생각해서 이걸로 좀 참아봐"라며 등을 두드려주었다.

한번은 A라는 아이가 니코틴을 생각나지 않게 하는데 복숭아가 도움이 된다면서 담배를 끊을 테니 복숭아 통조림을 사달라고 당당하게 요구했다. 기꺼이 "언제든지 사주마" 했더니 만족스레 웃었다. 그 뒤로 "복숭아 사줄까?" 하고 따라다녀도 예의 바르게 "아니요. 혼자 끊을게요"라며 쑥스러워했다. 참 이상했다. 어이가 없을 정도로 당돌하게 들이대다가도 웃어주고 받아주면 금세 착한 이면을 보이는 것이다.

어느 날 학교 가까운 마트에서 담배 도난 사건이 생겼다. 한 아이가 걸리면서 그동안 그곳에서 담배를 훔쳤던 아이들을 실토했는데 A도 거론되었다. 마침 내가 옆에 있었고 배신감을 느꼈다. 아이는 절대 아니라며 마트 주인보다 내가 자신의 결백을 믿어주기를 바랐다. "진짜야?" 나는 묻지 말았어야 할 것을 물었다. A의 실망감이 컸을 것이다. 마트 안에 있는 CCTV를 확인하고 결백이 증명되었지만, 나와 A의 관계는 회복되지 못했다.

어쩌면 학교나 사회가 요구하는 변화까지 미치지는 못했겠지만 A는 충분히 노력하는 중이었다. 당연히 담배를 태우지 말아야 하지만, 이미 시작했다면 긴 호흡을 가지고 기다려주었어야 하지 않았나 싶다.

밤에 가족들과 길을 걷다가도 아이들이 몰려 있으면 저기 내가 아는 아이들이 있을 텐데 싶어서 한 번 더 고개를 빼고 쳐다보게 되었다. 처음에는 아이들이 무슨 일을 저지르면 어쩌나 싶어서 살폈는데, 나중에는 혹시나 내 도움이 필요하지 않을까 싶어 돌아보았다.

간혹 내 아이들에게 위협이 되지 않는지 물어보는 이들이 있었다. 걱정해주는 것이긴 하지만 씁쓸한 일이다. 우리가 그 아이들을 야단치고 신고하는 엄마들이 아니어서 그랬는지 내 아이들에게 해코지하는 일은 없었다. 아니, 그보다 내가 누구의 엄마인지 잘 모른다. 누구의 엄마로서가 아닌 나와 그 아이들 간에 직접적인 관계가 형성되었던 것이다. 또 학부모와 학생이라는 틀이 아니라 이웃이 되어갔다. 학교 순회를 처음 할 때 아이들을 겁내던 우리는 어쩌면 익명성을 겁냈던 것 같다. 남에게는 함부로 대할지라도 아는 관계가 되면 그럴 수 없다는 것을 알게 됐다.

길에서 만나 인사하는 아이들이 많아질수록 학교 수업은 정상화되어갔다. 아이들과 엄마들이 친숙해질수록 아이들은 알아서 교실로 들어갔고, 순회가 필요 없어질 만큼 수업 시작 시간을 지켰다. 흡연하던 아이들도 점차 줄어 둘째 아이가 졸업하던 해에는 단 한 명도 담배를 태우는 아이가 없었다. 너무나 당연한 것이 그동안 당연하지 않았던 것이다.

당시 학부모회 활동에 참여했던 아이들은 대부분 그 아이들이었다. 봉사단을 모집할 때도 그 아이들에게 먼저 신청을 권유했고, 영화제를 할 때도 그 아이들에게 먼저 기회를 주었다. 학교에서 말썽을 부리던 아이들만 잔뜩 몰려드니 학부모회 임원들이 힘들어했지만, 아이들의 눈빛이 선해지기까지는 오래 걸리지 않았다. 학교가 변화하고 학생이 변화하는 진짜 활동을 하게 된 것이다.

학생-학부모 봉사단

학교의 분위기를 바꿀 수 있는 또 하나의 활동으로 학생-학부모 봉사단을 선택했다. 봉사 활동은 내신 점수를 위해 일정 정도의 봉사 점수를 채워야 하는 현실적인 조건도 있으니 참여하고자 하는 아이들이 많을 것이고, 학교와 상관없는 주말에 이루어지는 활동이기 때문에 학교의 도움 없이도 가능할 것 같았다.

봉사 활동이야말로 학생들의 교육적 성장을 위해 해볼 수 있는 여지가 많다는 생각이 들었다. 학생들의 가치를 성적으로만 재단하는 어른들의 시선 때문에 많은 아이들이 자존감이 낮고 삶의 활력이 부족했다. 봉사 활동을 하면서 아직 어리지만 스스로 제법 쓸모 있다는 자기 효능감이 생기면 무기력증에서 벗어나 다시 자신의 삶을 보살피고 싶은 마음이 들 것이라 기대했다. 또 마을에 청소년들이 즐길 만한 문화가 없다 보니 그야말로 심심해서 일으키는 사고들이 제법 많았다. 심심하지 않게 실컷 활동할 기회를 만들어주기로 했다.

학부모들도 누구나 쉽게 참여할 수 있다. 봉사 내용이 정해지기까지는 봉사단장이 발로 뛰어야 하는 과정이 있지만, 일단 정해지면 아이들과 즐겁게 봉사하고 봉사 사진과 봉사 활동서만 보내오면 된다. 물론 아이들을 챙기는 것이 쉬운 것은 아니다. 하지만 특별한 전문적 지식이 필요하지 않고, 엄마들이 가장 잘하는 분야이며, 내 아이 또래들을 만나고 공감할 수 있는 좋은 기회이기도 하다. 누구나 참여할 수 있는 학부모 활동으로써 이만한 게 없다.

봉사 활동이 잘 정착되면 교사들에게 보여주고 싶기도 했다. 수업권을 가진 교사만이 아니라 학부모가 교육의 주체로서 청소년들에게 필요한 교육적 변화를 제시할 수 있다는 것을 보여주고,

학부모에 대한 불편한 선입견을 버리고 함께 아이들을 위한 교육적 동반자가 되자고 손 내밀고 싶었다. 도시의 아이들은 학원이니 뭐니 지나치게 내몰리기 때문에 멍 때릴 시간이 필요하겠지만, 우리 지역의 아이들에게는 무엇보다 자신의 존재를 드러내고 느낄 만한 활동이 필요하다는 교육적 판단을 한 것이다.

지역마다 자원봉사센터가 있어 다양한 봉사 활동을 할 기회를 만들어주지만, 봉사처에서 필요로 하는 봉사를 봉사자에게 연결해주기도 한다. 하지만 대부분 청소나 정리 등 허드렛일들로 아이들은 해보지 않은 일이라 제대로 해내지 못한다. 결국 봉사처에 별 도움이 되지 못하고 심지어 봉사자를 귀찮아하는 일까지 생긴다. 당연히 아이들은 봉사의 보람을 느낄 수 없을 것이었다. 생애 처음 봉사를 하면서 봉사란 어쩔 수 없이 하는 것으로 각인되어 버릴까 봐 걱정이 되었다.

우리는 봉사단 활동을 통해 '봉사는 특별하게 어쩌다 하는 것이 아니라 꾸준히 일상적으로 당연히 하는 것'으로, 말 그대로 몸에 익히게 하고 싶었다. 어쩌다 만나는 사람들에게 잠시 친절과 시혜를 베푸는 것이 아니라 삶을 영위하면서 만나는 모든 이와 서로 도움을 주고받는 것이 봉사이다. 경제적 환원이 되지 않을 뿐 사회생활이라는 것이 원래 봉사 정신이 필요한 것이며, 좀 더 공정한 사회를 위해 도움의 손이 필요한 영역에 더 마음을 담아야 하는 것이다.

먼저 지역 자원봉사센터에 가서 봉사 활동에 대한 여러 가지 조언을 들었다. 봉사가 무엇인지, 학생들이 할 수 있는 봉사의 종류에는 무엇이 있는지, 학부모들이 이끌어간다면 어떤 것을 도와줄 수 있는지, 지역에 봉사처가 있는지 등을 알아보았다.

고심 끝에 우리는 봉사자가 잘할 수 있는 봉사 활동을 만들기로 했다. 봉사자나 봉사처가 서로 보탬이 되고 보람 있는 진짜 봉사를 하려면 노력 봉사는 안 된다. 봉사가 어렵고 힘든 일이라는 인식을 바꾸기 위해 아이들이 좋아할 만한, 자신의 특기를 살린 활동을 하기로 했다. 각자의 특기에 따라 동아리를 만들고 특기에 맞는 봉사처를 찾아준 것이다. 아이들은 자신이 잘하는 것을 중심으로 하니까 자신감이 붙었고, 봉사처에서는 대상자들이 즐거워하니까 우릴 반겼다.

노인 요양원에서 풍선 아트를 했다. 별로 웃을 일이 없는 어르신들은 풍선이 터지기만 해도 웃으셨고, 터지면 또 달라고 해서 아이들처럼 풍선으로 장난을 치고 놀았다. 가르쳐달라는 분들도 계셨는데 아이들은 귀찮아하지 않고 찬찬히 가르쳐드렸다.

생태공원이 있는 지역의 특성을 고려해서 철새 탐사 활동을 했다. 탐사 활동이 봉사로 적합한 것이냐는 학부모들의 질문이 많았다. 이런 경우, 지역의 자원봉사센터에 자문을 구했다. 생태를 배우는 것도 환경 보전 봉사의 한 분야라고 했다. 봉사 활동 종류가 생각보다 훨씬 다양했는데 사회복지, 교육 및 상담, 지역사회 발전, 환경 보전, 인권, 범죄 예방, 문화 진흥, 부패 방지, 공명선

거, 주민 복리 증진 등 시도할 수 있는 범위가 무궁무진하다.

철새 탐사 활동은 강사비가 많이 들기 때문에 첫 1기 학생들이 잘 배워서 2기를 가르쳐주는 방식으로 발전시킬 계획이었는데, 성공하지 못했다. 아이들 스스로 만든 동아리가 아니어서 그런지 별로 애정을 담지 않아서 전통을 만들어가려는 우리의 아름다운 꿈은 보기 좋게 깨졌다. 더운 여름에도 강행했던 강사의 지나친 열정도 한몫했다.

학생들이 스스로 봉사 내용을 기획하면 좀 더 적극적이지 않을까 싶어 신청을 받아봤지만 아쉽게도 신청하는 학생이 아무도 없었다. 아이들로서는 생경한 봉사 활동이었을 것이고, 생각이 확장되려면 익숙해질 시간이 필요했을 것이다.

자원봉사센터에서는 지역에서 처음 있는 학생-학부모 봉사단이라고 깊은 관심을 가져주었다. 봉사 기관으로 등록해서 학부모 자원봉사자들이 봉사 실적을 직접 인증할 수 있게 해주었고, 다음 해부터는 봉사 활동비까지 지원해주었다.

처음 봉사단을 만들 때는 봉사 활동 내용을 만들고 아이들과 매주 만나는 과정도 힘들었지만, 학교가 원하는 문서를 만드느라 더 힘들었다. 모집 안내문을 만드느라 쩔쩔매고 있는데 교장 선생님이 갑자기 봉사단 발족식을 하자고 했다. 다행히 자원봉사센터에서 식순이나 봉사단 선서 등을 도와주었고, 격려 차 발족식에도 참석해주었다.

그러나 처음 자원봉사센터에 도움을 청할 무렵에는 학부모회가 학생 봉사단을 만드는 것을 납득하지 못했다. 학부모회를 마치 이익 단체로 바라보는 느낌이었다. 이후 봉사단장이 수시로 협조를 요청하고 작은 것도 일일이 물어보면서 관계를 맺어가자 그 진정성을 조금씩 이해하게 되었다.

학교든 자원봉사센터든, 기관을 설득하는 과정이 가장 어렵다. 당시에는 학부모회가 왜 봉사 활동을 하려고 하는지, 봉사 정신이 무엇인지, 아이들에게 맞는 봉사 활동이란 어떤 것인지 우리도 잘 몰랐다. 장님 코끼리 더듬듯이 보이지 않는 길을 찾아 헤맨 끝에 조금씩 윤곽이 드러난 것이고, 이제 와서야 설명할 수 있는 것이다. 우리도 우리가 뭘 하려고 하는지 잘 몰랐으니 그들이 우리를 이해할 수 없는 것은 당연했다.

'선플 봉사단'은 학교가 봉사단에 대해 문을 열어준 계기가 되었다. 인터넷 예절 캠페인을 비롯해 악플이 아닌 선플을 다는 활동 및 독려를 하는 동아리인데, 방법을 직접 보여주면서 설명해야 해서 학교 컴퓨터실을 이용하게 해달라고 요청했다. 컴퓨터 과목 선생님이 선플 봉사에 깊은 관심을 가져주면서 컴퓨터 수업 시간에 전체 학생들이 1365 자원봉사포털에 가입하도록 유도해주었다. 덕분에 봉사단 홍보도 되었고, 비교적 손쉬운 봉사 활동이라 많은 학생들이 가입했다.

우연히 소방관을 만나 소방관의 날 행사에 와서 노래해주면 좋겠다는 제안을 받고 학생 밴드가 공연 봉사 동아리로 활동하기도 했다. 이렇게 봉사를 위해 동아리를 만들기도 했지만, 원래 있던 동아리가 봉사단으로 합류하기도 했다.

'또래 상담 동아리'가 있었는데 학부모들이 또래 상담에 전문적인 도움을 줄 수가 없어 학교 상담 선생님께 협조를 요청했다. 당시 상담 선생님은 지역민이기도 하고 같은 학부모이기도 해서 기꺼이 협조해주셨다. 교사와 함께했던 유일한 동아리였다. 또래 상담을 받은 아이들의 반응도 좋아서 선생님들도 몇 년이 지나서까지 그 아이들의 활동 이야기를 하셨다.

이왕 특기 봉사를 한다면 아이들에게 조금 더 전문적인 특기를 가르쳐주는 교육을 하는 것도 좋겠다는 생각이 들어 기회가 있을 때마다 관련한 강연이나 교육도 진행했다. '숲사랑 동아리'는 계절별 숲의 변화 관찰과 새집을 지어 달아주는 활동을 하다가 천연비누를 만드는 동아리로 발전했고, '톡톡 동아리'는 디베이트 토론을 배워 민주적인 토론 문화를 만들어가는 활동을 했다.

'세상에서 가장 작은 도서관'은 버스 정류장에 작은 책 부스를 설치해서 책을 비치하고 책 소개 등을 써 붙이는 활동이었다. 버스 정류장은 시청 관할이어서 지역 자원봉사센터를 통해 허가를 받아 겨우 설치할 수 있었다. 그런데 생각만큼 아이들이 적극적으로 활동하지 않았다. 지원한 아이들은 많았는데 왜 그런지 관리가 잘 되지 않았다. 텅 빈 책 부스를 볼 때마다 안타까웠지만 대신해줄 수 있는 것도 아니고 쉽게 철거되는 것도 아니어서 난감했다. 방치되어 있는 것을 볼 때마다 신중하게 설치했어야 했다며 후회했다. 그래도 창의적인 활동이어서 그런지 교장 선생님은 항상 이 동아리를 자랑하셨다.

가끔 봉사처에서 행사를 위해 우리를 이용하거나 지나친 요구를 하는 경우가 있었다. 그런 경우 학부모 봉사자들이 단호히 거절했다. 그동안 활동해오던 노인 요양원에서 어버이날 행사를 위해 풍선 아트를 해달라고 했는데, 마치 행사 업체에 맡긴 듯이 어디에 붙이고 어떤 모양으로 해달라고 요구했다. 우리는 원장의 봉사자가 아니라 어르신들의 봉사자임을 말하고 봉사처를 옮기기로 했다. 지역 축제에 봉사하러 갔을 때도 당황스런 일이 발생했다. 축제장에서 쓰레기를 줍고 어린이들에게 페이스페인팅을 해주는 봉사를 하기로 했는데 먹거리 부스에서 도움을 청해왔다. 음식뿐만 아니라 술도 나르게 해서 바로 철수시켰다.

봉사를 받는 사람에게 도움을 주는 것도 중요하지만 봉사하는 사람이 마땅히 느껴야 할 기쁨과 보람도 중요하다. 그것은 봉사 취지에 맞는 정당한 대우를 받았을 때 가능하다. 봉사 지원 학부모가 봉사에 대한 주관을 가지고 임하지 않으면 놓칠 수 있는 부분이다.

아이들도 봉사자의 신분을 망각하고 대접받고 싶어 하는 경우가 있었다. 지원 학부모에게 차로 데리러 와달라고 요구하거나 음료를 사달라고 떼쓰기도 했다. 봉사 당일 연락도 없이 안 나오거나 약속을 제대로 지키지 않는 등 봉사자로서의 자세가 부족한 경우도 있었다. 사전 교육이 반드시 필요한 지점이다. 매달 봉사를 하는 것도 중요하지만 수시로 아이들을 교육하고 지원 학부모들과 점검 회의를 해야 했다.

지역 안에만 갇혀 있지 말고 바깥세상을 보게 하려고 지역 축제에도 참가하고, 흙공 던지기, 생태 자전거 여행 등 자원봉사센터에서 하는 다양한 활동에도 참여해보았지만 기대했던 것과는 달리 일회적인 행사로 그치는 것 같아서 망설이게 되었는데, 각각의 동아리 활동이 활발해지면서 굳이 필요를 느끼지 못하게 되었다. 지금은 지역 축제에만 매해 참여하고 있는데, 처음 지역 축제에 참여할 때는 우리가 먼저 찾아가 봉사할 기회를 달라고 요청했다. 학교 안 봉사단에서 지역으로 나가기 위한 교두보가 되어줄 것이라 생각했던 것이다. 재료비만 겨우 받고 참여했던 것에 비해 지금은 우리 봉사단에 대한 인식이 좋아지면서 재료비와 식사비 등은 물론이고 활동 내용도 원하는 대로 무엇이든 하라고 전폭적으로 지원해준다.

2013년, 처음으로 학생 스스로 만든 동아리가 탄생했다. 그동안 학생 스스로 봉사 동아리를 만들어주길 얼마나 바랐는지 모른다. 바로 '프리허그 동아리'다. 아이들은 '퇴화하는 따뜻한 마음 나누기'를 위한 동아리라고 소개했다. 동물 모양의 옷을 입고 교문이나 마을 곳곳에서 프리허그를 했다. 정말 프리한 활동이었음에도 간단하면서도 재치 있었던 특별한 활동으로 기억한다. 아이들이 기획해 만들어진 동아리이니만큼 자발적으로 활동했던 팀이다.

사실 봉사 동아리는 학생들이 선택해 가입하는 것인데도 친구를 따라오거나 봉사 점수 때문에 가입한 경우가 많아서 열심히 참여하지 않는 아이들이 많았다. 보통 4월에 첫 모임을 가지는데 매월 꼬박꼬박 활동해도 시험 기간 등을 제외하면 1년 동안 총 8회 모이기가 힘들다. 물론 학기 중에 지역 축제라든가 캠프 등에 참여하면 더 많이 활동할 수 있지만 우리는 정기적인 봉사를 목표로 삼아, 말 그대로 몸에 익히게 하고 싶었기 때문에 자발적인 참여가 무엇보다 중요했다.

우여곡절 끝에 봉사단이 자리를 잡아가면서 지역에서 우리 봉사단에 대한 소문을 듣고 도움을 청하는 봉사처가 생겨났다. '아트헬퍼'가 대표적인 경우였다. 지역 내 장애인 친구들이 미술 치료나 숲 치료를 받을 때 도우미 역할을 하는 것이다. 지나치게 앞서가도 안 되고, 방임해서도 안 되기 때문에 처음에는 장애인 부모들로부터 우려와 지적을 받으면서 과연 유지할 수 있을까 걱정되었다. 하지만 기우였다. 서로를 알아가는 시간이 쌓이면서 아이들은 없어서는 안 되는 보조교사 역할을 톡톡히 해냈다. 물론 성향에 따라 적응을 못하고 포기하는 학생도 없지는 않았다. 애써 참여시키려고 다그치지 않고 다른 동아리로 옮겨주기도 했다. 이후 장애인 친구들이 1년에 한 번 에버랜드에 가는데 도우미로 함께 간 것이 신문에 기사화되면서 봉사 활동에 대한 동기 부여가 확실히 되었다. 그런데 아쉽게도 장애인 치료 기관이 문을 닫으면서 동아리가 해체되었다. 참으로 안타까웠다.

비슷하지만 조금 다른 동아리로 '재활원 친구 되기'가 있다. '아트헬퍼'는 주로 지체장애였고, 재활원은 발달장애였다. 처음에는 장애인 친구들에게 어떻게 다가가야 할지 몰라 재활원 선생님이 따로 교육을 시켜주기도 하는 등 적응하는 데 시간이 조금 걸렸다. 나중에는 정이 들어서 주말이면 놀러가 보드게임도 하고 풍선도 만들고 노래 부르기도 하면서 3년 동안 해가 갈수록 서로의 만족도가 높아졌다. 지원 학부모와 아이들이 3년 내내 같은 팀을 이루었다. 4월초 모임에서 매월 몇 번째 주말에 모이자고 약속을 하면 특별한 연락 없이도 알아서 모이고 활동 보고서를 쓰기 때문에 손 갈 것이 없었다. 그만큼 서로 신뢰와 애정이 도타워졌다.

당시 코미디 프로그램에서 〈용감한 녀석들〉이라는 코너가 유행하면서 동아리 이름을 '용감한 녀석들'이라고 지은 동아리가 있다. 선생님들의 관심(걱정)을 받던 말썽꾸러기였으니 용감한 녀석들인 것이다. 그 아이들의 부모 중 한 학부모가 봉사 동아리를 만들어 이끌었다. 그야말로 심심해서 말썽을 부렸던 아이들이다. 심심한 아이들에게 봉사 활동만큼 좋은 놀거리가 있을까. 방과 후 딱히 할 것이 없었던 이 아이들은 수시로 봉사했다. 어르신들에게 손 마사지를 해드리기도 하고, 마을 청소며 학교폭력 예방 캠페인도 했다. 얼마나 열심히 활동했는지 1년간 개인별 봉사 점수가 200점이 넘었다.

그때 당시 마을 단체에서 마을 신문을 만들고 있었는데, 이 아이들에게 기자단으로서 활동할 기회를 주었다. 기자로서의 글쓰기보다는 사진이나 학생으로서의 느낌, 정보 등을 작성하게 해 신문에 색다른 재미를 주었다.

봉사 활동도 많이 했지만 학교 생활지도가 필요한 아이들을 맡아 봉사 동아리로 발전시켰다는 데 더 큰 의미가 있었다. 다음 해에는 말썽 부리는 여학생들을 중심으로 '용감한 녀석들2'가 생겨났다. 네일아트를 주로 했는데, 매주 봉사하자고 해서 지원 학부모를 힘들게 만들었다. 그렇게 말썽 부리던 아이들이 스승의 날 선생님들께 네일아트 이벤트를 해드려서 감동을 자아내기도 했다.

이 아이들은 지원 학부모와 아주 특별한 관계를 맺었다. 약속을 안 지키면 벼락같이 화를 내는데도 아이들은 그 '쌤'만 찾았다. 아이들 마음을 잘 읽어주기도 하고 카리스마 있게 당겨주기도 하는데, 아이들에게는 가장 무섭고도 따뜻한 '쌤'이었다. 지원 학부모 입장에서도 길에서 우연히 만나면 "쌤!" 하며 소리쳐 부르고 달려와 안기는 그 아이들을 보면 뭐라도 더 해주고 싶은 마음이 절로 생겨났다고 한다.

아이들은 부모와의 갈등 때문에 힘들어하는데 정작 부모들은 모르고 있는 경우가 많았다고 한다. 시작은 봉사단으로 만났지만, 부모 모임으로 이어졌고 당연히 아이들이 변화해갔다. 걱정이 많이 되었던 아이들이었는데, 한 아이도 낙오되지 않고 무사히 졸업하고 부모들끼리 지금도 잘 만나고 있다는 소식을 듣는다. 모범 사례지만 모델로 삼아 일반화하기에는 너무나 특별하고 감사한 동아리이다.

봉사단 활동은 아이들이 학부모들을 부르는 호칭이 '아줌마'에서 '쌤'으로 발전한 계기가 되기도 했다. 누구로부터 시작되었는지는 몰라도 자연스럽게 그렇게 불렸는데, 처음에는 조금 부끄러워하던 학부모들도 나중에는 편하게 받아들였다. 역할이 그만큼 선생님스러워졌다는 뜻이기도 할 것이다.

마을에 기여하는 봉사단

학부모 활동을 하다 보면 함께 활동하던 분들이 아이들의 졸업과 함께 한꺼번에 나가면서 발을 동동 구르게 되는데, 때가 되면 신기하게도 새로운 분들이 빈틈을 말끔히게 메워주신다. 2014년, 봉사단도 그렇게 새로운 2기를 맞이했다. 2기는 혁신학교가 되면서 마을교육공동체를 추진하던 시기이다. 학부모회도 당연히 그 뜻에 맞춰 마을로 활동을 확장했고, 봉사단도 마을에 기여할 수 있는 것이 무엇인지 고민하게 되었다.

우리는 봉사에 대한 개념부터 다시 짚어보고 활기찬 마을을 만들기 위한 봉사단으로서 활동의 목적을 분명히 하기로 했다. 이는 학생들보다는 지원 학부모들을 위해 필요한 단계이기도 했다.

봉사란 무엇인가?

왜 청소년 시기에 봉사를 해야 하는가?

봉사가 필요한 곳은 어디인가?

아이들에게 "봉사가 뭐라고 생각하느냐?"고 물었을 때, 제일 많이 나오는 대답이 "어려운 사람들에게 보탬이 되는 것"이었다. "누가 어려운 사람이냐?"고 물으면 "가난하고 병든 자들"이라고 말했다.

가난하지 않고 병들지 않은 자는 봉사를 받을 자격이 없는 걸까? 봉사를 받을 '어려운 사람들'은 누가 선정할 수 있을까? 우리는 좀 더 근원적인 부분까지 파고들었다.

교육부가 제시하는 학부모 활동 중 하나가 취약 계층을 위한 자원봉사이다. 나는 학부모회가 '취약 계층'을 구분해서 그들을 위한 활동을 한다는 것이 영 불편했다. '취약'하다거나 '소외'되었다는 것의 기준은 무엇이란 말인가?

우리 지역에는 특용 작물을 생산하는 학부모들이 많은데 농사철이 되면 한 달가량 아이들이 부모 얼굴을 못 볼 정도로 바쁘다. 아침도 못 먹고 학교에 오고 저녁에도 혼자 끼니를 해결하는 일이 비일비재하지만, 1년 중 꼭 한 달만 그렇고 대체로 형편이 나쁘지 않다. 이런저런 사정을 모르는 사람은 아이가 밥을 굶고 다니니 취약하다고 하지만 형편이 나쁜 것도 아닌데 취약 계층이라고 하기는 어렵다. 물론 정말 취약한 경우도 있고, 이들에 대한 대책이 필요하지만 구조적인 대책 없이 학생들의 손을 빌려 하기란 난감하다. 특별한 경우가 아닌 이상 학부모 입장에서 누가 취약한지, 아닌지 구분하는 것이 쉽지 않고, 누군가를 구분하고 대상화하기보다는 우리 모두가 취약한 부분이 있으니 누구도 소외되지 않는 사회를 만드는 봉사 활동을 하는 것이 학생들이 할 수 있는 봉사의 취지에 더 맞을 것 같았다.

우리는 '봉사란, 보수 없이 누군가에게 보탬이 되는 일을 하는 것'이라고 정의 내렸다. 어른이 되어 직업을 갖는다는 것은 돈을 벌기 위한 것이 아니라 사회적으로 가치 있는 일을 하고 그에 대한 대가로 보수를 받는 것으로, 청소년 시기에는 대가 없이 사회에 봉사하면서 일하는 법을 배우는 것이다. 봉사는 '시혜'가 아니다. 누군가를 위한 것이 아니고 스스로의 가치를 위한 활동이다. 그런 의미에서 우리는 마을에 기여하는 활동으로 우리의 가치를 확장하기로 했다.

기존의 노력 봉사만 하는 봉사 활동의 틀을 깼다는 점에서, 다양한 동아리 활동을 통한 봉사단이라는 점에서 특기 봉사단은 유의미했다. 여기서 한 걸음 더 나아가 봉사 활동 영역을 확장하고 마을 안에서 학생이 스스로 온전히 가치 있는 사람이 되는 기쁨을 느껴보는 것은 봉사자 개인을 위해 중요한 경험이 되리라고 생각했다.

그중 '평화의 식탁' 동아리에 가장 많은 노력을 기울였는데, '섬김과 나눔'이라는 모토로 존중을 배우는 활동이다. 마을 주민들과 이야기 모임을 하고, 섬기는 마음으로 만든 음식을 대접하는 것이다. 이야기 모임에서는 어른과 청소년들이 동등한 입장에서 한 가지 주제로 자신이 느끼는 바를 나눈다. 어른이라고 해서 훈계하거나 경험담을 전하려고 하지 않아야 한다. 어른들은 수시로 어른인 것을 증명하려 들었지만, 진행자가 요령 있게 제재하면서 대화가 잘 진행된 팀에서는 어른과 아이들 모두 만족도가 높았다. 그러나 어른이 주어진 시간을 지키지 않거나 주제를 벗어나면 모두 원하는 만큼 얻어가지 못했기 때문에 진행자의 역할이 중요했다.

일본군 위안부 피해자 할머니들이 계신 나눔의 집에서도 평화의 식탁을 진행했는데, 그 내용을 다큐멘터리로 찍어서 청소년 영화제에 출품, 좋은 성과를 거두기도 했다.

그렇게 성과가 나오기 시작하자 어느 순간 섬김과 나눔보다 그 외 행사나 보상에 더 관심을 갖는 우리를 발견했다. 아이들과 함께하는 활동에서는 적정선의 보상이 따르는 것이 꼭 필요하긴 하다. 자신들이 한 활동이 어떤 의미가 있는지 객관적으로 돌아볼 수 있는 기회가 되기 때문이다.

그러나 매순간 우리가 왜 이 활동을 하는 것인지 목적을 되새기지 않으면 순식간에 초심을 잃을 수 있다. 특히나 우리 학부모 봉사단은 학생들을 교육의 과정으로 이끌어가는 사람이라는 것을 놓쳐서는 안 되는 막중한 책임을 갖고 있다. 그 균형을 맞춘다는 것이 생각보다 힘들었다.

마을교육공동체, 공유 경제가 시대적 트렌드가 되었다. 우리도 마을에 청소년 공간이 있었으면 좋겠다는 아이들의 의견에 따라 모금 활동을 시작했다. 어른들에게만 기댈 것이 아니라 청소년들의 힘을 모으기 위해 핸드메이드 동아리를 만들어 마을 장터에 참가하기로 했다.

무언가를 손으로 만든다는 것에 매력을 느끼는 아이들이 대거 참여했다. 첫 번째 모임에서 무엇을 하고 싶은지 물었더니 천연 비누, 천연 간식, 천연 화장품, 목도리 등 의욕이 어찌나 높은지 지원 학부모가 진땀을 뺐다. 봉사 정신보다는 무엇인가를 만들고파는 즐거움이 더 컸지만, 아무럼 어떠랴. 장터에 나가 마을 주민들과 즐기는 시간만으로도 충분히 공유 경제를 경험해보는 것인데 말이다.

손재주 있는 학부모들이 일일 교사가 되어 별별 핸드메이드 교실을 열었다. 판매보다는 다양한 만들기 체험에 대한 욕구가 높이서 매달 새로운 품목이 생겨났다. 레모네이드, 천연 비누, 천연 화장품뿐만 아니라 학교 텃밭에서 농사지은 고구마도 팔았다. 아이들이 만든 천연 모기 퇴치제, 립밤 등 천연 제품은 기능이나 가격 면에서 장터에서 인기 최고의 아이템이었다.

이러한 기금 마련 활동은 지속적인 활동이 보장되지 못할 때 처리하기 어려운 숙제가 된다. 학부모 활동은 1년 단위로 정리할 수 있는 것이 낫겠다는 생각이다. 그렇지 않다면 별도의 기구를 꾸려야 한다. 어쩌면 그것이 교육협동조합의 한 형태일 수 있는데, 결과적으로 형태를 갖추게 된다면 다행이지만 그것을 목표로 시작하기에는 아직 많이 미숙하다.

우리는 아직 정해진 틀에 갇히기보다 좀 더 다양한 시도를 해보고 싶었다. 한 푼 두 푼 모은 돈들이 결과적으로 그 아이들의 활동 공간을 마련해주지는 못했지만, 아이들은 활동하는 순간들을 기억하고 나름의 의미를 가지고 커갔을 것이라 믿는다.

노인 요양원 활동도 점점 더 좋은 반응을 얻었다. 손 마사지나 식사 보조, 신문이나 그림책 읽어드리기 등 누구나 할 수 있는 활동이라 꾸준히 참여하는 아이들도 많았고, 봉사 점수가 부족한 아이들이 필요할 때 한두 번 정도만 참여할 수도 있어 인기가 높았다. 지원 학부모는 아이들에게 항상 어르신들께 먼저 말을 걸어드리도록 지도하고 방문은 꼭 열어두게 하는 등 세심하게 신경을 썼고, 요양원 측에서도 우리 봉사단이라면 언제든 환영해주었다. 뿐만 아니라 우리 학교 졸업생들에게도 언제든지 미리 연락하면 봉사할 수 있게 문턱을 낮추었다. 덕분에 고등학생들도 개별적으로 봉사 활동이 가능하게 되었다. 마을 안의 봉사처로 발전하게 된 것이다.

사람과의 만남을 통한 봉사 활동은 그 어떤 활동보다 아이들에게 의미 있게 다가가는 것 같다. 어르신들은 침대 밑에 숨겨두었던 간식을 아이들 손에 쥐여주었다. 한두 번만 오겠다던 아이가 자꾸 오고 싶다고 하고, 할머니들이 눈에 밟혀 또 오게 된다는 봉사 후기를 보면 봉사단 활동에 대한 자부심이 느껴져서 가슴이 벅

차오른다. 어르신들의 이야기를 담아 구술집을 만들어보자는 당찬 포부를 가지기도 했는데 아이들이 버거워했다. 아무리 좋은 기획도 당사자가 중심이 되어야 함을 또다시 깨닫게 해주었다.

가장 아쉬운 활동은 '마을 걷기와 마을 사진 찍기'이다. 천천히 걷다 보면 우리 마을에 이런 데가 있었나 싶은 장면들을 만난다. 아름다운 곳은 아름다운 대로, 눈살이 찌푸려지는 곳은 찌푸려지는 대로 사진을 찍어서 전시회나 책을 만들기로 했다. 모임을 시작할 때는 아이들이 '여신(여기저기 신나게 찍자)'이라고 이름도 짓고 활발히 활동할 것처럼 보였는데 제대로 이어지지 못했다.

우리가 놓친 것은, 늦어지더라도 아이들이 활동을 이어가도록 지속적으로 만남을 가지고 기다리고 또 기다려주었어야 했다는 것이다. '마을에 기여하는' 활동이라는 방향성만 제시하고, 구체적으로 자신이 무엇을 할 것인지 자각하고 움직일 때까지 지속적이고 정기적인 모임을 이어가는 것이 어른의 몫이다. 어른들이 끈기를 잃어버리면 아이들도 동력을 잃는데, '과정' 자체가 활동이라는 중요한 지점을 놓친 것이다.

학생회에 자리매김하다

매년 봉사단을 마치면서 1년을 정리하는 마무리 캠프를 열었다. 그동안 수고했으니까 하루는 신나게 놀자는 마음으로 맛있는 것도 먹고 몸으로 하는 게임을 하며 즐기는 시간을 가졌다.

해를 거듭할수록 의미 있는 캠프에 대한 욕구가 생겼다. '회복적 정의'를 가르쳐주신 한국평화교육훈련원의 정진 선생님이 봉사단 마무리 캠프 기획을 도와주셨다. '어떻게 살 것인가'를 배워가는 한 축으로 봉사 활동이 자리매김하는 시간이 되게 하자는 의견에 우리는 전율이 일었다.

'봉사는 사랑입니다'라는 슬로건을 정하고, 그동안 우리가 했던 봉사 활동이 직·간접적으로 삶에 어떤 영향을 끼치고 있는지 확인하기로 했다. 전국 각지에서 다양하게 활동하는 평화 활동가 분들이 오셔서 그들의 평화 활동에 대해 이야기해주고, 함께 마을 밖으로 나가 봉사의 의미를 담은 카드를 곳곳에 걸면서 우리의 꿈을 나누는 시간을 가졌다.

캠프는 우리가 나누고 싶은 가치를 세우면서도 자연스럽게 내용을 채우는 것이 중요한데, 흐름을 깨지 않고 중간중간 아이들 밥까지 해먹인다는 게 여간 어려운 일이 아니었다. 원래는 지원단 학부모들도 함께 즐기는 캠프가 되길 바랐는데 진행과 식사 문제 때문에 학부모는 계속 뒤치다꺼리를 해야 했다. 다음 해부터는 요리 대회를 프로그램에 넣어서 일손을 덜기로 했다. 아이들도 중요하지만 지원단 학부모들을 위한 시간도 되길 바랐는데 매번 아이들을 위한 캠프가 되고 말았다. 좋은 것은 아이들에게 주고 싶은 학부모들의 마음 덕분에 어쩔 수 없었지만 학부모 지원단을 위한 시간이 반드시 필요하다.

봉사단 캠프에 정성을 기울인 이유는 봉사 지원단 학부모들이 점차로 줄었기 때문이었다. 좋은 활동이라고 생각하지만 1년간 팀을 맡아 운영한다는 것이 쉬운 일은 아니다. 그동안 우리는 학교 생활지도에 어려움이 있는 아이들에게 봉사단 활동을 많이 권했다. 학교 수업을 정상화하려면 분위기를 흐트러뜨리는 친구들이 줄어야 한다고 생각했기 때문이다. 그 아이들에게 힘을 쏟다 보니 진짜 봉사에 관심을 가진 아이들에게 그만큼 신경을 쓰지 못했다. 더구나 선배들이 봉사 동아리를 이끌어가는 전통을 만들고 싶었는데 그러려면 성실한 친구들을 유입해서 리더로 키워야 하지 않겠냐는 의견이 있었다. 일리가 있다. 그동안 우리는 너무 힘든 아이들을 맡아왔다. 이제는 변화해야 할 시기다. 지친 지원 학부모들을 독려할 시점을 놓치면서 학부모 지원단이 축소되는 어려움을 겪어야 했다.

봉사단 인원이 해마다 늘면서 2013년에는 전교생의 1/2이 가입했다. 150명이 넘는 아이들의 봉사 실적을 일일이 챙긴다는 것은 쉬운 일이 아니다. 봉사 활동 후 활동지를 기록해야 하는데, 하루만 지나면 잊어버리기 일쑤라 누락되기도 하고 나중에는 왜 내 점수가 이거밖에 안 되느냐고 항의하는 경우도 있었다. 아이들이 아이디와 비밀번호를 제때 제출하지 않거나 잃어버리면 등록기간이 지나서 난감할 때도 많았다. 아이들에게는 점수가 걸린 일인데, 지원 학부모 중에는 꼼꼼히 챙기지 못하는 이들이 있기도 했다.

때문에 봉사 점수를 총결산하는 시기가 되면 모두 날이 서곤 했다. 봉사 실적 등록이 쉽지 않은 시스템이어서 봉사단장의 희생과 노력이 아니면 이루어지기 힘든 일이었다.

봉사단장은 겨울방학 내내 봉사처를 많이 확보하기 위해 지역을 헤매고 머리를 짜내고 자원봉사센터에 드나들곤 한다. 어른들의 시각으로는 좋은 봉사 활동인데 학생들이 관심 없어 하는 경우도 많다. 봉사처에서 지나치게 요구가 많거나 손이 많이 가면 적절히 거절도 해야 한다. 또 봉사 정신에 맞지 않게 학부모가 너무 챙겨주는 것은 아닌지, 열심히 나오지 않는 아이들을 어떻게 할 것인지 등 여러 가지 고민이 해마다 반복되었다. 무엇보다 우리 지원 학부모들의 책임감을 어떻게 높일지가 가장 고민되는 문제였다.

내 아이의 봉사 활동을 하면서 조금 더 봉사한다는 마음으로 가볍게 시작한 학부모들이 대부분이라 어떻게 해야 이들에게 간소하면서도 의미 있는 활동이 되게 할 것인가를 고민하지만 여전히 어려운 일인 것 같다. 이래저래 봉사단장의 노고가 많았다.

도와주는 학부모는 적어서 힘에 부쳤지만 아이들이 보여주는 변화는 지쳐가는 활동가들을 춤추게 하고도 남았다. 항상 봉사에는 관심 없고 뺄질거리던 아이가 하루는 부모님과 지방으로 여행을 갔는데 활동에 꼭 참여하겠다는 약속을 지키기 위해 그날 새벽 차로 혼자 올라온 적이 있다. 길에서도 활동가들을 만나면 "엄마"

라고 스스럼없이 부르며 먹을 것을 사내라고 조르던 아이였다. 물론 아이는 그날도 친구들과 시시덕거리느라 봉사는 대충했다. 그래도 그 아이에게서 눈을 떼지 못했던 기억이 난다. 엄마 또는 쌤이라고 부르는 아이들이 늘어갈수록 마을은 더 촘촘히 연결되고, 내 아이가 살아갈 마을은 안전해질 것이다.

　가끔 교사들이 어떤 아이가 표정이 많이 달라졌다고, 봉사단에서 무슨 일을 맡고 있냐고 물어오는 경우가 있다. 학교에서 주목받지 못했던 아이들이 가치 있는 활동을 통해 자존감이 높아지고 그대로 학교생활에까지 긍정적인 영향을 미치는 것이다. 학교에서 리더의 역할을 맡아보지 못한 아이일수록 봉사 동아리에서 맡은 역할을 다부지게 해냈다. 활동지도 빼먹지 않고 잘 기록하고, 연락하는 일도 도맡아서 했다. 자신도 몰랐던 재능을 발견하고 인정받게 되면서 학교에서도 적극적인 아이가 되는 것이다. '우리 아이들'이 학교에서 잘하고 있다는 이야기를 들으면 봉사단 엄마들은 그동안의 마음고생이 눈 녹듯 사라진다.

　가정에 문제가 있든, 사춘기 때문이든 상관없이 학교에 오면 자신에 대한 끈을 놓지 않는 그 '무엇'이 하나라도 있었으면 좋겠다. 그 당시 봉사단장은 학창 시절 한 선생님이 자신을 불러 "너를 믿는다"는 말을 했는데, 그날 이후로 자신이 괜찮은 아이라는 확신이 들었다고 했다. 그래서 우리들로 하여금 아이들에게 '믿고 있다'는 표현을 수시로 하게 했다. 공부로 모든 것을 평가하는 학교지만 단 한 명의 친구, 단 한 명의 선생님, 단 한 명의 사람이라도 나를 믿어주고 편견 없는 눈으로 바라봐주는 이가 있기를 아이들은 간절히 바랄 것이다.

본디 학교란, 교육을 개별 가정에 맡기지 않고 사회가 필요한 인간으로 키우기 위해 만들어진 것이 아닌가. 개별 가정이 가진 천차만별의 어려움에도 불구하고 건강한 사회 구성원이 되어야 사회적으로 해악 없이 살아갈 것이기 때문이다. 그러니 천차만별의 어려움이 있더라도 학교에 각자 숨 쉴 수 있는 안식처 하나씩은 만들어주었으면 좋겠다. 더 이상 '생활교육은 가정에서'라는 말로 회피하지 말고 공공의 차원에서 할 수 있는 것들을 하자.

봉사 점수 60점이라는 교육행정적인 정책을 우리는 가치 있게 활용했다. 봉사단에서 색다른 경험을 하면서 NGO 활동가에 대한 꿈을 키운 아이가 있었는데, 고등학교 자기소개서에 봉사단 활동 내용을 쓸 수 있어서 고맙다고 했다. 봉사단에서 꿈을 키워갈 계기를 찾아주었으니 우리가 더 고마운 일이다.

개인적으로 봉사단은 학부모회의 활동으로 참 좋은 모델이라고 생각한다. 봉사단 활동을 통해 민주적 소통 문화에 대한 메시지가 확산되고 마을 안에서 청소년이 공헌감을 배울 수 있다는 가능성을 발견했다. 지금 교육부에서는 교육 기부와 자원봉사 활동을 중요시 여기는데, 마을교육공동체와 연결할 지점이 많다는 점에서도 매력적인 활동이다.

지역에 맞는 봉사 활동을 만들어내는 것은 교사가 할 수 있는 일이 아니다. 지역민인 학부모가 그런 활동을 찾아내도록 교사는 기다려주고, 밀어주면 좋겠다. 또한 주로 주말에 이루어지기 때문에 가족이 함께 참여할 수 있는 활동으로 만들어갈 수도 있다. 그런 의미에서 봉사단을 지역의 봉사단으로 확대시켜보지 못한 것이 못내 아쉽다.

봉사단이 어느 정도 자리를 잡자 학생들의 자발성을 높인다는 측면에서 봉사단이 학생회 산하로 들어가는 것이 좋겠다는 의견이 생겨나기 시작했다. 봉사단이 학교의 자치 동아리로서 의미 있게 받아들여지면서 각 봉사 동아리별로 선배가 후배들을 양성할 수 있겠다는 자신감이 생겼고, 동아리별로 모집 광고를 내고 선발하는 등 활력이 넘쳤다. 학부모의 역할을 대폭 줄여도 좋겠다는 판단이 섰다. 그 무렵 함께하던 봉사 지원단 학부모들 간에 갈등이 생겼다. 여러 동아리가 각자의 운영 방식대로 알아서 책임 있게 해왔었는데, 더 이상 강제할 수 없는 자율 조직의 한계점이 노출된 것이다.

덕분에 그동안 고민만 해왔던 학생회로 인계하자는 논의가 급격히 이루어졌다. 마침 학생회도 봉사단에 대한 책임감과 자부심을 가진 친구들이 맡으면서 충분히 해낼 수 있으리라고 보았다. 학생회 산하에 봉사단을 두고 기획과 운영을 하는 것이다. 학부모는 말 그대로 도움이 필요할 때 지원만 하기로 했다.

2016년, 드디어 '학생-학부모 봉사단'의 긴 역사가 마무리되었다. 내년부터 학생회에는 '봉사단'이, 학부모회에는 '학부모 봉사지원단'이 새롭게 출발하기로 협의되었다. 언젠가는 이런 날이 올 것이라고 생각했는데 바로 그런 때가 된 것이다. 오래 걸렸지만 제대로 자리매김하는 것 같아서 다행스럽다.

아이들 스스로 만드는 봉사 동아리, 선배가 후배를 이끄는 전통 있는 봉사단을 만들고 싶었는데 어른들은 해내지 못했다. 부족한 부분은 학생들 스스로 만들어가면서 채워갈 것이라 믿어 의심치 않는다.

공동체성을 발견하는 활동

회복적 생활교육

우리 학교는 회복적 생활교육을 실천하고 있다. 회복적 생활교육이란 학생들이 서로 간의 갈등을 해결하기 위해 참여하고, 스스로 관계 회복을 위해 노력하도록 돕는 교육이다. 학생과 학교공동체의 성장과 변화를 목표로 회복적 정의의 패러다임을 학교 현장에서 실천하는 것이다. 학교에서 생활지도라는 이름으로 시행하는 처벌과 통제를 멈추고, 사람들 긴의 관계와 맥락을 돌아보고 공동체를 다시 세우자는 내용을 담고 있다. 회복적 정의와 가치, 그리고 실천 방법에 대한 교육을 교사, 학생, 학부모에게 지속적으로 실시하고 일상에서 회복적 정신을 담아내려고 노력한다.

우리 학교가 회복적 생활교육을 받아들이게 된 것은 비슷한 집단 폭행 사건이 반복적으로 터지면서 근본적인 대책이 필요했기 때문이다. 2011년은 자살과 학교폭력 문제가 심각하게 사회 문제화되던 해였다. 우리 학교도 사건이 터졌는데, 개인적으로도 잊을 수 없는 상처가 되었다. 종례가 끝나자마자 2학년 세 명을 학교 뒷마당으로 불러 3학년 여럿이서 집단 폭행했다고 한다. 선후배 간의 서열 때문에 생긴 일이었고, 외부의 고등학생들까지 얽힌 복잡한 문제였다.

사건이 발생했다는 이야기를 듣고 피해자의 집에 찾아가 위로하고 함께 학교에 가서 교장 선생님을 만났다. 개인적으로도 예뻐하던 아이라 마음이 많이 아팠다. 엄마는 학교에서 미리 연락을 해주고 사과하지 않은 것을 많이 서운해했다. 교장 선생님은 방과 후에 일어난 일임을 강조했다. 여기서, 학교와 학부모의 입장이 어떻게 다른지 명확히 보인다. 학교는 방과 후 일어난 일이기 때문에 부모에게 책임이 있다고 생각한다. 학부모는 학교에서 일어난 일이니 학교에 책임이 있다고 생각한다. 책임 소재가 상대에게 있다고 생각하기 때문에 그 해결도 상대가 해야 한다고 여긴다. 학교폭력은 학교가 처벌 기관 또는 중재자 역할을 해야 하는데 학부모는 학교가 책임 회피를 하고 있다고 생각하니 처벌이나 결과를 신뢰하기 힘들다.

나는 내가 학교폭력대책위원회 위원인지도 모르고 있다가 대책 회의에 참석하게 되었다. 학교폭력대책회의가 처음이라 학교폭력에 대한 진짜 '대책'을 회의하는 줄 알았다. 그런데 외부 학생들도 얽혀 있고 서열 문화 때문에 발생한 사건이라고 말하면서, 피·가해자에 대한 징계와 절차만 이야기했다. 나는 사건의 원인과 배경에 대한 대책을 세워야 하지 않느냐고 물었지만 학교는 다시는 이런 일이 생기지 않도록 가해자를 강하게 징계해야 하며,

그것이 바로 대책이라고 했다. 나는 징계만 정하고 끝내서는 안된다고 우겼다. 그렇다고 무엇을 더 해야 하는지도 몰랐지만 이대로 끝낼 수는 없었다. 학교는 일반적인 절차를 거스르는 내가 못마땅했을 것이다. 과반수 처리를 하자는 선생님을 향해 악을 쓰듯이 하루만 더 시간을 달라며 겨우겨우 결론을 미뤘다.

막막했다. 무슨 대책을 내봐야 할지 알 수가 없었다. 다행히 가해자 부모 중 한 분이 적극적으로 나를 도왔다. 해당 부모들을 한자리에 모아 논의를 하고 몇 가지 재발 방지 약속을 만들어냈다. 아이들을 잘못 키운 부모 탓이니 아이들과 학교폭력 교육도 받고, 여름방학에 아이들과 국토 종단을 하겠다고 했다.

가해 아이들은 졸업을 앞두고 강제 전학을 당하고 싶지 않아 무리한 약속을 만들기도 했다. 꼭 지킬 수 있는 약속만 하라고 어르고 달래서 몇 가지 약속을 받아냈다. 무척 현실적이라 잊을 수 없는 약속들이었다. 예를 들이 흡연히는 이이는 '학교에서는 담배를 태우지 않겠다', '2학년 여자 친구가 있는 아이 빼고 2학년 교실에는 얼씬도 하지 않겠다' 등 어른들의 눈으로는 한참 모자란 약속이지만 아이들 입장에서는 최선이었던 것이다.

학교도 몇 가지 대책을 내왔다. 학부모 집단 상담을 진행하고 아이들에게 의미 있는 사회봉사와 상담센터를 연결해주겠다고 했다. 각자가 할 수 있는 약속을 이야기했고 상당히 고무적으로 받아들여졌다. 하지만 징계 수위는 낮아지지 않았다. 아니, 징계 범위가 줄기는 했다. 세 명이 받을 강제 전학을 두 명이 받게 되었으니 말이다. 그러나 강제 전학 통고를 받은 학생들의 입장에서는 약속까지 했는데 최고 징계를 받은 것이다.

그날 회의를 끝내고 집으로 돌아와 혼자 엄청나게 울었다. 왜 그렇게 북받쳐 올랐는지 알 수 없었다. 무엇이 잘못된 것인지 설명할 수 없고, 아무도 공감해주는 사람도 없었다. 이대로는 안 된다는 생각은 드는데, 그래서 어떻게 해야 할지는 알 수 없었다. 남들에게는 관례적인 일인데 왜 나는 용납할 수 없는지 알 수가 없었다. 세상이 불합리해 보였다. 더구나 가해자들이 받게 될 징계와 재발 방지에 힘쓰다 보니 결국 피해자에게 제대로 관심을 갖지 못했다. 무엇을, 어떻게 하는 것이 피해자에게 도움이 되는지 모르기도 했다.

무기력감과 진탕에 빠진 심정으로 지내던 중에 교육청 연수에서 평화감수성 교육을 하는 분을 만났다. 강의를 듣는 순간 내가 찾는 그것일 것 같은 예감이 들었다. 당장 우리 학교에 연수를 와달라고 부탁을 했다. 그렇게 회복적 정의를 만났다.

학부모 교육으로 회복적 정의를 처음 듣던 날, 얼마 전 사건 때문인지 그동안 학교에 관심을 갖지 않던 학부모들까지 많이 오셨다. 강의를 들은 학부모들은 뭔가 낯설지만 저 멀리 문이 열리고 빛이 스며들어온 것 같은 느낌이었다고 했다. 아직 개념도 잘 모르겠지만 막막했던 고민의 지점이 무엇인지, 어디로 나아가야 할지 방향은 찾은 것 같았다.

회복적 정의는 가해자를 벌한다고 해도 피해자의 피해는 회복되지 않는다는 지점부터 말했다. 누군가에게 책임을 묻는 것이 아니라 자발적 책임을 이끌어내는 것이라고 했다. 강렬하게 기억에 남는 강의 내용 중 하나는 어느 피해자의 진술이었다.

어느 날 집에 돌아와 보니 가족이 모두 무차별 살해당했다. 한꺼번에 가족을 잃은 피해자가 살인 용의자라는 누명까지 쓰고 조사를 받고 겨우 풀려났는데 가족들이 흘린 피로 뒤범벅이 된 집이 그를 기다리고 있었다. 그는 혼자 몇 날 며칠을 울다 지쳐 까무러치면서 락스를 풀어 집을 치워야 했다.

이 사회는 피해자인 그를 가족의 피비린내가 나는 집에 혼자 남겨두었구나, 나는 그런 부분을 단 한 번도 생각하지 못했구나 싶었다. 과연 살인자가 잡혀서 최고형을 받는다고 한들 그의 피해가 회복될 것인가? 피해자가 그 어떤 피해를 입었더라도 다시 살아갈 수 있게 최소한 피딱지로 범벅이 된 집을 치워주고, 용기와 위로를 건네고 보듬어줄 수 있는 구조의 손길이 있어야 우리 사회에 정의가 살아 있다고 할 수 있는 것 아닐까?

생각지도 못했던 지점을 발견하면서 피해의 회복이 정의로운 사회를 만드는 시작이 될 것 같았다. 이런 개념이 어떻게 학교 생활교육에 적용될 수 있는지 궁금했다. 학부모들이 먼저 입문 과정 연수를 받기 시작했고, 마침 교장 공모제를 통해 새로 오신 교장 선생님께도 소개해드렸다. 교장 선생님은 회복적 정의를 전문으로 교육하는 한국평화교육훈련원과 MOU를 맺고 본격적으로 회복적 생활교육을 학교에 도입하기로 했다.

당시 선생님들은 학부모들이 너무 앞서 나가고 있어 조금 부담스러웠다고 한다. 그런데 선생님들이 회복적 정의를 적극 받아들이게 된 계기가 생겼다. 그해 우리 학교 여학생들 중 수업을 힘들게 하고 잦은 문제를 일으키는 아이들이 있었다. 타일러도 보고 벌칙도 주고 학부모 상담까지 해봤지만 점차 주변 학생들에게 피해를 주면서 불만이 커지게 되었다.

고민 끝에 선생님들은 그 아이들과 서로를 마주 보고 둥글게 앉아 서로 간의 속마음을 털어놓는 서클 대화를 시도해보기로 했다. 선생님들도 처음이라 약간은 서툴고 시간이 많이 걸리기 때문에 힘들어했지만, 첫 시도부터 아이들의 반응이 좋았다. 해당 학부모들까지 함께 서클을 했다. 중간에 서클 모임에서 나눈 이야기가 비밀이 지켜지지 않으면서 아이들이 실망하고 선생님들도 포기하려 했다. 그런데 자신들의 이야기를 들어주는 어른들의 모습이 좋았던 아이들이 조금만 더 해달라고 요청해왔다. 시간이 가면서 서로를 신뢰하는 마음이 쌓이자 아이들과 학부모, 교사들까지 희망을 보기 시작했다. 회복적 정의는 단번에 문제를 해결해주는 프로그램이 아니라 공동체를 회복시키기 위해 의지를 가지고 꾸준히 실천해야 한다는 것을 처음으로 체험한 사례이다.

또 한 번의 학교폭력 사건이 일어났다. 이번에도 선후배 서열 때문에 후배를 집단 폭행한 것이다. 사건 당일 바로 경찰에 신고가 들어갔다. 한 가해자의 부모와 피해자의 부모는 마을에서 형님, 동생 하던 사이여서 마을 주민들까지 뒤숭숭해졌다. 교장 선생님은 학교 안에서 해결할 수 있는 범위를 넘어섰다고 판단하고, 마을 분들까지 포함해 마을공동체회복위원회를 열기로 했다. 징계와 처벌은 피할 수 없지만 피해자가 안전하게 학교생활을 할 수 있도록 도와주어야 하고, 가해 선배들은 자신의 잘못을 직면하고 다시 마을의 품으로 돌아올 수 있어야 하기 때문이다.

마을의 성당으로 사건 당사자인 학생들과 그 부모, 인근 학교의 교장 선생님, 이장님, 학부모, 그 외 마을 단체장까지 모였다. 그 자리에서 당사자들은 어떤 일이 있었는지, 어떤 심정인지 각자 이야기했고 서로의 이야기를 경청했다. 참가자들은 이들이 주고받는 말을 듣고 다시는 이런 일이 생기지 않으려면 필요한 것이 무엇인지 물었다. 마을 어른으로서 청소년들을 위해 할 수 있는 일이 무엇인지 고민하는 시간을 가졌고, 앞으로도 관심을 기울일 것을 약속했다.

어린 학생들이 다섯 시간이 넘는 대화 모임을 통해 자신들이 한 짓을 돌아보고 부모와 마을 어른들 앞에 선다는 것이 쉬운 일은 아니었을 것이다. 그것만으로도 아이들은 자신들이 저지른 행위에 대한 벌을 달게 받은 것이 아닐까 싶었다. 다행히, 그리고 당연하게도 피해자들이 가장 원한 것은 가해자들의 진정 어린 사과와 재발 방지였다. 모두의 눈이 지켜보는 가운데 가해자들은 사과하고 다시는 그런 일이 없도록 하겠다고 약속했다.

선배가 후배를 관리하고, 1년 차이밖에 안 나는 선배에게 깍듯이 인사와 대우를 해야 하는 문화가 청소년들 사이에 암암리에 있어왔다. 처음에는 중·고등학교 고학년생들 사이에서만 있었던 문화가 점차 내려와 이제는 초등학생들에게까지도 확산되려 하고 있었다. 이번 사건도 그런 문화에서 시작되었고, 당사자에게만 징계를 내리는 방법으로는 가해자도 잘못을 바로잡기 어렵고 재발할 가능성이 높았다. 더군다나 이 사건을 접한 다른 학생들이나 마을 주민들 사이에서는 갖은 소문과 오해, 그리고 가해자를 향한 낙인까지 그야말로 민심이 흉흉했다.

아이들은 자라면서 잘못을 할 수 있다. 그러나 잘못을 뉘우치고 회복하고 마을의 품 안으로 돌아오게 하는 것은 오로지 어른들의 몫이다.

마을 주민들은 학교폭력대책위원회라는 학교 내 기구에서 징계를 내리는 것으로 마무리하지 않고 마을 주민이 참여할 기회를 준 것에 대해 고마워했다. 우리처럼 작은 마을에서 일어난 아이들의 폭력 사건은 마을의 기저를 뒤흔드는 일이 될 수 있음을 간과하지 않은 것이다.

일반적으로 학교는 열린 공간이면서도 매우 폐쇄적으로 처리되는 일들이 많다. 특히 학교의 명예에 커다란 타격이 될 수 있는 학교폭력 문제는 더욱더 그러하다. 그런데 학교가 학교폭력 문제를 회복적 정의를 기반으로 한 대화 모임에 마을 주민을 초대해주었다. 사건 사고 발생률이 중요한 것이 아니라, 그것을 어떻게 해결하느냐를 더 중요하게 생각한 것이다.

이날 모임에 참여한 마을 주민들은 이런 일이 또다시 일어나서는 안 되겠지만 '마을공동체회복위원회'가 열리면 앞으로도 참여하겠다고 약속했다.

대화 모임은 대화와 용서로 끝나는 것이 아니라 이후의 '실천'을 담보로 한다. 마을공동체 활동의 주요한 목표이자 정신으로써 '평화'에 대한 담론, 그리고 평화에 이르는 구체적인 실천 방법을 찾아야 한다. 그래서 대화 모임은 한 번으로 끝나지 않는다. 회복을 위한 우리의 실천이 잘 이루어지고 있는지, 그 외 더 필요한 것은 없는지 다시 살피는 시간을 꼭 갖는다.

2차 모임에서 우리는 각자가 할 수 있는, 해야 하는 자발적 책임을 말했다. 마을 어른들 중 한 분은 축구부를 만들어 아이들을 참여시키고 어른들 품에서 놀게 하겠다고 하셨다. 또 어느 분은 아이들이 싫어하는 것이 공부이지만, 그래도 아이들에게 필요한 것은 공부라고 생각한다며 그 아이들에게 인문학을 가르쳐주겠다고 하셨다.

우리 학부모들은 이번 학교 축제 때 아이들이 모두의 앞에서 자신이 한 일을 사과하는 자리를 마련하고 그 자리에서 학교도, 마을도 같이 잘못하고 있는 것을 사과하기로 했다. 또한 아이들이 아침 등굣길에 학교폭력 예방 캠페인을 하겠다고 해서 우리도 함께하기로 했다.

아이들은 대화 모임이 지겨워서라도 다시는 문제를 일으키지 않겠다고 선언했다. 피·가해자 대화 모임의 과정이 힘들고 지난하기 때문에 다시는 그런 상황을 겪고 싶지 않다는 반응이었다. 학부모들도 추운 겨울, 교복만 입은 학생들을 핫팩으로나마 덥히려 애쓰면서 '제발 다시는 학교폭력 일어나지 말아라' 하고 스스로를 위해 빌었다.

등교 시간에 학교폭력 예방 캠페인을 같이하고 아이들과 몇 번 만나는 시간을 갖는 것이 생각보다 훨씬 버거웠다. 각자 수레바퀴처럼 돌아가던 생활에 또 다른 무언가를 보태어 실천하기란 이론을 배우던 때와는 비교할 수 없이 힘들었다. 그래도 우리는 내 아이가 아니어도 마음을 내고 함께해주는 어른들이 있다는 것에 희망을 발견했다.

지금 돌아보면 피해자 지원이나 진행 과정도 많이 어설펐지만, 대화 모임을 해가는 과정에서 아이들이 지나치게 연대 의식이 생기는 것이 가장 큰 문제였다. 뭔가 어려움을 같이 극복해온 동지 같은 느낌으로 똘똘 뭉쳐 다른 친구들과 어울리지 못했다. 결국 원래의 자리로 돌아가지 못한 것이다.

다행히 학교에서 문제의 근원인 선후배 서열에 대한 고민을 끝까지 놓지 않았고, 결과적으로 선배들과 친구들 간에 서열이 없어졌다. 초등 6학년 아이들이 중학교 입학 전에 가장 큰 걱정이 바로 선배에 대한 두려움이라고 했었는데 선후배 사이에 깍듯이 인사를 시키던 모습이 완전히 사라진 것이다. 지금은 한 학년 정도는 격의 없이 친구처럼 편안하게 어울려 지낸다. 관계가 다양해지니 친구가 몇 배로 늘은 셈이다.

회복적 생활교육은 평상시에 얼마나 신뢰를 잘 구축하는가가 핵심이다. 사건이 일어난 후에는 이미 신뢰가 깨어진 것이기 때문에 다시 신뢰 관계를 형성하려면 많은 품과 노력이 필요하다. 신뢰를 형성하기 위한 하나의 방법으로 학년 초에 학급별로 '존중의 약속'을 만들고, 교실 안에서 신뢰 서클을 수시로 하는 등 관계가 편안해지면 말썽꾸러기들이 한두 명 있다고 해도 친구들과 조정을 시도할 수 있고, 약간의 격려만으로 제자리로 돌릴 수 있다.

어느 학교에서 일어났던 일이다. 벌점 제도가 있어 20점을 받으면 교내 청소 일주일을 해야 하는데, 한 아이가 하루에 50점의 벌점을 받았다. 수업 시간에 엎드려 있다고 벌점, 대답 안 한다고 벌점, 이런 식으로 계속 쌓이는데도 아이는 쏟아지는 벌점 폭탄을 받으며 불량한 태도로 버티더란다. 며칠이 지난 후에야 그날 아침에 아이의 부모님이 이혼하러 법원에 가셨다는 것을 알게 되었다. 그동안 아무도 아이의 사정을 알려고 하지 않고 무조건 벌점만 주었던 것이다. 벌점 제도도 문제지만, 한 교실에서 매일 얼굴 마주치고 살면서 아무도 그 아이에 대해 알려고 하지 않았다는 것이 더 오싹했다.

부모의 불화가 하루아침에 일어난 일이 아닐 테니 아이는 그동안 주변에 많은 불편을 주었으리라. 이유 없이 화내고 짜증내는 일도 잦았으리라. 그 모든 것을 말할 기회도, 위로받을 대상도 없이, 학생은 학교에서 즐겁게 웃고 열심히 공부해야 한다는 강요를 받아온 것이다.

아이들은 함께 생활하는 친구들이 어떤 마음의 결을 가지고 매일을 살아가는지 모르고 한 교실에 모여 있다. 각자 다른 공간에서 떨어져 나와 모이게 되는 것인데도 매일의 안부도 없이 지내고 있다.

신뢰 서클은 그런 서로의 안부를 묻는 것이다. 오늘 아침 기분은 어떤지, 어젯밤 무슨 일이 있었는지, 아침밥은 무얼 먹고 왔는지, 친구와 편안한지, 배움은 잘 이뤄지고 있는지 등을 묻고 알아가는 것이다. 그런 관계가 형성되면 신뢰는 절로 쌓인다. 조금 툭탁거려도 서로 삶의 맥락을 알기 때문에 이해되는 폭이 넓어진다.

회복적 생활교육에서 신뢰 서클은 가장 기본 중의 기본이다. 학급에서 정기적으로 신뢰 서클을 하면서 안부를 묻고, 자치 활동이나 동아리 등에서도 이야기 나눔을 서클 방식으로 하는 것이 좋다. 서클은 동등한 입장에서 누구나 참여하기 때문에 소외되는 사람 없이 자신의 목소리를 내고, 나라는 사람을 드러낼 기회를 가진다.

서클과 더불어 중요한 장치로 '존중의 약속'이 있다. 함께 지켜야 할 약속을 스스로 내오는 것이다. 안 지켜질 경우에 대한 처벌 조항은 없다. 처벌이 아니라 다시 확인시켜주는 과정과, 확인하고도 지켜지지 않을 때는 어떻게 지켜질 수 있을지, 또는 무엇이 지킬 수 없게 만드는지 알아보고 지킬 수 있는 약속이 될 수 있도록 돕는 것이 목적이다.

혁신학교에서 교육 3주체(학생, 학부모, 교사)가 생활협약을 만들어 선언식을 하는 곳이 많이 있다. 각 주체별로 교육이 잘 이루어질 수 있도록 기본 생활에 대한 약속을 하는 것이다. 우리는 그동안 학급별로 존중의 약속을 내오고 지켜가고 있었는데, 다른 학교에서 하니 우리도 생활협약 선언식을 한다며 협약을 내오게 했다. 아이들은 학급마다 있는 존중의 약속 말고 무엇이 더 필요한지 모르겠다고 되묻는다. 더구나 학부모에게는 협약을 만들 수 있는 시간도 주지 않아 아래로부터의 약속을 만들 수 없었다.

존중의 약속은 선언으로 끝나지 않는다는 점이 다르다. 존중하는 마음이 바탕이 되어야 약속을 만들 의지가 생긴다. 잘 지켜지도록 서로 독려하고 함께 책임져주는 과정을 만들어가는 것이다. 뭔가 특별한 의식을 하는 것도 좋지만 일상적으로 안부를 묻고, 마음을 나눌 수 있는 시간을 갖는 것이 필요하지 않을까?

회복적 생활교육은 구성원 모두의 약속과 평화적 문화 토양을 만들어 공동체성을 강화하는 것이 일상적인 기본 단계이다. 문제가 일어날 경우에는 피해자의 필요를 돌아보고 가해자가 자신의 잘못을 직면하는 태도를 가질 수 있는 대화 모임을 가진다. 학칙에 따른 징계 조치를 하게 될지라도 학교가 스스로 처벌 기관인 동시에 회복의 주체임을 잊지 않는다. 학교폭력의 원인을 찾아 재발을 방지하고, 겉으로 드러나지 않은 숨은 갈등은 없는지 살피면서 갈등을 교육적 기회로 삼기 위해 노력하는 것이다. 기존의 학교 규칙은 통제와 질서를 목적으로 하기 때문에 학교폭력대책자치위원회 등을 거치지 않을 수 없지만, 가급적 이름도 '학교공동체회복위원회'라고 변경해 회복적 정의에서 이루고자 하는 피해 회복과 관계 회복, 자발적 책임, 공동체 회복, 정의의 회복이 구현되었는지 돌아보기 위해 노력한다.

학교 전체가 회복적 생활교육을 받아들인 후 해를 거듭할수록 상대방의 마음을 헤아릴 줄 아는 평화감수성이 깊어지게 되었다. 갈등이 일어나면 으레 서클을 해보자고 제안하는 학생들이 생겨났다. 학교에서 무슨 일이 생기면 누가 그랬는지 묻기보다는 무슨 피해가 있었는지, 우리가 어떤 도움을 줄 것인지 회복적 질문을 먼저 하기 시작했다.

우리 학교에서 시작된 회복적 생활교육은 지역 내 타 학교에서도 적극적으로 배우기 시작했고, 마을에서는 '회복적 정의'를 주제로 평화 영화제를 열기도 했다.

회복적 동아리

봉사단이 학교의 문화를 바꾸는 동아리였다면, 회복적 정의 동아리는 학부모와 학교의 공동체성을 발견하게 해준 동아리였다. 회복적 정의에 대한 학부모 연수를 받은 후에 학부모들이 자체적으로 워크숍을 시작했다. 말썽을 부리던 여학생들을 변화시킨 서클에 참여했던 한 학부모가 앞장서서 회복적 동아리를 이끌었다.

책을 읽고 토론하기도 했지만 학생들이 신뢰 서클을 일상적으로 하는 것과 마찬가지로 우리도 생활을 나누는 시간이 가장 소중했다. 정의의 문제가 삶에서 분리된 것이 아니라 아이와의 대화와 이웃과의 관계에서 그대로 드러나고 있다는 것을 발견하는 기쁨이 있었다. 특히 자녀나 가족 간에 생기는 소소한 생활 속 이야기를 가지고 서클을 해보면 내가 보지 못했던 가족 안의 미세한 균열과 마주한다.

실제 뉴스에 나오는 사례를 가지고 역할극을 해보기도 했다. 역할 속 인물이 공감되지 않아 끝까지 이어가지 못한 적도 많았다. 그동안 피해자와 가해자를 가르고, 문제를 우리에게서 분리시키던 사고방식이 금세 바뀌지 않기 때문이다. 그래도 사건을 보기보다 맥락을 보고, 잘못을 보기보다 사람을 보고, 처벌보다 필요를 채우는 방법을 찾아가다 보니 스스로 회복되고 치유되는 경험을 하게 되었나. 시치고 피곤한 저녁 시간에 군이 동아리 활동을 하겠다고 나가야 하나 망설이는 순간을 이겨내고 모임에 오면, 어느 순간 힐링이 된다는 소감으로 마무리되곤 했다.

서클에서는 감정 표현을 많이 하도록 권한다. 지금 내 마음 상태를 들여다볼 시간을 가지고 정서적 표현을 하다 보니 나도 모르게 가정에서도 공감과 응원의 말을 더 많이 할 수 있게 되었던 것 같다. 게다가 회원들 간에 응원과 지지를 해주는 지지 서클도 하면서 회원끼리의 연결감이 단단해졌다.

우리는 서클이 갖는 민주성과 집단 지성이 학교에 정착하기를 바라는 마음으로 모든 회의를 서클로 진행했다. 회의에서 목소리 큰 사람의 이야기를 듣다 보면 딱히 의견을 가지지 않은 사람은 말 한마디 못하고 돌아가는 경우가 많다. 그런 일이 반복되면 내가 뭐 하러 왔나 싶은 자괴감이 생기기 마련이다. 뿐만 아니라 학부모들의 모임이기 때문에 학생들의 신뢰 서클처럼 서로 관계를 맺고 삶을 나눌 필요가 있다.

이제는 습관처럼 돌아가면서 이야기하고 경청하고 있지만, 회의가 서클이라고 하면 부담스러워하는 분위기가 있다. 할 말이 없어서라기보다는 편하지 않다는 의미이다. 그럴수록 좀 더 편하고 안전하게 느낄 수 있도록 노력해야 한다.

학교에서 서클 모임을 진행해달라는 요청도 있었다. 당시만 해도 교사들이 회복적 정의를 공부하던 중이었기 때문에 먼저 연수를 받았던 우리들의 도움이 필요했던 것이다. 학생들 수련회에 가서 생활 규칙을 내오는 서클을 했고, 학교폭력 이후 가·피해자 아이들이 회복되는 과정을 함께하기도 했다.

가장 기억에 남는 것은 수업 중 선생님들을 너무 힘들게 하는 아이들이 있어 그 아이들과 과목별 선생님들이 모여 서클을 한 것이다. 선생님들은 아이들 앞에서 눈물을 흘려가며 마음의 상처를 그대로 드러내 보이면서 본인들이 겪은 피해를 직면하게 해주었다. 아이들은 그간 선생님들이 어떤 감정을 느꼈는지 직접 듣고 나서 충격을 받았다.

아이들은 자신이 한 행동이 다른 이들에게 어떤 영향을 주었는지 잘 모르는 경우가 많다. 그저 심심하고 재미있어서 한 행동인데 누군가에게 큰 상처를 주었다는 것이 믿기지 않는 것이다. 아마 학교에서 한 서클 중에 교사들에게나 학생들에게, 그리고 진행을 맡은 학부모들에게도 가장 의미 있는 서클이었던 것 같다.

이렇듯 학교 안의 갈등에 적극적으로 참여하면서 교사들과 학부모의 관계가 급격히 좋아졌다. 그동안 학부모회 활동이 생활교육에 많은 도움이 되면서 교사들은 학부모를 긍정적으로 바라보기 시작했지만, 학부모들이 학교교육에 너무 적극적이어서 불편하다는 기색 역시 감추지 않았었다. 그런데 학교폭력 문제라는 큰 산을 함께 넘어오면서 조금씩 공동체 의식 같은 게 생기지 않았나 싶다. 문제를 감추지 않고 도움을 청하는 학교의 모습에 우리 학부모들도 감동했다. 갈등을 회복하기 위해서는 공동체가 함께 노력해야 한다는 점을 공감하고 협력하기 시작한 것이다.

타 지역과의 교류도 있었다. 당시 회복적 정의를 배우던 다른 학교의 학부모들과 함께 연수를 진행하기도 하고, 지역 학부모들이 진행하는 세월호 촛불집회에 참여하기도 했다. 이후 그 학교는 방학이면 아이들과의 서클도 하고 평화감수성 놀이도 하는 회복적 정의 캠프를 했고, 지역 내 회복적 정의 연대 모임을 정기적으로 가지고 있다.

회복적 생활교육 동아리를 통해 훈련을 거듭하면서 학교폭력대책위원회에 자원하는 이들이 생겨났다. 회복적 대화 모임에 참여한 이들이 학교폭력대책위원으로서 피·가해자를 만나게 되는 것이다. 회복적 대화 모임이 학교폭력대책위원회를 대신할 수는 없다. 그럼에도 대화 모임을 하고 회복적 실천을 하는 이유는 당사자의 필요와 요구를 심도 있게 다룬 회복적 조치 내용을 학교폭력대책회의에서 충분히 반영하므로 재심 등 민원의 가능성도 낮고, 모든 과정에 학교 구성원들이 함께 참여하면서 재발 가능성도 현저히 낮아지기 때문이다.

예전과 달리 학교폭력 문제는 학생의 진로에 상당한 영향을 끼치기 때문에 학교폭력대책위원들은 굉장히 조심스러울 수밖에 없다. 교육청에서 하는 학부모 학폭위원 연수는 대부분 법적 절차에 대한 내용이지 실질적인 학교폭력에 대한 대책을 고민하지 않는다. 학교폭력 '대책'은 없고 학교폭력 '징계'만 있다.

애초에 이들은 전문가도 아니고 교육을 강제할 수도 없는 자원봉사 차원의 2년차 위원일 뿐이다. 당연히 민원의 소지가 크다. 이에 대한 구조적 개편이 필요하다고 본다. 가능하면 지역별로 학교폭력에 관한 교육기관이 있으면 좋겠다. 하다못해 전문 자문기관이라도 있으면 좋겠다. 다행히 우리 학교는 한국평화교육훈련원과 협약을 맺어 수시로 자문을 구한다.

회복적 정의는 제도나 프로그램이 아니다. 패러다임의 전환이다. 학교에서 회복적 생활교육을 도입해서 실천하는 것도 중요하지만, 구성원들이 회복적 정의를 이해하고 받아들이지 않으면 일시적인 프로그램으로 치부되기 쉽다.

회복적 정의의 또 다른 이름은 '공동체적 정의'다. 공동체가 정의를 이루기 위해서는 처벌 기관이 행하는 선고에 의해서가 아니라, 공동체 구성원들 스스로 무엇을 회복할지 성찰하는 시간을 갖고 참여하고 행동하는 적극적 의지를 통해서만 다다를 수 있다. 학생 생활교육으로 시작한 회복적 정의는 공동체성을 키워가자는 학교교육 목표로서 확고하게 자리 잡게 되었다. 그러나 학교의 철학이 지역에 뿌리내리기 위해서는 지역민을 연결하는 학부모의 노력이 필수적이다.

세계 최초의 회복적 도시인 영국의 헐시티에서는 만 9세만 되어도 회복적 정의가 무엇인지 말할 수 있고, 경찰 공무원들도 사법적 조치보다는 회복적 조치를 우선한다고 한다. 공동체를 다시 세우자는 회복적 메시지가 먼 나라 이야기가 아니고 이곳, 우리 아이들이 사는 마을에서도 전해졌으면 좋겠다.

☞ 회복적 정의란?

가해자와 피해자를 구별 지어 가해자에 대한 응징, 피해자의 손해에 대한 보상을 하는 사법적 정의의 방식인 응보적 정의를 넘어서는 것이다. 법정의 현실에서는 가해자와 피해자, 원고와 피고, 고소·고발인과 피의자 사이에 상호 간의 공방의 과정을 거쳐 그 누군가 승자에게 손이 올라가고 나머지 한 당사자는 울분의 패배를 당한다. 그는 억울해서 또 항소심, 대법원, 그것도 모자라 헌법재판소까지 올라간다. 거기서 현실적, 최종적으로 결판이 난다. 그러나 진정으로 그 사건에 관계되었던 사람들에게는 종국적 평화가 오고 분쟁이 끝나는가?

회복적 정의는 바로 이러한 경우 잘못을 직면하고, 가해자든 피해자든 그 모두의 필요를 채우기 위해 노력하고 깨어진 관계를 바로잡고 마음으로부터의 용서와 화해를 통해 공동의 선에 기여하고자 한다.

　　－《회복적 정의란 무엇인가?》(하워드 제어 저)에서 발췌

☞ 회복적 정의의 질문 다섯 가지

1. 무슨 일이 있었는지 자신의 입장에서 이야기해보세요.

2. 자신의 행동으로 인해 가장 큰 영향(피해)을 받은 사람은 누구인가요? 어떤 피해라고 생각하나요?

3. 발생한 피해를 회복하기 위해 자신이 할 수 있는 구체적인 일은 무엇인가요?

4. 앞으로 서로 어떤 관계가 되기를 원하나요?

5. 주변 사람들은 어떻게 도와주면 좋을까요?

☞ 서클(서클 프로세스)이란?

서클이란 우리가 살아가는 공동체에서 일어날 수 있는 여러 가지 갈등을 해결하기 위해 구성원 모두가 둥글게 모여 앉아 서로 평등하게 각자의 마음에 귀를 기울이고 공동의 지혜를 모아내는 대화 진행 방식이다. 신뢰와 지지를 주고받으며 서로가 연결되는 공동체적 커뮤니티 공간을 만들 수 있다.

응보적 정의		회복적 정의
가해자 처벌	목표	피해 회복
강제적 책임 수행	방식	자발적 책임
처벌 기관	주최	공동체 참여

☞ 서클의 장점

- 나의 이야기, 내가 할 수 있는 일로부터 출발한다.
- 모두(공동체)를 생각할 기회를 갖는다.
- 공동체적 가치에서 출발한다.
- 모두가 논의 과정에 참여한다.
- 민주적 과정에 집중한다.

환경을 바꾸는 활동

주민참여 공모

아이들이 수업에 제대로 참여하지 않을 때는 어떻게든 교실에 들어가 앉기만 하면 좋겠다 싶었는데, 수업이 정상적으로 진행되는 것을 보면서 또 다른 욕심이 생겼다. 어두운 화장실, 좁은 복도, 낡은 회색빛의 계단 등 학생들 생활 공간이 전반적으로 어두침침했다. 우리나라 학교 건물의 구조가 감옥의 구조와 비슷하다는 해외 네티즌들의 말을 빌리지 않아도 학교 건물의 외형은 청소년에게 정서적으로 부적절하다. 우리 학교는 더구나 오래되고 낡았다. 학교 순회 활동을 하다 보면 아이들은 구석진 공간에 모여 놀거나 담배를 피우고 있었다. 그러고 보면 아이들이 모일 만한 아기자기한 공간이 없다. 학교 여기저기에 색을 입혀 긍정적 에너지가 나올 수 있는 공간으로 탈바꿈시켜주고 싶었다.

교육청에서 진행하는 주민참여예산을 신청해서 학교 환경을 바꿔보기로 했다. 'Play Station'이라는 주제를 내걸고 신나는 놀이터로의 변화를 시도했다. 학교 담장에 스포츠 클라이밍을 설치하고 게릴라 벽화 팀을 구성해서 학교 주변을 벽화로 꾸미는 것이다. 어두컴컴한 가로등도 LED로 바꿔 환하게 밝히면 '깨진 유리창 이론'*처럼 아이들도 훨씬 밝은 에너지를 가질 것이다.

아쉽게도 스포츠 클라이밍은 학교 벽면이 생각보다 부실한 상태여서 포기했다. 하지만 1년 내내 학교 여기저기에서 벽화를 그리는 아이들의 모습을 볼 수 있었고, 갈 때마다 새로운 벽화를 찾아보는 즐거움을 맛볼 수 있었다. 어두침침하던 화장실도 밝고 분위기 있게 변화시켰다.

무엇보다 학부모 사업이므로 학부모들 누구나 참여할 수 있는, 또 참여할 기회를 마련하기 위해 강당 벽면을 작은 나무 조각들로 꾸미기로 했다. 한 번에 모일 수 없으니 언제라도 모임 있을 때마다 나무 조각에 펜으로 그림이나 글씨를 쓸 수 있게 할 계획이었다. 다 하고 나면 한꺼번에 붙일 수 있도록 기획한 것이다. 그러니 안타깝게도 만들어놓은 나무 조각들이 장마철에 다 뒤틀리는 바람에 무산되었다. 게다가 학부모 한 사람 한 사람이 참여한다

◆ 미국의 범죄학자인 제임스 윌슨과 조지 켈링이 1982년 3월에 공동 발표한 사회 무질서에 관한 범죄학 이론. 깨진 유리창처럼 어쩌면 사소해 보이는 일들을 방치해두면 나중에는 더 큰 결과로 확대되어 나타날 수 있다는 것이다. 건물 주인이 건물의 깨진 유리창을 그대로 방치하면 지나가는 행인들은 관리를 포기한 건물로 판단하고 장난삼아 나머지 유리창에도 돌을 던져서 모조리 깨뜨리는 행동을 하게 되는데, 이러한 건물을 중심으로 범죄가 발생할 확률도 높아진다. 깨진 유리창의 법칙을 응용해서 사회 정책에 반영한 사례로는, 1980년대 뉴욕시에서 있었던 일로 당시 여행객들에게 뉴욕의 지하철은 절대 타지 말라는 말이 있을 정도로 지하철의 치안 상태가 형편없었던 것으로 알려졌지만, 깨진 유리창의 법칙이 발생하지 않도록 하기 위해서 지하철 내의 낙서를 지우는 청소 등으로 주변의 환경을 깨끗이 한 결과 실제로 지하철에서의 사건이 크게 감소했다고 한다.

는 의미와 취지가 학교와 학부모들에게 제대로 전달되지 못했다. 자꾸만 학부모는 제외되고 몇 명의 학생들과 교사들이 해치우는 구조로 변질되었다.

어떻게 해야 '참여 과정'의 중요성을 공유할 수 있을까?

이 부분은 한두 명이 이해하고 설명한다고 해서 될 문제가 아니라고 본다. 정책적으로 '참여 과정'이야말로 배움이라는 교육 철학을 공유하고 있어야 할 것이다.

결과적으로 이 사업은 학교를 바꾸는 일은 아주 작고 사소한 변화에서 시작한다는 것을 우리 모두에게 깨닫게 해준 의미 있는 작업이었다. 환경을 바꾸는 학부모 활동은 봉사단 동아리로 이어졌다. '공공의 미'라는 이름으로 학교 안팎의 공간에 벽화와 그림을 그려주는 활동이었다. 지역 축제에서 사용하는 벤치에 그림을 그려넣기도 했다.

이후 학교는 자체적으로 공간 꾸미기에 나섰다. 포크 아트 동아리를 만들어 복도를 전시 공간으로 꾸미기도 하고, 학교 입구에 코스모스를 심어 가을이면 코스모스가 만발하여 등·하굣길을 즐겁게 해주기도 했다.

학교가 변화를 꾀할 때면 학부모회는 그저 응원과 지지를 해주면 되지 않을까. 물론 관심의 끈은 놓지 않은 채 말이다.

행복한 학부모회 사례 1

3주체 협의회

교육 활동에 도움을 주고자 시작한 활동이 학생들의 자치 능력 향상에도 큰 영향을 미치고, 교육 3주체가 서로를 이해하고 협동하게 된 초등학교 사례가 있어 소개한다.

한 초등학교에서 학교운영위원, 학생회 임원, 학부모회 임원, 교사 대표 등 3주체가 함께 모여 교육 3주체 협의회를 만들었다. 교육과정을 지원하려면 좀 더 체계적이고 구체적으로 논의할 자리가 필요하다는 제안이 운영위원회에서 나왔다고 한다. 그러고 보면 각 주체가 모일 수 있는 단위가 없다. 운영위원회가 있기는 해도 학생이 빠져 있고 심의 기구라서 자세한 협의를 하기는 어렵다. 공식적인 내용이 아니고서는 그동안 각 단위가 서로 어떤 활동을 하고 있는지 알지 못했고, 물어볼 기회도 없었던 것이다.

처음에는 3주체 대토론회를 했는데, 상설화하는 것이 효과적이라고 판단해서 월 1회씩 만나다가 지금은 연 4회 모임을 갖는다. 신기하게도 자주 만나게 되면서 논의할 것이 더 많아졌다. 서로를 이해하는 폭이 넓어지면서 할 수 있는 일도 많아졌다.

체육대회 때 아이스크림을 먹고 싶다는 아이들의 요구가 있었다. 학교는 아이스크림을 사줄 수 있는 예산이 없었고, 학부모회에서는 그 이전부터 음식 반입은 하지 않기로 했었다. 협의회가 없었더라면 아이들에게 그런 요구가 있는지도 몰랐을 것이고, 알았다 해도 곤란하다는 답변으로 끝났을 것이다.

그러나 협의회를 하면서 아이들이 왜 아이스크림을 필요로 하는지 이유를 듣는 기회를 가질 수 있었다. 강력하고도 간절한 아이들의 요구를 그대로 거절하기보다는 해결 방법을 찾아 나가기로 했다. 다시 한 번 학급별 수요 조사와 품목 조사, 시장 조사 등을 자체적으로 진행하고, 비용 마련을 어떻게 할 것인지 방안을 내오도록 했다. 아이들은 부모님께 용돈 요청서를 만들어 비용을 해결하기로 했고, 품목도 반별로 조사해서 확정했다. 한 개의 아이스크림을 먹기 위해 어린 학생자치위원은 그렇게도 수많은 날을 토론해야만 했다.

이 과정에서 아이들의 자치 능력과 문제 해결력은 물론이고 자신감이 급상승해서 무엇이든 해낼 것만 같은 기세가 되었다. 당연히 어른들도 아이들에게 자율을 보장해야 한다는 자명한 사실을 다시 한 번 깨닫게 되었다.

학생들이 학교에 원하는 것이 무엇인지 물어보는 '꿈이룸 프로젝트'도 있었다. 학생회에서 학급별로 학생들이 원하는 것을 조사했는데, 종류가 90가지가 넘었다. 협의회 위원들이 20명이 훌쩍 넘기 때문에 깊이 있는 협의를 위해 각 주체가 골고루 들어갈 수 있게 모둠을 나누었다. 아이들에게 왜 그 활동이 하고 싶은지 먼저 발표하게 하고, 실현 가능성이 있는 것인지도 다 같이 판단했고, 교육적인지, 어떤 도움을 주면 되는지 확인해나갔다. 체험학습을 늘려달라는 제안은 근거리 위주라면 가능하다는 판단에 학급별로 4~5회 진행하기로 했고, 놀이공원이나 워터파크로 가고 싶다는 의견은 고학년들의 반대로 무산되었다. 운동장에서 축구를 하고 싶은데 6학년이 독점한다는 저학년의 항의도 있었다. 학년별 사용 시간을 정해 자치회에서 운영하자는 의견에 6학년들도 동의했다. 보드게임 종류를 다양하게 늘려달라는 제안은 예산 때문에 주저하자 아이들이 아이디어를 냈다. 각 가정에서 안 쓰고 방치된 보드게임들을 모아보기로 한 것이다. 학생자치회에서 홍보물을 만들고 배포하자 어렵지 않게 해결되었다. 등굣길 차량 안전 문제에 대한 의견이 생각보다 많았는데 '아빠 차 No, 엄마 차 No, 스스로 등교'라는 캠페인으로 이어졌고, 밤거리 안전 순찰대와 급식 모니터에 학생을 포함해달라는 의견에는 모든 구성원이 박수로 환영했다. '방송이 잘 안 들려요', '축구장 라인을 다시 그려주세요' 같은 민원성은 바로 처리되었다.

아이들의 요구를 듣고 해결해가는 과정에서 어른들은 최대한 아이들의 힘으로 해결할 수 있도록 기다려주었고, 협의 과정에서 아이들의 의견을 존중하고 반영했다. 양보할 수 없는 교육적 판단이 들면 아이들을 설득하는 과정을 거쳤다. 인조 잔디가 그런 경우다. 아무리 친환경 인조 잔디라고 해도 아파트에서 사는 아이들이 대부분이라 학교에서라도 흙을 밟아야 한다고 판단한 것이다.

녹색어머니회에서 봉사자 모집이 잘 안 된다고 어려움을 호소하는 안건도 있었다. 어찌 생각하면 다른 단위의 문제이지만 서로의 협조가 필요한 부분이라고 생각해 협의회에서 논의하게 된 것이다. 왜 모집이 안 되는지 살펴보고, 다른 학교 사례를 알아보기로 했다. 들여다보니 녹색어머니회의 문제만이 아니라 학급 모임이 안 되는 것이 더 큰 문제라는 것을 알게 되었다. 그렇다면 학급 모임은 왜 잘 안 될까?

그때만 해도 학급 모임을 교사들이 이끌어가고 있었는데 그것이 부담스러웠다고 한다. 특별한 일이 없다면 굳이 학부모들이 교사들을 만나는 것을 불편해하던 때였다. 교사가 참여하지 않고 학급 모임을 할 수 있게 하자 다시 교사가 참여하길 원하는 학급이 생기기도 했다. 그렇게 3년 정도 지나자 각종 학부모 모임으로 학부모 상주실이 제법 북적북적해졌다.

최근에는 지역 축제에 학교가 참여하는 문제에 대해 논의를 진행하고 있다. 꿈이룸 프로젝트에서 장기 자랑을 할 수 있게 해달라는 제안이 있어서 지금껏 교내에서 쉬는 시간에 여러 가지 공연이 이루어지고 있었는데, 마을에 나가 자랑할 기회가 생긴 것이다.

지역 축제를 위해 학교 운동장을 내어주고, 곧 있을 학교 운동장 공사 때에는 교사들의 주차를 위해 지역의 주차장을 내어줄 예정이라고 한다. 공사할 동안 아이들이 운동장에서 놀지 못하니까 학교 주차장에서 놀 수 있게 하기 위해서였다.

학교 민주주의 지수 조사에서 교사들도 학부모들의 참여를 긍정적으로 보고 있다는 결과가 나왔다. 작은 학교라 학부모들이 적극적으로 일손이 되어주기도 하고, 자주 만나면서 서로에 대한 이해도가 높아졌기 때문일 것이다. 운영위원장이 당연직으로 협의회장을 맡고 있는데, 이름만 내걸고 회의에도 잘 나오지 않는 위원장이었다면 이런 적극적이고 자치적인 협의가 이루어질 수 없었을 것이다.

교육 3주체 협의회의 성과를 듣고 지역의 타 중학교 교장 선생님이 재직 중인 학교에서도 시도해보겠다고 배워갔다고 한다. 교육 3주체 협의회가 학부모의 참여를 높이고 학교자치의 물꼬를 트는 도구로써 좋은 사례가 될 수 있을 것 같다.

교육과정을 함께 해나간 균형 있는 학부모회

학급별로 교육과정을 잘 협의해나가고 있는 초등학교 학부모회를 소개한다.

장터를 한다든지, 천연 화장품 만들기 강좌라든지, 부담 없이 즐기는 저녁 캠프 등을 열기도 하지만, 딱히 그런 것 없이도 학부모회의가 체계적으로 잘 이뤄지고 있다. 너무도 당연하게 전통적으로 지켜졌다고 한다. 매월 1회씩 학급 학부모회의를 하고, 그 내용을 바탕으로 대의원회의를 하는데 대체로 과반수 이상의 참석률을 자랑한다. 대의원회의에는 학급 대표와 부대표, 운영위원장, 그 외 단체장이 참석하는데, 역할이 겹치는 덕분에 각 소위원까지 포함되어 있다.

가능하면 학부모회 활동을 했던 분들이 다음 해에는 운영위원을 하는 방식으로 활동 역량을 잃지 않고 내용적으로도 연계하려고 노력한단다. 작년에 수영 수업을 1회성으로 해서 아쉬웠는데 학급대표였던 분들이 올해 운영위원이 되어서 그 의견을 반영해

예산을 확보한 것이 하나의 사례이다. 무엇이든 당장 요구하거나 성과를 내려고 하지 않는다.

회의록은 우선 임원 단체 카톡방에 올려서 부족한 부분을 점검하고, 이후 결과를 대의원 카톡방에 올리면 각자 학급별로 다시 공지한다. 질문 등이 있으면 임원들이 추가적으로 답변과 정리를 하는 등 나름의 시스템이 자리 잡혔다.

작은 학교라고 해서 아이들 문제나 학부모들의 우려가 적은 것은 아니다. 저학년의 경우는 아주 사소한 아이들 간의 다툼이나 사고에도 안전장치를 만들고 싶어 한다. 학급 학부모회에서 학부모들이 갖는 우려에 대해 충분히 소통하고 대의원회의의 논제로 다뤄진다. 그 과정에서 특별한 조치나 결론이 나지 않아도 서로 생각해보는 계기가 되어준 것으로 일단 마무리되기도 한다. 이것이 바로 일상 조직의 효과이다. 서로의 일상을 들어주고 고민을 나누고 공감해주는 것만으로도 스스로 정화되는 것이다.

처음에는 학교에서 학부모들의 학교 출입을 달가워하지 않았는데 학부모들의 활동이 대외적으로 긍정적인 반응을 얻자 점차 학부모들의 건의가 수월하게 받아들여지고 있다고 한다. 교육과정에 대해 학부모들과 협의할 수 있는 자리를 마련해주면 좋겠다고 했더니, 선뜻 받아들여져 교육 일정이 시작되기 전인 2월에 학급별로 교육과정 간담회가 열린 것이다. 한 학년에 한두 학급이라 학년별보다는 학급별로 진행되었다고 한다.

담임 선생님이 수업의 방향을 설명하시고 학부모들은 스스럼

없이 원하는 부분에 대해 의견을 나누었다. 저학년의 경우 쓰기 숙제가 너무 많아서 조절해달라고 하니 적절한 선에서 받아주셨고, 고학년은 토론 수업을 더 자주 해달라고 요청했는데 충분히 반영되었다. 첫 시행치고 학부모들의 반응도 좋고 교사들도 긍정적이어서 지속될 것 같다고 한다.

아직 교육과정위원회를 열어 교육의 방향을 함께 정하는 방식은 아니지만, 학부모나 교사가 서로 이해하고 받아들일 수 있는 선에서 조금씩 시도해보고 있다. 다른 학부모 활동도 욕심내지 않고 시행해보고 반응이 좋으면 다음 해에도 이어나가는 식이다. 작년에 가족 음악회를 했는데, 음악회를 준비하는 기간 동안 가족 간에 소중한 시간을 보내게 되어서 좋았다는 반응이다. 부족한 부분을 보완하면서 올해도 해보기로 했단다.

지금 교장 선생님은 공모제로 오신 분인데, 매일 등교맞이를 해주시는 다정한 분이다. 또 전교생의 생일 카드를 직접 준비하신다. 아이에게 하는 덕담 아래 부모님께도 한마디씩 감사 인사를 덧붙여 써준다. 생일인 아이를 일부러 교장실로 오라고 해서 카드를 전해주는데, 교장실이 불편하고 부담스런 곳이 아님을 느끼게 해주고 싶어서 그렇게 하신단다.

영어와 독서를 활성화하는 것이 교육 목표인 교장 선생님의 교육적 지향에 발맞춰, 학부모 사서회에서는 매주 수요일 도서반 프로그램을 다양하게 진행하고 있다. 아이들의 호응도 점차 좋아지고 있다.

사실 교육 목표에 비해 크게 달라지는 것이 없어 학부모들 기대치에 모자란다는 반응이 있기는 하다. 그러나 자연스럽게 좋아지기를 바라는 교장 선생님의 성향과 학부모 활동이 많이 닮아 있다. 학생자치나 교육 3주체가 함께하는 학교자치에 대한 인식이나 욕구는 적지만, 각각의 단위가 과한 개입이 없이 탄탄하게 균형을 이뤄가고 있다.

교장 공모제를 진행하면서 구성원들이 어떤 교장 선생님을 원하는지 충분히 논의하지 못했고, 선택의 여지도 별로 없었던 아쉬움을 잊지 않고 다음을 기약할 줄도 안다. 미흡한 점들을 기록하고, 안건에 올려 끊임없이 학부모들의 의견을 받고 있다. 매번 논의 속에 부족한 교육적 내용과 지향해야 할 교육적 가치를 점검하는 것이다.

어느 한 축이 과하게 빨리 달려 나갈 경우 균형을 잃고 서로 힘들어진다. 우리 학교는 학부모회가 빨리 달려 나갔고, 많은 혁신학교에서는 교사들이 그러했다. 덕분에 좀 더 시간을 단축시켰을지는 몰라도 수평적 관계를 잃게 되거나 어느 한 축의 수동성을 피할 길이 없다. 관계가 어려워지기도 한다. 주로 학부모가 그렇게 되는 경우가 많다. 혁신학교이지만 학부모의 혁신이 일어나기 어려운 상태가 되어버리는 것이다. '조금 느려도 여럿이 함께'라는 말처럼 뚜벅뚜벅 발맞춰 나아가는 것이 진짜 혁신일지도 모른다.

2장

바람직한
학교운영위원회 만들기

운영위원회를 시작하면서

　거부하는 학교에 맞서 기어코 운영위에 들어간 우리는 어색하고도 불편한 동거를 시작하게 되었다. 학교와 거북한 관계가 아니어도 운영위원이라는 자리는 학부모에게 버겁다. 정상적이고 합리적인 회의 분위기를 가진 학교라고 해도 많은 선생님들 사이에서 학부모가 자신의 소신대로 이야기하기란 참으로 힘든 것이 우리나라 문화이다.

　처음 운영위원이 되었을 때, 회의 자료를 받아보고 낯선 용어들로 가득해서 무척 당황스러웠다. 아무리 읽어봐도 무슨 말인지 알 수 없고, 어떤 부분을 주의 깊게 살펴야 할지 막막하기만 했다. 더구나 회의 자리에 가면 각 테이블에 내 이름과 회의 자료, 의사봉 같은 것들이 놓여 있는데 보기만 해도 겁나고 긴장됐다.

　선생님들이 우리에게 '위원님'이라는 호칭을 쓰는데 그것도 몹시 불편하고 어색했었다. 평소 학부모들끼리는 회의한다고 해도 편하게 수다 떨 듯이 하는데, 형식을 갖춰 존칭을 쓰고 절차를 밟아 진행하는 것이 낯설어 한동안 입을 떼지 못했다.

어린 시절 학교에서 했던 학급회의가 떠오른다. 회의를 하면 친구들에게 경어를 쓰고 안건을 올리고 동의와 제창을 하고 의결했던 과정을 배우고 해왔었다. 용어와 형식은 낯설어도 자신의 의견을 말하고 반대할 때에는 그에 맞는 논거를 대면서 우리는 생각하는 힘을 키우고, 상대의 이야기에 귀를 기울이는 법을 배웠다. 그 당시에도 내가 한 말에 친구들이 한마디라도 거들어주면 그렇게 고마울 수가 없었다.

낯설고 힘든 이야기를 용기 내어 이야기했을 때 귀 기울여 들어주고 눈 마주칠 동료 학부모들이 있다는 것은 큰 힘이 된다. 나만 잘 모르는 게 아닐 거라는 동질감도 있고, 무슨 말을 던져도 고개를 끄덕여줄 거라는 안도감이 생긴다.

학부모에게 학교라는 공간은 어려운 시댁과도 같다. 쉽지 않은 자리인 학부모운영위원이 되겠다고 마음먹었을 때에는 각자 남다른 계기가 있기 마련이다. 그런 의미에서 각자의 목적이 다르기 때문에 자신의 목적을 달성하는 데에만 관심을 가지면 학부모위원들끼리 서로 반목하는 경우가 많다. 단순히 개인적으로 운영위원이라는 경험을 해보는 것이 아니라, 학부모운영위원으로서 학교에 변화를 주고 의미 있는 활동을 하고 싶다면 무조건 학부모위원 정족수를 꽉 채워서 함께 들어가라고 권하고 싶다. 논의할 대상이 있다는 것만으로 우리를 자신감 있게 만들어주고 결속력 있게 해준다.

만일 함께할 사람을 못 구했다면, 학부모위원들과 미리 만나 관계를 형성하는 노력이 무엇보다 필요하다는 것을 잊지 말자. 학부모운영위원들끼리 서로 친해지는 것은 쉬우나 뜻을 함께하기는 참 어렵다. 하지만 먼저 손을 내밀고 서로의 이해와 필요를 알아가자. 목적하는 바를 혼자 이루기는 어렵지만 협의하면서 맞춰가면 공동의 목표라는 게 생긴다. 그것이 공동의 선이 되어야 한다는 것을 놓쳐서는 안 되겠다.

우리는 처음에 교복 공동구매를 추진하려는 목적을 가졌었다. 학교가 작으니 소규모로 교복을 구매하기 때문에 업체에서 단가를 지나치게 올려 잡았다. 구매할 수 있는 교복점이 많지 않아 불편하기도 했다. 학교는 교복 공동구매를 귀찮아했고, 다른 학부모운영위원들은 교복에 관심이 없었다. 어떤 이는 아이가 학교에서 말썽 없이 무사히 졸업하는 것에만 관심이 있었고, 어떤 이는 도움반 아이들의 예산에만 관심이 있었다. 교복 공동구매를 하고 싶으면 도움반 예산에 먼저 관심을 가져야 한다. 그렇다고 필요 이상으로 요구하는 경우는 별로 없다. 대체로 학교운영을 정상화하자는 것이고, 그 정도면 공동의 목표와 공동의 선에 가닿는 것이다.

학부모운영위원들이 함께 시작하는 것도 중요하지만, 지역위원을 잘 선출하는 것도 놓치지 말아야 한다. 지역위원의 자격 요건은 '학교 지역을 생활 근거지로 하는 자로서, 예산·회계·감사·법률 등의 전문가나 교육행정에 관한 업무를 수행하는 공무원, 해당 학교 지역을 사업 활동의 근거지로 하는 사업자, 해당 학교를 졸업한 자, 기타 학교운영에 이바지하고자 하는 자'로 정해져 있다 (학교운영위원회법 시행령 제58조 제2항).

　요즘은 지역위원 후보의 조건으로 바로 이전 연도에 학교교육에 기여한 사람으로 한정하자는 논의도 있다. 지역위원은 5년마다 바뀌는 교장보다 지역의 특성을 더 잘 알고 그동안 해온 교육의 방향성을 가리키는 사람이어야 한다. 그런 의미에서 학부모위원을 해왔던 이들이 자녀가 졸업한 후에도 지역교육에 관심을 갖고 지역위원으로 남는 것이 필요하다. 경기도교육청에서 마을교육공동체를 중요한 정책의 한 축으로 삼고 있는데, '지역과 교육이 함께 가야 한다'는 말의 참뜻을 실현하는 방법 중 하나라고 생각한다.

　관례적으로 학교가 지역위원을 위촉하기 때문에 학교가 필요로 하는 지역 인사들로 구성되고 지역위원들이 운영위원장직을 맡다 보니 원래 법이 그런 줄 아는 이들도 있다. 우리도 처음에는 그런 줄 알고 지역위원에게 운영위원장직을 내주었다. 위촉하는 학교 입장에서는 위원장직을 주는 게 마땅하다고 우기기도 하는데 그들의 명예를 위해 학교의 중요한 자리를 내어주는 것은 곤란하다. 아무리 경험이 많은 지역위원일지라도 학부모만큼 학교운영에 관심이 있지는 않다. 회의에 제대로 참여하지 않는 경우도 많고, 결정적인 순간, 예를 들어 교장 공모제 등을 할 때 위원장의 역할이 정말 중요하기 때문에 가능한 한 학부모가 운영위원장을 맡았으면 좋겠다.

왜 학교에 지역위원이 있는지 궁금해하는 분들도 있는데, 학교는 지역사회를 유지하는 중요한 요소이기 때문이다. 교육이 무너지면 마을의 질서와 안전이 무너진다. 학교가 없어지면서 주민이 줄어들어 마을이 급속하게 몰락하는 사례도 많다. 또한 교육기본법 제9조에 의하면, '학교는 공공성을 가지며 학생의 교육 외에 학술 및 문화적 전통의 유지·발전과 주민의 평생교육을 위해 노력해야 한다'고 되어 있다. 많은 경우 지역사회에서 교육적 지원을 받기 위해 지역 유지를 운영위원으로 위촉하는데, 학교가 지역에서 중심적인 역할을 할 수 있도록 교육적 관심을 가진 이들이 참여하기를 바란다.

또한 학교에 운영위원회 관련한 책자들이 매년 배포되지만 학부모운영위원에게 전달되는 경우는 별로 없다. 학교 어딘가에 처박혀 있다가 법률적인 근거가 필요할 때 찾아보는 정도로만 활용된다. 학교운영위원이 되면 《학교운영위원회 업무편람》을 꼭 찾아보기를 권한다. 인터넷으로도 쉽게 찾아볼 수 있고, 각 시도 교육청에 전화해서 학교운영위원회 자료를 받고 싶다고 하면 담당자를 연결해줄 것이다. 메일로 받을 수도 있고, 학교를 통해 책자로 받아볼 수도 있다. 운영위원회 자격과 권한, 선출 과정, 각종 서식뿐만 아니라 학교운영위원회가 어떤 기능을 해야 하는지 연간 활동 내용과 회의 운영 방법, 관련 법령까지 이해하기 쉽게 자세히 설명되어 있다.

소위원회의 중요성

'도대체 어떻게 해야 제대로 된 의견 제시를 할 수 있을까?' 난 감해하던 중 알게 된 것이 소위원회였다. 아직 낯선 교육계 용어를 익히느라 바쁘던 첫해, 어느 날 회의 자료에 '방과 후 학교 소위원회'라고 쓰여 있는 걸 보고 방과 후 학교 소위원회가 누구냐고 물었더니 교사 몇 명과 학부모 몇 명으로 구성되어 있다고 했다. 놀랍게도 그곳에는 내 이름도 있었다. 형식적으로 운영위원 한 명과 학부모 몇 명을 명단에 올려만 놓고 회의가 필요하면 불참으로 표시하거나 나중에 서명을 요청하는 일이 관행적으로 이루어져 온 것이다.

소위원회는 학교운영위원회의 전문성과 효율성을 위해 구성한 소규모 위원회로, 일반 학부모나 학생, 외부 전문가 등으로 구성할 수 있다. 각종 중요한 안건들을 사전 조사, 자료 수집, 검토하는 등 실질적인 논의를 하는 기구이다. 예결산 소위원회, 학교 급식 소위원회 등은 반드시 설치해야 하고, 그 외 방과 후 학교 소위원회, 체험학습 활성화 위원회 등 필요한 소위원회를 만들 수 있다.

매번 학부모, 학생 설문조사를 했지만 의견이 반영되지 않았던 이유가 여기에 있었다. 소위원회 활동을 제대로 하지 않으니까 전년도 안내문으로 재탕해도 상관 없었던 것이다. 우리가 관심을 가졌던 교복 공동구매 위원회만 활동을 하고 나머지는 모두 같은 방식으로 진행하고 있었다. 왜 교복 공동구매를 반대했는지 짐작할 수 있는 대목이다. 학부모가 관심을 갖고 활동하지 않으면 이전 방식대로 재탕을 하든, 말든 그 담당자 마음이다. 생각해보면 우리는 참여하지 않으면서 담당자가 스스로 '새롭게 잘'해주길 바라고 있었던 것이다.

모든 소위원회가 제 구실을 할 수 있게 해달라고 학교에 강력히 요구하기는 했지만, 학부모위원들이 누구보다 이를 부담스러워했다. 소위원회마다 학부모위원들이 한 명씩 속해야 하는데, 각각의 활동에 대해 아는 바가 없었던 것이다. 하지만 학부모들의 불만과 바람은 대부분 각각의 소위원회와 관련한 것이고, 소위원회 활동을 제대로 해야 교육과정에 변화를 줄 수 있다.

학교운영회의는 학교운영에 관한 최종 심의와 자문을 하는 중요한 기구이다. 그러나 한 번에 적게는 네 개에서 많게는 열 개가 넘는 안건을 처리하면서 토론은커녕 간단한 질문도 없이 진행된다. 질문조차 많이 하면 눈치를 주는 분위기이다. 그렇다고 방대한 범위의 학교 안건을 하나하나 토론에 부쳐 논의하는 것도 부적절해 보인다. 운영회의 시간이 길어야 두 시간을 넘기지 않는데 어떻게 해야 제대로 논의가 이루어지고 심의기관으로서 역할도

할 수 있을까?

결국 학교운영위원회가 제대로 작동하려면 소위원회가 활성화되어야 한다. 운영위원이 속하는 각각의 소위원회가 적극적으로 활동하고 깊이 있게 토론해야 하는 것이다. 학교운영회의는 그들의 활동을 바탕으로 심의하는 것이고, 운영위원들은 거시적인 학교의 목표와 방향성을 잡는 돛대 같은 역할을 하는 것이다.

사실 1년 교육과정은 뻔하다. 이 뻔한 과정에 어떻게 살을 붙여 풍성하게 만드느냐가 운영위원들이 할 일이다. 체육대회만 해도 어떤 종목을 하느냐보다는 사전에 아이들의 흥미를 이끌어내고 무엇을 얻고자 하는지 분명히 하는 것이 중요하다. 학교가 세운 교육 비전에 맞는 학년별 학습 계획 속에서 머리를 맞대고 구체적인 방법을 고민하면, 뻔했던 교육과정이 우리 아이들에게 꼭 필요한 수업으로 살아나는 것이다.

그러나 현실은 소위원회 활동 없이 담당 교사가 임의로 기획한 내용이 소위원회 이름을 달고 운영회의에 제출된다. 학부모가 잘 모르는 분야이기도 하고, 관심을 가지지 않기 때문이라고 한다.

잘 모르고 관심도 없는 학부모를 포함한 소위원회를 왜 굳이 만들었을까? 역할일지, 책임일지를 나누어 가지게 하는 정책을 왜 시행했을까?

학교 교육과정에서 가장 중요한 부분이기도 하고, 학부모들의 민원이 가장 많은 분야이기 때문일 것이다. 민원이 많다는 것은 그만큼 문제가 많이 일어나면서 그럼에도 잘 안 고쳐지고 있다는 방중이다. 그럼에도 서류만 실행한 것처럼 해놓고 역할과 책임을 적당히 나누어 가지게 한 것이다. 전형적인 탁상머리 행정이 아닌가.

사회적으로 민주적 시스템이 발달하면서 구성원들과 역할을 나누는 것이 당연하게 되었으나 학교는 여전히 교사 중심이다. 학교도, 학부모도, 학생도, 사회 인식도 아직은 그러하다. 학교운영위원회를 만들었던 20년 전의 교육 운동가들 덕분에 형식은 바뀌었으나 내용은 여전히 구습을 버리지 못하고 답보 상태에 놓여 있다. 지금은 혁신학교가 확산되면서 학교에서 먼저 학부모들에게 교육의 주체임을 확인시켜주고 함께 자치를 이루어내자고 손을 내미는 곳도 있다고 한다. 또 그런 곳은 좀 더 쉽게 학부모 참여가 이루어지고 있다고 한다. 하지만 대부분의 학교는 아직 우리와 비슷할 것이다.

소위원회가 없는 학교운영위원회는 속 빈 강정이라는 사실을 이제라도 알게 되어 다행이다 싶었지만 아직 단번에 바꿀 준비가 되지 못했다. 하나씩 공략해서 천천히 늘려가는 수밖에 없었다. 교복 공동구매 위원회를 시작했던 것처럼, 우리의 자발적인 필요와 요구를 담아보는 것이다. 그러나 결국 소위원회 활동을 활발하게 하지는 못했다. 다만 그 중요성과 실제적인 내용을 조금씩 가늠할 수는 있게 되었다.

학교운영위원회 역량 강화 연수를 교육청에서 연초에 단 한 번 한다. 지극히 형식적이고 제도적인 연수이다. 그런데 소위원회에 대한 것은 그마저도 전혀 없다. 소위원의 구성은 대부분 운영위원 1인, 교사 1인, 일반 학부모 1인 이상으로 구성되어 있다. 일반 학부모 1인의 경우는 소위원회에 관한 안내를 받을 수 있는 기회가 전혀 없다. 회의가 이루어지지도 않지만, 어쩌다 하는 경우에라도 첫 회의에서 어떤 목적과 역할을 가지는지 안내해주었으면 한다. 우리 스스로 역량을 키우는 노력도 해야겠지만, 교육기관의 적극적인 지원이 필요하다.

다음의 [표 1]과 같이 학교마다 다양한 소위원회가 있다. 그중 몇 가지 중요한 소위원회의 역할을 짚어보고자 한다.

[표 1] 《학교운영위원회 업무편람》중

학교 산하 각종 위원회명		
학교운영위원회		
학교운영위원회 산하 소위원회		학교 급식 소위원회
		예결산 소위원회
		체험학습 활성화 위원회
학교폭력대책자치위원회 및 의무교육 학생 관리 위원회		
학교폭력 예방 및 해결 등 기여 교원 승진 가산점 관리 위원회		
학교 교권 보호 위원회		
학교 체육 소위원회		
물품 선정 위원회		
졸업 앨범 선정 소위원회		

규정개정 심의 위원회
교육과정위원회
학업성적 관리 위원회
방과 후 학교 소위원회
교원능력개발평가 위원회
개별화 교육운영 위원회
학교 자체 평가 위원회
교복·체육복 공동구매 위원회

방과 후 학교 소위원회

방과 후 학교 소위원회는 방과 후 학교 운영과 프로그램, 강사 및 강사료 등에 관한 사항을 학생, 학부모 설문조사를 바탕으로 논의한다. 처음 방과 후 학교 소위원회를 할 때는 욕심이 앞섰다. 문화예술적인 것을 아이들에게 많이 접하게 해주고 싶었기 때문이다.

지역 특성상 골프를 하면 좋겠다고 생각했다. 인근에 골프장이나 골프 연습장도 있고, 자청해서 강사를 하겠다는 프로 골퍼도 있었다. 골프채도 준비해주겠다고 했다. 안타깝게도 아이들이 모이지 않았다. 아이들이 원망스러웠다. 나중에 생각해보니 골프에 대한 대중적 호감도가 낮았고 아이들은 한시라도 빨리 학교를 벗어나고 싶어 하던 때였다.

뮤직 밴드반을 개설해달라는 요구가 있었다. 이번에는 원하는 아이들을 먼저 모았다. 방음이 안 되는 학교 음악실의 문제로 또 좌절했다. 아이들을 먼저 모았기 때문에 타격이 더욱 컸다. 아이들은 학교가 그럴 줄 알았다고 투덜거리면서 우리가 물꼬를 텄으니 후배들이라도 꼭 할 수 있도록 추진해달라고 신신당부했다. 결국 2년이 지난 후에야 뮤직 밴드반이 개설되었고 제일 먼저 마감되는 수업이 되었다. 초등학교 방과 후 수업에 뮤직 밴드반이 있었기 때문에 중학교에서도 지속하고 싶은 아이들이 수업 개설을 요구한 것이다. 우리 지역처럼 초등학교 때 아이들이 대부분 한 중학교로 올라오는 경우는 특히 초·중 연계교육이라는 측면도 잘 살펴야 한다.

애니메이션반에 대한 요구도 많았는데, 이번에는 강사를 구할 수가 없었다. 도심과 멀다 보니 다른 과목도 원하는 강사를 구하기가 쉽지 않다고 한다.

이 모든 과정을 혼자 알아봐야 했다. 인기 있는 방과 후 개설반의 내용을 알아보고 교육적 가치를 생각하고 강사를 찾고 아이들을 구하고 제안해야 했다. 힘들게 발품을 팔고 난 후에야 교육청에 방과 후 센터가 있어서 정보를 받아보고 다양한 모색을 해볼수 있다는 사실을 알게 되었다.

방과 후 수업에 대한 설문조사를 할 때 여러 가지 의견을 쓰지만 반영된 적이 없다고 학부모들은 불만을 토로한다. 운영위원들도 프로그램을 제안해보다 이런저런 이유로 안 된다고 하면 포기하는 경우가 많다. 학생, 학부모 등에게 설문을 받는다고 하지만, 정보가 없는 상태에서는 진정으로 내가 원하고, 나에게 필요한 것이 무엇인지 찾기 어렵다. 더구나 우리 아이들처럼 학교에 기대치가 없었을 때는 더욱 그렇다.

그동안 방과 후 수업 대부분이 교과과정 중심이었고, 학교 교사들이 수업의 연장선상에서 문제 풀이 위주로 진행하는 수준이었다. 지금은 요리와 목공 등 재미와 다양한 욕구를 채우게 되면서 방과 후 수업에 대한 인식이 바뀌었고, 조금씩 기대치가 생기면서 그만큼 참여율도 높아졌다. 그 과정에서 방과 후 수업이 왜 생겼는지, 방과 후 수업의 목적과 방향이 무엇이어야 하는지 돌아보고 분별할 수 있는 안목이 생겼다. 무조건 새롭고 다양한 것을 아이들에게 쥐여주는 것보다 부족한 과목을 보충하고 그 시기에 맞게 필요한 사회성을 채워주는 활동이 적당하다는 것도 알게 되었다.

방과 후 수업은 체험 위주의 다양한 교육 경험을 제공하고 사교육비를 경감시키면서 교육 격차를 완화하겠다는 취지를 갖고 시작되었다. 주로 특기·적성이나 교과목 보충수업을 하는데, 특기·적성은 지나치게 분절된 기능 중심의 수업이어서 보완이 필요해 보인다.

방과 후 수업의 교육 내용은 교육과정위원회가 내오는 교육과정 목표에 맞추어 그 연장선상에서 목적과 방향을 구체적으로 고민해야 한다. 교육과정을 계획하면서 수업 시간에서 부족한 부분을 어떻게, 무엇으로 보충해줄 것인지, 대상을 어떻게 잡을 것인지 안배하는 것도 중요하다. 특기·적성에 중심을 둘 것인지 교과 과정에 중심을 둘 것인지, 교과과정이라면 기초 학력반이 필요한 지 고급 과정반이 필요한지 등을 고려해야 한다.

교육적 효과가 분명하다면 구성원들이 동의하지 않아도 설득 해나가는 과정도 필요하다. 예를 들어 화합을 위해 합창반을 만 들었다면, 학생들의 참여도가 낮다고 무조건 없앨 수는 없다. 노 래가 아니라 악기로 바꿀 것인지, 음악이 아니라 스포츠로 변경할 것인지 고민해야 하지만, 화합을 위한다는 교육 목표는 분명히 하 고 아이들이나 학부모들에게 설문조사를 할 때도 그런 취지를 알 리고 설득해나가는 과정이 필요하다.

만일 다시 방과 후 학교 소위원이 된다면, 수업 시간에는 하기 힘든 종합적이고 긴 호흡을 필요로 하는 활동을 중심으로 구성해 보자고 제안할 것이다. 뮤지컬이나 합창, 집짓기 등이 있을 수 있 나. 특히 합창은 좋은 교사만 있으면 큰 예산 없이 해볼 수 있어서 쉽게 접근할 수 있다. 나를 내세우지 않으면서 내가 없으면 안 되 는 공동체의 특성과 협동을 배울 수 있어서 사회성을 키우는 데 가장 이상적인 교육이라고 생각한다. 또한 분절되고 분화된 습득 이 아니라 종합적인 사고와 기능을 익히고 전체를 아우르는 안목 을 키울 수 있다. 그 이전에 수업 시간에 맛보기 교육을 할 수 있 다면 더욱 좋겠다. 아이들이 재미를 느낄 무렵 방과 후 수업으로 개설하는 것이다. 학부모들에게도 왜 이런 수업을 방과 후에 배 치했는지 미리 안내해야 할 것이다.

방과 후 수업을 한창 고민하던 시기에 일본의 방과 후 수업에 관한 책을 읽었다. 집짓기 수업을 하면 생활적 기술이라는 점에서 아이들의 관심도가 높고, 과정에서 수학이나 과학적 지식을 응용할 수 있고, 자연스럽게 협동까지 배울 수 있어 일거양득이라고 한다. 예산이 확보된다면 꼭 한 번 해보기를 권한다.

서울시교육청은 앞으로 중등 과정에서 협력종합예술 활동을 학급 단위로 시행할 계획이라고 한다. 지식과 기능에 치우쳐진 예술교육을 협력 중심으로 전환해 협력적 인성과 창의적 문제 해결력을 갖춘 인재로 성장하게 하겠다는 계획이다. 한 학기 창작 수업이라는데, 아예 방과 후 학교로 전환해서 방과 후의 청소년 문화를 바꾸는 계기가 되었으면 좋겠다. 언제든지, 누구나 사용할 수 있는 체육 시설이나 청소년 공간이 없다 보니 아이들이 주로 PC방이나 노래방, 카페 등에서 소비적인 시간을 보내는 경우가 많다. 협력종합예술 활동이 확대되고 시설도 갖추어져서 굳이 방과 후 '수업'이라는 형태가 아니라 마을 어디에서나 문화예술을 향유할 수 있는 자유로운 문화가 형성되었으면 좋겠다.

우리 학교처럼 학습력이 떨어지는 경우에는 수업 시간에 배운 것을 방과 후에 익히는 시간을 확보하는 것도 방과 후 수업의 중요한 목표이다. 단순한 문제 풀이가 아니라 컴퓨터를 이용해 영어와 수학을 이해하는 게임을 배운다든지, 재미있게 현실적 적용과 연습을 해보는 방법을 찾았으면 좋겠다. 엑셀만 배워도 수학적 응용력이 훨씬 높아질 듯하다. 컴퓨터 게임에 빠져 있는 아이들을 위해 스스로 게임을 만들어보고 대회를 열어보게 하는 것도 좋겠다. 게임 말고는 컴퓨터를 사용할 줄 모르는 아이들에게 컴퓨터를 활용하는 법을 가르치는 기회가 되지 않을까 싶다.

큰아이가 초등학교에 다닐 때 방과 후 수업이 지나치게 다양한 것 같아 선택과 집중이 필요하지 않은지 교장 선생님께 여쭈었던 적이 있다. 교장 선생님은 초등 시절에는 다양한 경험이 무엇보다 필요하다는 소신을 갖고 계셨다. 특히 우리 지역 아이들은 환경적으로 자극이 적기 때문에 더욱 활발한 자극이 필요하다는 것이다. 한 가지에 깊이 있게 빠져들게 하는 것이 중요하다고 판단해 운동과 영어만 시키는 학교도 있다.

어떤 것이 옳거나 그르다고 할 수는 없지만, 이렇게 확실한 주관을 가지고 방과 후 수업에 대한 목표를 세우고 교육과정을 준비하면 좋겠다. 남들이 하는 독특한 수업을 따라 하거나 지금까지 해온 진부한 수업을 반복하지 말고 우리 학교에 필요한 방과 후 프로그램엔 어떤 것들이 있는지 협의해서 긴 호흡으로 진행해야 한다. 좋은 프로그램은 무궁무진하다. 그러나 교육 철학이 없는 프로그램은 공허하다.

예결산 소위원회

예결산 소위원회는 학생 수가 100명 이상인 학교는 반드시 설치해야 하는 소위원회이다. 학교운영위원회의 중요한 역할 중 하나가 예산 심의인데, 예산을 어떻게 쓰느냐가 어떤 교육에 집중하느냐를 보여주는 척도다. 하지만 전문가가 아닌 이상 잘 알지 못하는 분야라서 소위원이 되기를 부담스러워하고 대부분 예산안 보기를 돌같이 한다. 이제 예산안 보기를 황금같이 봐야 한다. 실제로 이 안에는 황금이 들어 있다.

예결산 소위원회는 무엇보다 큰 틀에서 바라봤으면 좋겠다. 보통 예산안 첫 장을 보면, 한 장짜리로 비교 증감을 정리한 내용이 있다. 기본적 교육 활동비와 선택적 교육 활동비, 일반 운영비 등에 관한 내용이다. 증감률을 보면, 학교가 어떤 곳에 가장 중심을 두고 교육하는지 알 수 있다. 이것을 두고 운영위원들 사이에서 충분히 교육적 목적에 대한 토론이 이루어졌으면 좋겠다. 이것만 잘해도 한 해 동안 해야 할 논의 중 절반은 한 것이다.

가정에서도 꼭 필요한 지출이 있고, 가정마다 중요하게 여기는 지출이 있다. 주어진 생활비로 어디에 중점을 두느냐에 따라 가정의 생활 철학이 담긴다. 어떤 가정은 먹거리에 치중하고, 어떤 가정은 문화생활에 중점을 두어 책이나 영화 한두 편은 봐야 하고, 어떤 가정은 옷을 반듯하게 입어야 한다. 학교 예산도 마찬가지다. 학교에서도 무엇을 우선시할 것이냐에 따라 꼭 써야 하는 지출이 달라질 수 있다. 예를 들어 전기세는 본예산에서 큰 비중을 차지하는데, 여름 에어컨과 겨울 난방비 때문이다. 학생들의 쾌적한 교육 환경을 중시하면 다른 걸 줄이더라도 이 부분을 늘려야 한다. 그보다 식수가 더 중요하다고 생각하면 전기세를 줄이고 정수기 설치가 우선이다. 물론 예산마다 세목이 다르기 때문에 임의로 변경할 수는 없지만, '중요하다고 생각하는 품목에 대한 합의'가 전제되어야 한다는 것이다.

어느 학교에서 혁신학교 예산비를 교사 연수비로 다 쓴다고 항의하는 학부모가 있었는데, 알고 보니 혁신학교 시행 첫해라 교사 연수가 무엇보다 중요하고 시급했다고 한다. 당해의 교육 목표를 협의하고 합의하는 것이 그래서 중요하다.

처음 예산안을 보았을 때는 어떤 것이 예산이고, 어떤 것이 결산인지 구분도 못하고 항목마다 하나씩 들여다보느라고 눈이 빠지는 줄 알았다. 그다음에는 학부모가 내야 하는 비용이나 업무 추진비 등을 중심으로 보게 되었다. 교장의 업무 추진비는 굉장히 민감한 부분이다. 그저 질문이었을 뿐인데도 감정적으로 받아들여져서 그렇지 않아도 나쁜 관계에 기름을 부은 결과를 가져오기도 했다. 특별한 근거가 있지 않는 한 얻을 것 없는 부분이라고 생각한다. 관계가 좋다면 행정실에서 현재의 용도를 확인한 후, 운영위에서 먼저 적절한 쓰임을 제안하는 것도 방법이다. 학부모회와의 정기적인 간담회, 학생회와의 만남, 또는 교사협의회 등의 용도로 정기적으로 쓰일 수 있도록 하는 것이다.

교육 활동 지원비도 참 애매해 보였다. 필요한 수업 교구가 정확하게 있는 것도 아닌데 예산으로 잡혀 있는 경우를 보면서 제대로 활용되지 않고 구석에 처박혀 있는 교구들을 떠올렸다. 또는 이런 예산이 있는데 좀 더 적극적으로 교육 활동을 하지 않는다는 근거 없는 의심을 하기도 했다. 가장 불만스러운 지점은 교장은 시설 투자나 전시적인 부분에 예산을 받으려고 애쓴다는 것이었다. 운동장을 우레탄으로 바꾼다든지 진입로를 변경한다든지, 교육적 효과와는 관련 없어 보이는 곳에 더 많은 신경을 쓰는 것이 학부모 눈에는 성과 중심적으로 보였다.

얼마 전 우리 학교도 진입로를 바꾸었다. 그동안 주차장의 위치도 애매하고 찻길이 따로 있지 않아 항상 아슬아슬해서 몇 년간 주차장을 바꾸는 게 숙원 사업이었다. 결과적으로 학생들이 걸어 다니는 길이 모호하게 만들어졌고, 운동장도 좁아지면서 아이들의 불만이 터져 나왔다. 우리 학교의 가장 큰 장점은 운동장이 크다는 것이었는데 그것을 잃어버렸다는 것이다.

시설은 한 번 변경하면 되돌리기 어려운 만큼 학교발전위원회를 구성해서 구성원들의 의견을 수렴하고 동의를 받는 과정을 거치는 것이 필요하다. 그렇지 않으면 애써 노력한 결과물이 다른 이에게는 쓸데없는 공사로 비쳐질 수도 있다.

운영위원들도 그 과정에서 학교와 충분히 교감하려고 노력하고 그 결과를 구성원들에게 잘 설명하는 역할을 해야 한다. 서류만 볼 것이 아니라 발로 확인하는 노력도 필요하다. 설계도 같은 그림은 그럴 듯한데 실제로 공사된 것을 보면 완전히 다르게 나오는 경우도 많다. 끊임없이 중간 점검을 해야 한다.

나는 주로 목적 사업비에 관심이 많았다. 본예산 외에 지역 특색 교육 등 단위학교의 특정 사업을 위해 지원되는 예산이다. 요즘 경기도교육청에서 하는 꿈의학교라든가, 주민참여예산 같은 특별한 교육 활동을 더 할 수 있는 예산인 것이다. 목적성 예산을 보면 학교장이 어디에 관심이 있는가, 우리 학교에 어떤 부분이 부족하다고 판단하는가를 알 수 있다.

예전에는 교사들이 이런 예산을 받으려는 노력을 전혀 하지 않아서 속상했다. 교사들이 안일해 보이는 대표적인 사례라고 생각했다. 그런데 혁신학교가 된 이후에는 지나치게 많이 받아와서 보이기 위한 사업을 하는 게 아닌가 싶다. 그런 사업을 하느라고 기본 수업에 충실하지 못할까 봐 걱정된다. 교장 선생님과 교사들이 의욕적으로 열심히 해주시는 것은 감사하나 지나친 욕심보다는 선택과 집중이 필요하지 않겠냐는 학부모 의견을 전달한 적이 있기도 하다. 예산이 많으면 많은 대로, 없으면 없는 대로 불만이 있게 마련이다. 예산 확보보다는 어디에, 어떻게 쓸 것인지 협의하고 목표를 공유하는 일이 훨씬 더 중요한 것이다.

예산안에는 교장 선생님의 교육 철학이 담긴다. 우리는 마을공동체학교를 표방했는데, 마을과의 협의회나 마을 영화제 등에 예산을 책정하고, 마을에 학교를 개방하는 것을 우선시했다. 그동안 체육관 대관료가 수입 예산으로 잡혀 있었는데도 마을에 먼저 기회를 주기도 했다. 회복적 생활교육을 하면서는 학생, 교사, 학부모 각각의 연수비를 우선 책정했다. 이렇게 교육 철학에 따라 예산안의 우선순위가 달라진다.

그래서 교장 선생님이 어떤 곳에 교육적 가치를 두는지 운영위원들이 공유하는 시간이 꼭 필요하다. 만일 이에 대한 교육적 변화가 필요하다면, 운영위원회나 교육과정위원회에 안건으로 상정해서 토론하는 과정이 필요하다.

보통 첫 회의에서 전년도 결산 보고를 받는다. 우리가 첫 운영위원을 할 때는 학교가 과반수를 노리고 편을 가르던 때였으므로, 결산에서 무엇이든 꼬투리를 잡으려고 애썼다. 회의 자료에 예산안 없이 결산안만 가져온 것은 대충 거수기 노릇이나 하라는 것 아니냐고 기싸움을 했었다. 결산의 중요성은 두말할 나위 없지만, 지난 것에 대해서 말하기보다는 앞으로를 위한 계획을 가지고 지혜롭게 문제 제기를 했으면 한다. 공모 교장으로 바뀌고 나서는 결산안과 당해 연도 교육 예산을 꼼꼼히 비교하면서 앞으로 어떻게 변화, 발전시켜나갈 예정인지 묻게 되었다.

당해 연도 교육 예산은 전년도 운영위원회에서 이미 심의한 것이기 때문에 심의 기준이 무엇이었는지, 그에 따라 예산이 잘 편성되었는지를 다시 한 번 검토하는 것이 좋다. 혹시 문제가 있다면 추가 예산 등으로 변경할 수 있으니 이미 끝난 거라고 지레 포기하지 말자.

학교에서 내어주는 예산 명세서를 보면서 문제를 찾아내기란 정말 어렵다. 행정실에서 전문가들이 교육청에 보고해도 문제가 없을 만큼 꼼꼼히 만들어낸 것이기 때문이다. 조금 더 들여다보고 싶으면 다음 페이지의 [자료 1]을 보자. 어떤 부분을 심의해야 하는지 자세히 나온다. 첫 운영회의 전에 따로 행정 실장님을 모시고 각자 궁금한 부분을 물어보는 시간을 가지는 것도 좋은 방법이다. 아마 여기서 각 운영위원들의 관심사와 전문 분야가 나눠질 것이다.

보통 12월에 예산 편성 및 심의에 관한 교육청 연수가 있다. 다음 해 운영위원을 할 수 있는 학부모가 참가하는 것이 좋다. 아무래도 당사자가 관심이 크다. 다음 해 예산을 편성하는 중요한 과정이니만큼 교육과정위원회의 교육 계획을 살펴보고 충분히 상의하면서 그에 맞게 예산을 편성했는지 심의해야 한다.

예결산 소위원회는 위원들이 가장 꿀 먹은 벙어리가 되기 쉽고, 무엇을 물어야 할지, 물어봐도 알아들을 수 없어 답답한 분야이기는 하다. 그런 것도 모르면서 운영위원이 되었나 싶고, 모르면 가만히 있으라고 눈치를 주는 것 같다. 실제로 이런 문제로 운영위원을 그만두는 사례도 많이 있다. 지금 생각하면 스스로 그런 걸 물어보다니 바보 같았다고 생각되고, 다른 위원들의 한숨 소리가 아직도 귀에 생생하게 들리는 듯하다. (그런 과정을 꿋꿋하게 거쳐 지금 이 글을 쓸 수 있게 된 것이다. 부끄러우면 미리 담당 선생님이나 행정 실장님께 따로 시간을 내달라고 하는 것도 한 방법이다.)

그러나 학교라는 곳이 배움의 공간인데 어른이든 아이든, 모르면 물어볼 수 있는 분위기를 만들어야 한다. 처음 하는 학부모 활동이니 당연히 모를 수 있는데 얕잡힐까 봐 물어보지 못하고 전전

궁궁하지 말자. 교사들도 학부모에 대해 모른다. 서로 물어보면서 이해하는 과정을 만들자.

[자료 1] 《학교운영위원회 업무편람》 중

〈예산 편성 절차〉
▶예산 편성 과정이 투명하고 민주적으로 이루어졌는지 심의
- 교직원·학생·학부모의 의견과 교육적 수요를 파악해 반영했는지, 교직원 회의 등을 통한 충분한 검토와 우선순위 판단이 이루어졌는지 확인
▶학교운영위원회 회의 개최 7일 전에 예산안이 통지되었는지 확인
▶교육부 및 경기도교육청의 예산 편성 지침에 어긋나는 사항은 없는지 확인

〈세입 예산〉
▶(세입 예산 총괄) 예산 총액이 작년에 비해 얼마나 증가하거나 감소했는지, 그리고 그 증감 사유가 무엇인지 설명 요청
▶(세입 예산 주요 항목) 세입 예산 항목 중 교육비 특별회계 등 이전 수입은 국가·지방자치단체 등이 배정하는 예산으로 단위학교의 자율성이 크지 않으므로 자체 수입(학부모 부담 수입, 행정 활동 수입 등)과 기타 수입(이월금 등)을 중심으로 심의하는 것이 효과적

① 학부모 부담 수입
- 학부모 부담 수입 총액의 전년 대비 증감액이 과도하지 않은지, 왜 증감이 발생했는지 확인
- 급식비, 방과 후 활동비, 현장 체험학습비, 졸업 앨범비 등의 예산 산출 기초는 정확한지, 즉 단가가 과도하지 않은지, 활동 기간 및 횟수, 사람 수 등은 적절한지 검토
② 행정 활동 수입
- 행정 활동 수입 증감 발생 원인 확인
- 학교가 행정 활동 수입 증대를 위해 학교 시설 활용, 불필요한 물품 매각 등을 적극적으로 추진하는지 심의
- 행정 활동 수입 증대를 위한 학교 시설 개방 등이 지나쳐 학생 교육을 침해할 우려는 없는지 점검
③ 이월금
- 전년도 이월금이 어느 규모이며, 왜 이월금이 발생했는지 확인
  ※ 전년도 예산 집행이 원활하게 이루어지지 않아 이월금이 발생한 것은 아닌지, 올해도 같은 문제가 발생할 가능성은 없는지 확인

체험학습 활성화 위원회

체험학습 활성화 위원회는 그동안 소위원회 회의 없이 체험 활동지 답사만 다녀오는 것으로 대신했다. 가볍게 여행하듯이 답사를 하면서 바람도 쐬고 선생님과 소통도 하기 때문에 대체로 인기 있는 소위원회이다. 물론 좁은 차 안에서 교사와 학부모가 함께 있다는 것 때문에 부담스러워하는 분들도 있다. 서로 하겠다고 하는 바람에 속상했던 기억도 있다. 체험 활동은 학창 시절 가장 소중한 추억이 되는 중요한 활동인데, 왜 그렇게 잿밥에만 관심을 가지나 싶었다. 답사는 아이들의 안전을 점검하는 중요한 과정이다.

그동안 체험학습은 그냥 소풍이라고 일컬어지는 뻔한 야외 활동이었다. 하지만 이제는 다채롭고 특별한 체험 활동이 되어가는 추세다. 그러려면 충분한 토론 및 사전 지식과 더불어 부지런한 조사가 필요하다. 답사는 그 마지막 점검일 뿐이다. 학생들에게 스스로 기대감을 갖게 하고 사후 활동까지 이어지도록 준비되면, 단순한 체험이 아니라 삶으로 체화되는 중요한 교육 활동이 될 수 있다. 학교를 벗어나 세상과 만나는 몇 안 되는 야외교육 활동을 대충 때우지 말자.

우리가 운영위원 과반수를 못 넘겼던 당시에 운영회의에서 체험학습의 목표를 물어본 적이 있다. 체험교육 목표가 뭐냐는 말에 학교는 어리둥절해했다. 우리도 지금까지 그런 안내문을 받아보면서 학교가 교육적 지향이 없다는 사실을 인지하지 못했으니 당연한 일이기는 하다. 수학여행이나 체험학습에 관한 계획서를 가정통신문으로 받아보면 뚜렷한 교육적 목적 설명 없이 수많은 수학 여행지를 나열하고, 선호도 조사하듯이 학부모에게 선택하게 한다. 3년 동안 체험학습지가 겹치는 경우도 있었고, 2년 연속 역사 체험만 하는 경우도 있었다. 이런 문제가 생기는 것은 학생을 중심으로 체계적인 교육 계획을 구상하지 않았다는 것이다. '다양한 경험을 쌓아 살아 있는 지식을 갖게 한다'는 형식적이고 두루뭉술한 목표 말고 이번 체험학습을 통해 아이들과 이루고 싶은 구체적 목표가 있어야 할 것이다.

다행히 교사회에서 먼저 학년별로 체험학습 계획을 세우고 설문조사는 그에 맞는 구체적 장소를 선정하는 방식으로 하자는 말에 동의하면서, 교육적 목적이 무엇인지에 대해서는 협의되었다. 1학년 때는 야영 활동, 2학년 때는 역사 체험, 3학년 때는 진로 체험으로 정해졌다. 2010년에야 처음으로 학년별 체험학습 계획을 구상하고 확정하게 된 것이다. 서로 이해하려고 노력하기보다는 대치되는 상황이었음에도 여기까지 합의를 이룬 것만으로 대단한 성과라고 생각했다.

이후에는 좀 더 세분화된 교육 목표를 세울 수 있게 되었다. 야영 활동의 경우, 회복적 생활교육 목표를 적용해 수련 활동에서 학급별 존중의 약속을 내오는 식이었다. 아직 아이들 스스로 기획하고 계획을 세우는 단계까지는 안 되지만 매년 보완되고 있다.

다른 학교의 사례를 보면 체험학습을 떠나기 전에 무엇을 보고 느끼고 체험하고 올 것인지 구체화하는 사전 활동을 많이 한다. 모둠별로 각종 조사를 하기도 하고 질문을 만들기도 한다. 여행이 끝난 후에도 각자 기행문을 내는 것으로 끝나는 것이 아니라, 부족했던 것은 무엇인지, 더 알고 싶은 것은 무엇인지 돌아보는 시간을 가진다.

체험 내용도 독특하다. 자전거 여행, 서대문형무소나 독립문 등 근현대사 돌아보기 여행 등 교과별 특성과 지역성을 살려 기획한다. 그러나 여기서도 여전히 학생이 주도적으로 만들어가지 못하는 경우가 많다. 자발적인 적극성을 습관화하는 데는 시간이 필요하다. 학생들도 아직 익숙하지 않고 이끌어가는 교사들도 촘촘한 계획과 디테일한 스킬이 부족하기 때문이지만 이 또한 자치를 배워가는 과정이라고 생각한다.

체험학습은 특히 우리가 이루고자 하는 교육적 효과가 무엇인지 놓치지 말아야 한다. 바깥 활동이기 때문에 많은 공감각적 자극이 있고, 신경 써야 할 안전 문제 등이 산적해 있어서 정작 중요한 것을 놓치기 쉽다. 준비하는 과정에서 길을 잃지 않도록 소위원들이 지속적으로 점검할 필요가 있다.

점차 체험학습이 1년에 한 번 하는 연중행사가 아니라 일상적으로 수업 안에서 행해지는 추세이다. 모든 국민에게 아픔으로 기억될 4·16 세월호 참사 이후 체험학습을 위한 안전 문제가 강화되면서 교사들의 부담도 커졌다. 챙겨야 할 서류만도 수십 가지가 넘는다고 한다. 그러나 안전 문제는 서류로 해결되지 않는다. 중첩된 사회적 문제가 안전 문제를 불러온 것이다. 이것은 또한 안전 불감증에 빠진 어른들의 문제다. 안전에 대한 자각이 일상적으로 필요하다. 이를 학교가 떠안지 않으려면 각자 자기 자리에서 책임감 있는 사회인이 되고, 신뢰할 수 있는 사회를 만드는 수밖에 없다. 체험학습 활성화 위원으로서 책임 있는 자기 역할은 안전 점검을 위한 답사만이 아니라 체험교육의 목표를 점검하고 아이들과 교육적 과정을 만들어가는지 살펴보는 것임을 잊지 말자.

교육과정위원회

결론적으로 말하면 우리는 교육과정위원회를 제대로 해본 적이 없다. 교장 공모제로 혁신학교를 시작했고, 혁신 6년차 학부모였지만 교육과정위원회의 경험이 없다는 것이 현실이다. 좋은 사례를 나눌 수 없다는 점이 아쉽지만 그래서 더 간절한 이야기를 할 수 있다.

우리 학교는 전반적으로 성적이 낮고 중간 아래 아이들이 많다. 예전에는 기초 학력이 낮아서 학교 평가에 문제가 되니까 방과 후 기초 학력반을 운영했었는데 지금은 기초 학력 차상위 아이들이 많기 때문에 굳이 따로 관리하지 않고 있어 그것이 더 큰 문제다.

초등학교 졸업 후 중등 과정 준비를 하지 않으면 절대 따라갈 수 없는 과목이 영어와 수학이다. 초등 영어는 듣기 위주였다가 갑자기 중등에서 쓰기와 문법이 나오면서 바로 좌절한다. 연산 등 눈에 보이는 수학을 하다가 중학교에 올라오자마자 추상수학을 가르치는데 개념을 모르니까 포기한다. 가정에서는 학교 수업만 충실히 하면 당연히 따라갈 줄 알지만 초등과 중등 사이 교육과정 연결이 안 되어 있다. 초등까지는 그런대로 따라가던 아이가 중등에 가서 바닥을 치는 것을 보고는 학교를 탓하거나 중2병을 걱정한다.

학교는 예습을 시키지 않는 학부모들을 이해하기 어려워한다. 초등에서 중등 사이의 간극을 모르지 않지만 대체로 학원을 보내는 우리나라 교육 환경상 크게 문제 삼지 않는 것 같다. 그러나 우리 지역은 학원 의존율이 낮은 편에 속하기 때문에 문제가 심각하게 드러난다. 지역적 특성에 맞는 교육과정 개편이라는 것은 이럴 때 필요한 게 아닐까?

둘째 아이가 초등학교를 졸업할 무렵의 일이다. 아이의 중등 진학 준비를 개인적으로 하는 것보다 학교에서 함께 해결하면 좋겠다는 생각으로 초등학교를 찾아가서 겨울방학 방과 후 수업으로 중등 수학, 영어 준비 과정을 부탁했다. 학교에서는 졸업자를 위한 방과 후 수업 개설은 어렵다고 했다. 다시 중학교를 찾아갔다. 곧 입학할 아이들이고 미리 준비하면 3년 동안 수월할 것이라고 말씀드렸으나 아직 입학하지 않은 아이들을 위한 방과 후 수업 개설은 어렵다고 하셨다. 결국 be동사를 못 외운 채로 진학한 아이들이 숱하게 많았고, 3년이 지난 이후까지 be동사에서 아이들은 헤매고 있다.

우리 지역에도 지역아동센터가 생겼는데, 돌봄뿐만 아니라 부족한 공부를 시켜주는 노력을 해주셨다. 센터장은 초등에서도 기초 학력 부진이 역력히 보이고 중등에서도 그 현상이 그대로 이어진다고 걱정하셨다. 각 학교 교장 선생님들을 직접 찾아뵈면서 그런 말씀을 드렸더니 학교에서 문제를 해결하려는 노력은커녕 오히려 센터에서 그런 아이들을 잘 가르쳐달라고 부탁하셨다고 한다.

학교가 교육의 모든 것을 책임질 수는 없으니 마을이 함께하자는 것이기는 하다. 그러나 그 누구도 책임에서 벗어나는 것은 아니다. 마을교육공동체라는 교육적 방향에 충분히 공감하고 학력 중심의 교육에서 벗어나기를 누구보다 바라지만, 그럼에도 교육의 중심에는 학습력이 존재하고, 여전히 학교가 교육의 중심이 되어 부족한 부분을 채우기 위해 마을의 협조를 구해야 한다고 생각한다. 우리 학교처럼 학습력이 부족한 경우에는 특히 마을과 교육과정을 논의하고 부족한 지점을 함께 찾아야 한다. 우리는 그런 마을교육공동체 정책을 원한다.

학력 향상을 중요한 당해 연도 교육 목표로 정한 어느 해에 갑자기 학교에서 학부모 교육 말미에 교육과정 설명회를 함께하겠다고 해서 많은 학부모가 관심을 가지고 참석했다. 교감 선생님이 직접 학생들의 학력 수준을 적나라하게 보여주는 프레젠테이션을 하셨고 보는 내내 학부모들은 참담해했다. 교감 선생님의 결론은, 아이들의 상태는 나쁘지만 교사들은 최고의 교육을 하고 있다는 것이었다. 학력 향상에 대한 대책을 다시 물어도 다시 한 번 한 교사의 특별한 수업 내용을 설명하고 찬양하는 말로 끝이었다. 토론회도 아니고 교육과정위원회도 아니어서 더 이상 이야기하는 것보다는 따로 말씀드리는 것이 좋을 것 같아 그대로 끝냈지만, 두고두고 속상했다.

그날 학부모들은 어떤 심정으로 집으로 돌아갔을까? 본인이 공부를 못한다고 꾸중 듣는 것보다 훨씬 부끄럽지 않았을까? 왜 학부모는 아이가 공부를 못한다고 선생님께 꾸중을 들어야 하는가? 왜 교사와 학부모의 관계는 아이의 성적에 따라 고개를 기울여야 하는가? 공부를 잘하면 학부모가 교사에게 감사를 표하고, 공부를 못하면 학부모가 왜 고개를 숙이는가? 이럴 때 우리는 학교가 학생과 학부모를 대상화한다고 느낀다. 우리는 설명이 필요한 대상이 아니라, 교육의 당사자임을 잊지 말아주었으면 좋겠다.

2016년에 처음으로 교육과정 토론회를 실시하고, 2학기에는 교육과정 평가 회의를 했다. 학부모들은 평가 회의를 어떻게 할지 막막해했다. 아무런 자료도 주지 않고 평가 기준도 없이 교육과정에 대한 의견을 내라고 하면, 아이들의 학력은 기대 이하인데 무슨 말을 해야 할까. 눈에 보이는 수치만 본다면 불만이니 문제를 제기하는 것 말고는 할 것이 없지 않나.

불만은 책임으로 이어진다. 우리는 누군가에게 책임을 묻고 싶은 게 아니다. 당사자인 우리는 대책이 필요하다. 장단기 목표를 세우고, 그에 대한 원인과 분석을 해야만 한다.

교육과정 토론회를 하기 전, 학부모회는 각 단위별로 사전 회의를 하고 그 내용을 바탕으로 토론회를 열자고 제안했다. 학교에서는 날짜가 촉박하다고 난색을 표했다. 알고 보니 교육청에서 교육 3주체 대토론회를 하라는 공문이 내려왔다고 한다. 교육청이 교육과정 토론회를 장려하는 것은 좋지만 일정까지 정해서 실시하게 하는 것은 각 학교의 사정과 자치를 무시하는 처사가 아닌가.

결국 학생 패널은 반 친구들의 의견만 받아와서 학생 입장을 대신했고, 학부모들은 임원들의 의견만 모았다. 2학기에는 학생들이 반별로 의견을 모아왔는데 합의 과정 없이 학생들 개개인의 다양한 의견을 나열한 것이었다. 우리가 원한 토론회는 다양한 생각을 통해 구성원들 각각의 입장을 하나로 모으기 위한 것이기 때문에 더욱더 구성원들이 합의하는 과정이 중요한데, 그런 점에서 준비되지 못한 토론회가 진행된 것이다.

당시 교육과정 토론회도 각 주체들이 교육과정을 돌아보고 토론할 기회가 없었다는 점에서, 그리고 교육과정 소위원들이 대안과 결론을 내오는 회의가 없었다는 점에서 많이 아쉬웠다. '과정'을 함께하자는 학부모들의 뜻이 얼마나 전달되었는지도 잘 모르겠다.

흔히 학교와 학부모 간담회를 할 때 자유롭게 질문과 답변, 의견 교환을 하는 것으로 이해하는데 일방적인 질문과 답변이 오갈 뿐이다. 충분히 시간을 가지고 서로를 이해하는 과정이 없으니 학부모들은 질문에 대한 답변을 제대로 못 들은 것 같은 답답함을 느끼고, 교사들은 공격을 받은 기분을 느끼게 된다. 서로의 입장을 정리해서 만나는 자리가 아닌 만큼 생각지도 못한 돌발 발언으로 당황하게 되는 일도 있다. 심한 경우 마음이 상해 간담회 이후 오히려 학부모와 교사 사이가 틀어지기도 하고, 학부모회 내에서 분열이 일어나기도 한다.

우리나라처럼 교육계 문제가 복잡한 경우에는 개개인의 의견을 자유롭게 나누어서는 관계에 도움이 되지 않는다. 각 단위가 함께 모이는 간담회는 자유 간담회와는 다른 것이 좋다. 각 단위에서 충분히 의견을 받아 이야기를 모으고 추려 사회적 언어로 변환시켜 전달해야 한다. 개인 의견은 기타 의견으로 따로 이야기할 기회를 주면 된다. 3주체의 의견을 듣고 토론을 통해 공동의 결론을 모아내는 토론회는 더욱 그런 과정이 필요하다. 학부모 패널은 개인이 아니라 학부모 대표로 나가는 것이다. 그것이 대의제가 아닌가. 더구나 학부모, 학생, 교사 패널이 사전에 구성원들의 의견을 묻고 입장을 정리하는 과정을 경험하는 것도 민주주의 교육으로써 좋은 기회이기도 하다.

토론회는 지루하게 이어졌다. 패널들은 앞에 앉은 탓에 이런저런 이야기를 했지만, 아이들은 지루함에 몸을 뒤틀었다. 요즘은 토론회 도중에 핸드폰으로 댓글이나 투표로 자신의 의견을 표시할 수 있어서 즉석에서 의견을 접수하는 방식을 접목한다고 한다. 학생들이 지루하지 않게 토론에 참여할 수 있는 방식이라 인기가 있고 무엇보다 직접 민주주의를 경험하기에 더없이 좋은 방식이라 생각한다.

간혹 교육과정위원회에서 본인이 원하는 교육 내용을 실행해 주기를 요청하는 학부모가 있다. 하지만 교육과정위원회는 구체적인 교육 내용을 정하는 곳이 아니다. 교육적 철학을 검토하고 학생들의 상태를 파악해 교육의 방향을 정하는 곳이다. 또한 교육 내용을 제안할 수는 있지만, 그 결정은 교육을 실행하는 단위인 교사들이 하는 것이다. 학교 운용상, 한 해의 교육 계획은 연초에 교사회에서 토론을 통해 정해지기 때문에 중간에 쉽게 바꿀 수 있는 것이 아닌데, 학부모들은 좋은 아이디어를 내도 받아들여지지 않는다고 서운해한다. 더구나 위원회는 교사, 학부모이기 이전에 교육과정을 함께 고민하는 위원으로 참석한 자리다. 학부모가 교사에게 요구하고 교사가 학부모에게 답변하는 것이 아니라, 머리를 맞대고 '모색'하는 자리라는 것을 잊지 않았으면 좋겠다.

좋은 교육 프로그램은 많다. 어떤 프로그램을 할 것인가가 중요한 것이 아니라 하나의 교육 철학으로 꿰는 것이 중요하다. 또한 내 것을 고집할 필요가 없는 것이, 진짜 훌륭한 교육 철학은 결국 하나로 통한다.

토론회에서 우리는 두 가지를 제안했다. 시험이 끝나면 성적은 정해지지만, 추수학습을 통해 모르는 부분을 다시 짚고 넘어갔으면 한다는 것과, 교육에 비법이 있다면 학생 존중에 있다고 하니 학생들이 안전한 내면을 보일 수 있도록 신뢰 있는 환경과 공간을 만들어달라는 것이었다.

그러나 시험 전까지 힘들었던 아이들에게 다시 스트레스를 주는 것은 좋은 방법이 아니라면서 추수학습은 곤란하다고 했다. 게다가 시험 전 자기주도학습반을 운영하고 있으나 아이들이 참여를 하지 않는다는 것이다. 우리는 자기주도학습반이 지나치게 자율적이라 아직 아이들이 적응하기 힘드니 학교에서 관리를 해달라고 부탁했다. 자율학습으로 둘 것이 아니라 자기주도로 학습하는 방법을 가르쳐주었으면 좋겠다는 것이다. 다시 한 번 우리 학교의 학습 방법으로 자기주도학습을 선택한 것이 적절했는지 서로가 확인하고, 자기주도학습반 운영을 어떻게 할 것인지 점검해보기로 했다.

추수학습에 대해 학교는 더 이상 고민과 관심을 가지고 있지 않다. 아마도 평가에 대한 인식이 전반적으로 바뀌지 않는 한 어려운 일인 것 같다. 최근 현재의 학력관이 가진 한계를 살펴보고 우리에게 필요한 핵심역량 교육을 바탕으로 하는 새로운 학력관에 대한 논의가 진행되고 있다. 평가와 추수학습, 새로운 학력관이 톱니바퀴처럼 맞아떨어지기를 바란다.

교육과정위원회에서 학부모위원이 할 일은 아이들의 현재 상태를 분석해서 부족한 부분이 무엇이고, 어떻게 채울 것인지 교사와 함께 찾아내는 것이라고 생각한다. 그 과정에서 미래 사회가 요구하는 핵심역량이 무엇인지 학부모들도 함께 공부하고, 교육적 방향을 정함에 있어 확신과 용기를 가지는 것이다. 그리고 교사, 학부모가 함께 교육 철학을 공유하는 시간을 가져야 한다. 역량이 된다면 지역 특색에 맞는 통합적인 커리큘럼을 만들고 실행되는 것까지 지원할 수도 있겠다. 그러니까 실행에 따른 참여는 차후의 문제이다.

지금 교육과정 참여를 독려하는 정책은 대체로 일손에 대한 우려로 보인다. 우선은 교육의 현재와 필요한 교육적 지향을 정하는 것을 함께해야 한다. 학부모위원이 소위원회에 참여해서 그 과정을 함께한다고 해도 논의 과정과 결과를 학부모들에게 충분히 전달하려면 의사 전달 시스템이 잘 구축되어 있어야 한다. 이런 과정에 학부모위원들이 배제되기 때문에 학교 설명회에서 나오는 한 장짜리 문서로는 이해하기도, 받아들이기도 힘든 것이다. 학생들을 경쟁으로 몰아붙이는 교육을 멈추려는 새로운 시도를 학부모들이 반대한다고 해서 학부모가 문제라고 하는 시선은, 전문가들끼리 모여 소위 그들만의 리그로 정책을 만들고는 학부모들에게는 무조건 따르라고 하기 때문에 생기는 것이다. 반대하는 학부모들의 우려가 무엇인지 귀 기울이고 함께 대책을 찾지 않는 한, 어떠한 혁신적인 교육 정책을 내놓아도 마찬가지로 벽에 부딪힐 것이다.

'과정'이란 이런 것이지 않을까? 민주적인 자치제도가 구조화되어 있고, 협의와 합의가 실행되는 과정에서 구성원들이 이해하고 우리의 것으로 받아들여지는 것. 끊임없는 성찰과 설득을 보여주는 것. 이런 과정이 제대로 작동되면 내용에 있어 조금 부족한 것들은 얼마든지 다시 채워넣을 기회가 있다. 교육청에서는 학부모들에게 모든 민주적 제도가 마련되어 있다고 하지만, 실제 현장은 제도를 시행하는 사람들의 준비가 덜 되어 있어 형식조차도 버겁다. 형식과 내용을 채워넣는 과정 또한 중요한 '교육과정'일 것이다.

교육적 내용에 있어서도, 아이들에게 부족한 것이 무엇인지 찾고 나면 덜어낼 것을 찾아야 한다. 남한산초등학교나 홍덕고등학교가 혁신학교의 대표 주자가 된 것은 특별한 프로그램을 넣어서가 아니라, 오히려 덜어냈기 때문이다. 덜어내고 집중할 필요가 있다. 우리 학교 아이들에게 필요한 교육 내용이 무엇인지 추리고, 정리하고, 교육적 목표를 실천하는 과정에 집중해야 한다. 교육과정위원회의 역할은 바로 이것이다.

특별한 방법은 없다. '과정'의 중요성을 잊지 말자. 운영위원들이 협의 과정을 잘 지키면, 교사들도 학생들과 협의하는 과정을 놓치지 않는다. 교육은 삶을 녹여넣는 것이기 때문이다.

교원능력개발평가 위원회

교원능력개발평가 위원회는 교원의 전문성을 제고하기 위한 평가 위원회이다. 인사 평가가 아니라 능력 '개발'을 유도하기 위한 제도라고 생각하면 된다. 객관성과 공정성에 대한 이견이 있기는 하지만, 학부모 입장에서 문제가 있는 교사나 교육의 질이 떨어지는 교사에 대해 호소할 수 있는 유일한 통로라고 생각한다.

모든 소위원회가 다 그러해야 하지만, 특히 교원능력개발평가

위원회는 학부모들의 의견을 고루 받아서 객관적으로 평가에 임해주었으면 한다. 보통은 후한 점수를 유도하는 학교의 눈치에 어쩔 수 없이 대충 좋게 평가하는 경우가 많다고 한다. 평가한다고 실제로 얼마나 반영이 되겠나 싶어 미리 포기하는 마음도 한몫을 한다. 평가 기관에서는 진정으로 교사의 능력 개발을 독려하는 기회가 될 수 있도록 제대로 후속 조치를 해주어 신뢰성 있는 기관으로 발전했으면 좋겠다.

조금 다른 문제이지만 교원들의 성과 상여금 제도에 여러 가지 문제가 있다고 들었다. 특히 교사를 서열화하고 비인간적인 경쟁을 초래하기 때문에 교사들의 반발이 심하다고 한다. 당연히 그런 문제의식은 필요하다. 그러나 그 이전에 학생들부터 비인간적으로 서열화하지 않는 운동에 나서주었으면 좋겠다.

처음에 교원능력개발평가 위원회가 생길 때에도 교원을 평가한다는 것에 대한 반발이 심했었다. 학부모들도 여전히 평가가 불편하다. 같은 맥락으로 교원의 연금이 교원능력 평가의 현실화를 막고 있다는 시선도 있다. 교원의 안정적인 신분 보장은 당연히 필요하다. 그러나 안정적인 신분을 보장받는 대신 교육자의 자질이 없다고 판단될 경우에는 단호히 처벌받는 제도도 있어야 하지 않을까?

정말 수업을 힘들어하는 선생님이 계셨다. 과목이 수학인데, 풀이 과정을 칠판에 적어주고 베껴 쓰게만 했다. 첫해에는 학생과 학부모 반발이 심했고 동료 교사들도 많이 도움을 주었던 것으로 안다. 그러나 평가가 어찌 되었는지 다음 해에도, 그다음 해에도 수업은 좋아지지 않았으나 그대로 4년 동안 자리를 지켰다. 중등 3년을 그 선생님께 배운 아이들은 시쳇말로, 망했다. 사교육으로라도 보충할 수 있는 아이들은 다행이지만 그렇지 않은 아이들은 대책 없이 망한 것이다. 이럴 때 우리 학부모들이 할 수 있는 일은 무엇일까? 학부모를 민원인으로 낙인찍지 말고 무엇을 할 수 있는지 제시해주었으면 좋겠다.

이런 결과를 내오지 않으려면, 학부모 소위원들은 평가 시기에만 개별적으로 평가에 참여해서는 안 된다. '나 하나 제대로 된 평가를 하면 되겠지' 하는 마음이나 '나 하나 잘한다고 해서 되겠어?' 하는 마음은 결과적으로 다를 바 없다. 지속적인 회의를 통해 교원들에 대한 다양한 정보를 수집하고 학부모들의 의견에 귀 기울이는 노력을 1년 내내 해야 한다. 평가 전에는 그동안 교원들에게 어떤 문제와 어려움이 있었는지 꼼꼼히 따지고, 학교공동체를 위해 어떤 평가를 할지 토론하는 시간을 가지면서 어떤 결론을 내는 것이 옳은지 논의해야 한다. 평가를 위한 평가는 필요 없다. 단한 명의 아이도 포기하지 않는다는 교육의 본질을 잊지 말고 아이들을 위한 교원이 아니라면 과감히 해임 또는 보직 이동 등을 고려해야 한다.

우리나라 교원의 질이 세계 1위라고 한다. 그 근거가 무엇인가? 개인의 수학 능력이 뛰어난 것은 맞는 것 같다. 그러나 교육은 가르치는 능력과 배움을 유도하고 인성을 보듬어주는 품성이 필요하다. 교원이 되기 위한 과정에 이런 역량이 평가되는가? 교원능력개발평가 위원회가 생긴 지 10년이 넘었다. 이제 교원의 능력을 개발하는 실제적인 위원회로서 교원의 위상을 높이는 과감한 모색을 해주었으면 한다.

지금까지 소위원회 위원으로서의 학부모 역할을 살펴보았다. 운영위원회는 학교교육 철학에 맞게(교육과정), 예결산을 살피고(예결산위), 주제별 학습 활동(체험학습)과 그 외 교육 활동(방과 후, 교칙 개정 등) 및 제반 운영(교복, 앨범 등)에 대한 심의를 한다. 소위원들의 활동을 근거로 하지 않으면 광범위한 학교운영 전반을 운영위원들이 살펴보지 못하고 서류로만 확인하게 되는 것이다. 학부모가 학교교육에 참여하는 방식에서 가장 중요한 것이 학부모운영위원을 선출하고, 소위원 활동을 활성화하는 일이라고 생각한다. 어느 학교에서는 학부모회 활동을 경험한 학부모를 학부모운영위원으로 내오는 조직적 판단을 한다고 한다. 이렇게 학부모회와 학교운영위원회, 소위원회가 유기적으로 연결되고 각각의 역할을 잘 진행하고 있는 학교가 좋은 학부모회 활동 사례로 많은 학부모에게 공유되었으면 좋겠다.

학교는 교육청에서 지침이 내려오지 않으면 변화를 꾀하지 않는다. 혁신 교사 한두 명으로는 어림없다. 잊지 말자. 학부모위원들이 각자 맡은 소위원회 활동에 관심을 가지는 순간, 학교는 꿈틀, 잠에서 깨어난다. 그게 혁신이다.

교장 공모제에 도전하다

2011년 당시 교장 선생님은 1학기를 끝으로 정년 퇴임을 하실 분이었다. 교장 임기가 만료되거나 정년 퇴임으로 후임이 필요한 시기에 교장 공모제를 선택할 수 있다는 소문을 듣고 우리도 교장 공모제에 도전해보기로 했다.

교장 공모제는 승진에 따른 교장 임용 방식이 아닌 공개 모집을 통한 교장 임용 방식이다. 교장은 단순히 행정적인 학교운영자가 아니라 교육 목표와 경영 방침을 정하고 교수, 학습 활동에 대한 장학지도 권한을 가지고 있어서 단위학교 교육의 수준과 질에 결정적인 영향을 미친다. 교장 공모제를 한다는 것은 교육의 방향성을 우리가 선택한다는 의미이기도 하다.

혹시나 학교에서 반대할까 봐 조심스러웠는데, 의외로 교사들의 찬성이 많이 나와서 처음으로 교사와 학부모가 일치단결했다. 교장 공모제가 어떻게 진행되는지 전혀 아는 바가 없어서 며칠 간 전화통을 붙잡고 살았던 기억이 있다. 지역 교육청, 도교육청, 선례가 있는 학교, 학부모 단체 등에 묻고 또 물었지만 흐릿한 안개

속을 헤매고 다니는 것 같았다. 우리가 이해하기에는 너무 어려운 시스템과 용어들뿐이었다. 내부형 공모제를 신청했는데, 경기도에서 단 한 군데 지정한다는 사실을 뒤늦게 알았다.

교장 공모제에는 초빙형, 내부형, 개방형 세 가지 유형이 있다. 초빙형은 교장 자격증 소지자만을 대상으로 하는 제도이고, 내부형은 교장 자격증 소지자도 응할 수 있지만 일반적으로 그렇지 않은 교원을 대상으로 하는 유형이다. 개방형은 교원이 아닌 자로 기업에서 일정 경력을 가진 일반인을 대상으로 하는 유형이라서 특성화 고등학교에서 실시한다. 교육기관의 입장에서 붙여진 명칭이라 학부모들이 상상한 것과는 완전히 다르기 때문에 설명이 없으면 전혀 다르게 이해한다. 제대로 정보를 주지 않는 상태로 설문조사를 하는 것을 보면, 학부모의 의견을 반영할 의지가 있는 건지 의심스럽다. 교장 공모제를 도입하면서 학교운영의 민주화를 촉진할 것으로 기대한다는데, 최소한 교육기관에서 도움을 주지는 않는 것 같았다.

2007년에 시작되어 10년 동안 시행한 결과 내부형 교장 공모제에 대한 만족도가 가장 높다고 한다. 그러나 아직은 교장 자격증을 가진 교원들의 반대로 내부형 교장 공모제의 비율을 높이기가 어렵다. 당시에도 내부형의 비율은 10퍼센트 이내였던 것으로 기억한다. 교장 공모제가 '100대 국정 과제' 중 하나로 포함되어 내년부터는 확대된다고 하니 내부형의 비율이 조금씩 높아지지 않을까 기대해본다.

발표가 나던 날을 아직도 생생히 기억한다. 교사들과 학부모들이 많이 모인 교육청 행사장이었다. 쉬는 시간에 어떤 분이 내부형 교장 공모제 발표가 났는데 우리 학교가 선정되었다고 말해주었다. 전화로 다시 확인하는 우리들을 바라보는 주변의 다른 학교 선생님들과 학부모들의 얼굴에는 시기 어린 눈빛과 원망스런 표정, 아무것도 모르는 우리 같은 이들에게 기회를 빼앗긴 것에 대한 설명할 수 없는 황당함, 부당한 현실에 대한 분노 등이 마구 뒤섞여 있었다. 공모 교장을 모시기 위해 1년 전부터 준비한 학교도 많았다고 하니 그럴 만도 했다.

기회를 획득한 것에 대한 기쁨도 잠시, 이제부터 진짜 시작이었다. 학교에서 교장 공모 내용을 공지하겠지만, 우리가 원하는 교장 선생님이 공모에 참여하지 않으면 말짱 도루묵이다. 결국 우리가 원하는 교장 선생님감을 찾아서 공모에 참여하도록 만들어야 한다고 하는데 우리는 그럴 만한 능력이 없었다. 아니, 그보다 우선 우리가 원하는 교장 선생님의 상이 무엇인지 학부모들과 논의한 것도 없었다.

공식적으로 공모 교장에 대한 의견을 모을 수는 없지만, 교장 공모제에 대한 설명회 방식으로 임시 학부모회의를 할 수 있다고 한다. 전체 학부모회의를 하고 설명회를 했다면 좀 더 많은 학부모들과 소통할 수 있었을 텐데, 우리는 당시 모든 논의를 '우리끼리' 했다. 아쉽기만 하다. 친한 이웃들로 구성된 운영위원과 학부모회 임원들이 전부였다. 다른 학부모들의 의견을 모을 정신도 없었고, 어떻게 모아야 하는지도 몰랐다.

우리들끼리도 약간 의견이 달랐다. 대부분은 혁신학교라는 것을 해보고 싶어 했는데 한두 명은 명품학교를 원했다. 둘이 어떻게 다르냐고 물으면 우리도 잘 모른다. 다만 느끼는 바 혁신학교는 학생들에게 민주적으로 대하는 학교이고, 명품학교는 명문대를 보내기 위한 공부를 시키는 학교일 거라고 짐작할 뿐이었다.

교사들이 원하는 학교상이 어떤 것인지, 원하는 교장이 어떠한 사람인지 전혀 몰랐다. 선례가 있었던 학교에서 들은 정보로는 학부모들이 원하는 교장과 교사들이 원하는 교장이 다를 것이고, 교사들이 원하는 교장이 공모에 지원했을 것이라고 했다. 심사위원들이 각자 점수를 매겨야 하는데 절대로 심리전에서 져서는 안 된다고 자세히 코치해주었다. 워낙 학교에 대한 불신이 팽배해 있던 터라 무조건 이겨야(?) 한다고 생각했다. 나중에 알고 보니 교사들도 아무런 준비 없이 닥친 일이었다.

교육청에서 운영위원과 교장 공모제 담당 선생님들에게 진행 과정에 대한 연수를 해주었는데, 심사 기준과 심사 내용에 대한 예시를 준다고 했다. 이를 기준으로 심사위원들이 약간씩 수정, 보완한다고 한다. 심사위원별로 질문을 분배하고 그 정해진 질문 외에는 할 수 없고, 추가 질문도 할 수 없다. 교육청에 이의 제기를 하니 원칙이 그러하다고 했다. 우리는 상식적으로 이해할 수가 없었다. 공정함을 지키는 것이 중요한가, 공동체의 뜻을 모으는 것이 중요한가? 규칙 때문에 공동체의 뜻이 무시되어야 하는 거라면 그 규칙은 잘못 만들어진 것이라고 생각했다.

학부모 공청회를 열어 우리가 원하는 학교상을 함께 공유하고 원하는 교장상을 정하고 심사 기준을 토론해야 하는 것 아닌가? 심사위원들은 심사위원 개인의 판단이 아닌, 학부모들이 함께 정한 기준에 맞춰 교장을 뽑는 것이 마땅하지 않은가 말이다. 시간적으로도 너무 촉박해서 토론을 할 수 있었다고 한들 쉽지 않았을 것이다. 여러모로 교장 공모에 대한 심사 과정은 고려되어야 마땅하다고 본다.

심사위원은 교원운영위원, 학부모운영위원으로 구성하고 이들이 외부 심사위원을 위촉하게 되어 있다. 누가 심사위원으로 들어갈 것인가, 누가 심사위원장이 될 것인가, 외부 심사위원으로 누굴 모셔올 것인가 등을 결정해야 했는데, 합의되지 않은 이견들과 눈에 보이지 않는 알력이 수면 아래로 흐르고 있었다.

학교는 심사위원장을 운영위원장으로 정하자고 했다. 운영위원장이 지역위원이라 좀 불안했다. 혹시 표결에서 동수가 나올 경우 심사위원장에게 결정 권한이 있다. 그러나 반대할 명분이 없었다. 대신 외부 심사위원을 총 다섯 명 위촉하기로 했는데 우리가 세 명 위촉하겠다고 강력히 주장했다. 학교도 한 발 물러섰다.

당일 아침까지 심사위원은 비밀이었다. 심사위원이라면 학교의 현황도 알아야 하고, 학교 구성원들이 원하는 교장이 어떤 사람인지 알아야 하지 않을까? 또는 어떤 심사 기준을 가지고 심사에 임할지도 논의해야 하는 것 아닌가? 그러나 비밀이라고 하니 아무런 정보 없이 자신의 기준으로 심사해야 하는 깜깜이 심사다.

당일 아침에 학부모 심사위원들이 심사 기준과 내용에 대해서 수정이 필요하다는 의견을 냈으나 학교 측은 교육청 예시가 가장 공정하니 그대로 해야 한다고 맞섰다. 다행히도 우리가 초빙한 외부 심사위원들은 아주 지혜로웠다. 그분들의 재치로 우리가 원하는 질문의 요지를 심사 질문지에 담을 수 있게 되었다. 혁신학교 교장 선생님을 선정하는 것이니 질문지 내용에서 용어만 혁신교육에 맞게 변경하기로 한 것이다. 당시만 해도 관심 있는 이들이 아니면 혁신교육에 대한 용어조차 낯설었기 때문에 변별력이 있는 좋은 의견이라고 판단했다. 드디어 혁신학교 교장 공모 심사 방식이 그럴싸해졌다. 우주가 도왔다는 말은 이런 때에 쓰는 것 같다.

총 열 명의 교장 후보가 지원했다. 아침 8시에 모여 한 시간 동안 심사 기준에 대해 회의하고, 오전은 서류 심사, 오후는 면접 심사를 해서 5시 경에 끝났다. 두 분이 혁신교육에 대한 답변을 제대로 해주셨는데, 한 분은 우리 학교가 워낙 시설도 낙후하고 제도 정비도 필요한데 이전 학교에서 성과를 많이 내셨던 분이어서 기억에 남는다.

또 한 분은 남자 화장실에 가보고 깜짝 놀랐다는 말을 했다. 예민한 사춘기 아이들에게 칸막이도 없는 화장실이 웬 말이냐고 하셨다. 교직 생활을 해오면서 기억에 남는 성과를 묻는 질문에, 다른 분들이 이런저런 눈에 보이는 거창한 성과를 자랑하는 반면, 이분은 문제아로 분류되었던 아이들과 뛰어놀면서 관계를 맺었고 점차 학교가 정상화되었다는 이야기를 하셨다.

'우리'가 사전에 합의했던 교장 선생님상은 그 무엇보다 '아이들' 이야기를 하는 분이었다. 우리의 심사는 끝났지만, 교육청에서 2배수 추천으로 2차 심사를 받아야 하고, 교육부에서 대통령 이름으로 발령을 내주어야 한다.

'우리'가 원하는 교장 선생님이 드디어 선정되었다. 교사들로부터도 좋은 점수를 받았고, 지역 교육청에서도 낙점되어 도교육청에서 최종 선정되었다. 그러나 교육부에서 발령을 보류했다. 정치적인 어떤 문제 때문이라고 했다. 지역 교육청에서는 일반 교장을 그냥 받든지, 문제가 해결되어 발령이 나길 기다리든지 결정하라고 했다. 정치적 문제를 끄집어내어 판단할 용기는 없었지만, 우리가 뽑은 교장 선생님을 빨리 보내달라는 탄원서를 도교육청에 보내기로 했다.

다시 원상태로 갈 것인가, 기다려볼 것인가를 가지고 많은 이야기를 한 것 같지는 않다. 우린 지쳤다. 지쳐서 그냥 두었던 것이다. 그게 기다리는 것으로 전달된 것은 다행스러운 일일까. 교감 선생님이 임시로 교장 자리를 맡으면서 다행히 우리를 많이 믿어주었던 기억이 있다. 그렇게 반년이 지난 뒤에야 우리가 뽑은 교장 선생님이 정식으로 발령을 받아 우리 학교로 오시게 되었다.

☞ 교장 공모제란?

2007년 9월부터 자율학교에 한해 시범 운영되고 있다. 현행 교장 임명은 연공서열이나 경력 점수를 기준으로 교육청이 정한 승진 후보자 순위에 따라 이뤄지지만, 교장 공모제에서는 승진 후보자 명부에서 순위가 밀리거나 아예 포함되지 않은 사람도 지원할 수 있다.

유형	추진 근거	자격 기준	대상 학교
내부형	초·중등교육법 제61조 및 동법 시행령 제105조의2	교장 자격증 소지자, 초·중등학교 교육 경력(교육 전문직 경력 포함) 15년 이상인 교감 자격증 소지자, 교육 경력 20년 이상인 교육공무원, 또는 사립학교 교원	자율학교
개방형		당해 학교 교육과정에 관련된 기관, 또는 단체에서 3년 이상 종사한 경력이 있는 자 (교상 자격증 소시 유무 관계없음)	특성화 중·고 전문계고, 에세능고
초빙형	교육공무원법 제31조, 교육공무원 임용령 제12조의4	교장 자격증 소지자(교육공무원)	일반 학교

※ 자율학교 대상이라고는 하지만, 교장 공모제를 시행하는 학교에게 자율학교 지정을 해주기 때문에 큰 의미가 없다. 더구나 2018년부터는 일반 학교로 확대할 예정이라고 한다.

☞ 우리의 심사 기준

1. 혁신학교 교장으로서 비전을 제시하시오.

2. 교사로서 가장 의미 있었던 성과는 어떤 것이고, 어떤 노력을 기울였는가?

3. 우리 학교의 시급한 현안은 무엇이라고 보는가?

4. 좋은 학교를 만드는 데 교장의 리더십은 어떠해야 하는가? 삼위일체를 어떻게 함께 만들어갈 것인가?

5. 교사-학부모 간, 교사-교사 간 갈등을 어떻게 대처할 것인가?

6. 시설 면에 있어 재원을 어떻게 확보할 것인가?

7. 글로벌 인재 육성을 위한 교장의 철학은 무엇이고, 핵심역량을 어떻게 키울 것인가?

8. 혁신교육 실천을 위한 구체적 방안은 무엇인가?

9. 4년 후 변화된 모습을 제시하시오.

10. 교사들과의 소통 방안과 교원 지원 및 행정 업무 지원을 어떻게 할 것인가?

11. 학교 문화 소통을 위해 구상하는 거버넌스는 무엇인가?

학교에 대한 두려움

　운영위원을 '함께'하면서 가장 좋았던 것 중 하나는 학교에 대한 두려움을 없앤 것이다. 아이를 학교에 맡긴 입장에서 학교에 문제 제기를 하기란 쉽지 않다. 우리 아이에게 눈총을 줄까, 아이가 괜히 기죽지 않을까, 심하게는 불이익을 당하지 않을까 두렵다. 그러나 우리는 함께이므로 함부로 건드릴 수 없을 거라고 확신했다. 학교 입장에서는 지금으로도 충분히 버겁고 골치 아픈 존재들이었기 때문에 행여 아이를 건드리면 더 큰 분란을 일으킬 거라는 불안이 있었을 것이다. 그 불안이 도리어 우리를 안전하게 해주었다. 물론 교사들이 아이에게 불이익을 줄 거라고 상상하는 것 자체가 불손하다고 느낄 수 있다. 그러나 학부모 입장에서는 이것이 솔직한 심정이다.

　학부모가 소신 있게 이야기하는 것이 학교의 눈치를 봐야 할 일은 아니지만, 아직은 당당한 학부모를 학교나 다른 학부모들이 곱지 않게 보는 것이 현실이다. 미래 세대를 살아갈 아이들을 가르치는 학교는 가장 진보적일 것 같지만, 사실은 가장 보수적인 조직이다. 권위주의 문화는 분명히 줄어들고는 있지만 여전히 상하가 확실하고 서열과 관행, 억압이 교육계 전반에 깔려 있다.

둘째 아이가 다니던 초등학교에서 운영위원을 했을 때, 혁신학교 예산 중 수업 예산을 교사가 임의로 쓸 수 있도록 해달라는 안건이 있었다. 아직 수업 계획이 잡히지 않았으니 예산안을 만들어올 수 없었다면서 교사를 믿고 맡겨달라는 것이다. 나는 고민스러웠다. 구체적인 수업 계획은 아니어도 수업의 목표와 방향은 있을 텐데 그 정도의 설명도 없이 무조건 인준해달라는 것 아닌가. 그런데 교감 선생님은 발끈했다. 우리 선생님들을 못 믿느냐는 것이다. 아이들을 위해 최선의 것을 선택하기 위해 노력하는 교사들을 믿어주지 않는다고 뒤풀이 장소에서까지 나를 책망했다. 그러나 학부모가 교사를 못 믿어서 운영회의 심의를 하는 것은 아니지 않은가. 그럼에도 교사들이 어련히 알아서 잘하겠냐는 식으로 말하면 학부모운영위원들은 할 말이 없다.

어쩌다 학부모운영위원이 무슨 말을 하면 발언 끝에는 교감 선생님의 훈화 말씀이 이어진다. 우리 교사들이 얼마나 열심히 잘하고 있는지, 최고의 교사들이라는 말로 마무리되곤 했다. 학부모들이 가장 싫어하는 말 중에 하나가 바로 '교사들이 훌륭하다'는 교장, 교감 선생님 말씀이다. 우리나라 교사들이 최고의 인재라면서 아이들의 형편없음을 이야기한다.

어찌 그럴 수가 있나? 교사는 아이들을 교육하는 이들인데, 교육이 최고라면서 왜 형편없는 아이들이 만들어지나? 형편없는 아이들은 누구의 아이들인가?

　더구나 회의에서는 동등한 위원으로서 자리하는 것이고 우리는 회의를 위해 만났다. 회의에서 가장 필요한 것은 경청과 상대에 대한 존중이다. 그럼에도 학부모는 내 아이를 학교에 맡겨놓았다는 사실만으로 마치 볼모라도 잡힌 듯이 비굴해진다. 어른들이 만든 두려움과 비겁함 속에서 아이가 제대로 성장할 수 있을까 싶다.

　한번은 큰아이가 특목고에 도전해보겠다고 해서 담임 선생님께 말씀을 드렸더니 교장 선생님이 나를 불러 이런저런 조언을 해주었다. 고맙게 생각하고 돌아왔는데, 이후에 아이가 친구와 복도에서 뛰다가 교장 선생님께 걸렸다. 교장 선생님은 친구는 복도에 벌을 세우고 내 아이만 데리고 상담을 했다는 것이다. 네가 그런 학교에 간다고 해놓고 이런 일로 걸리면 되느냐며 공부에 집중하라는 꾸중을 들었다고 한다. 그런데 아이의 친구는, 너희 엄마가 학교에 드나들더니 너만 봐주어서 좋겠다고 했단다. 그날 아이는 처음으로 엄마의 학교 출입을 원망했다.

　고민 끝에 나는 교장 선생님께 면담을 요청했다. 교장 선생님의 선의가 아이들에게는 편애라고 느껴질 수 있으니 조심해주십사 부탁 말씀을 드렸다. 교장 추천이 필요한 입학 전형이었기 때문에 조심스러운 일이었지만, 아이 앞에서 당당하고 싶었다. 아이는 부모의 뒷모습을 보고 자란다. 그것이야말로 진짜 두려운 일이다.

　그때 흔들리는 나의 균형을 잡아준 것은 언제나 함께 활동하는 학부모들이었다. 혼자 고민하지 말고 함께하자. 적어도 학교에 대한 두려움만은 이겨낼 수 있을 것이다.

작은 아이의 일도 있다. 어느 날 담임 선생님이 아이가 다쳤으니 빨리 학교로 오라고 하셨다. 교실에서 작은 다툼이 있었는데 그냥 툭 친 곳이 하필 눈이었다. 학교폭력으로 회부되어 일이 복잡해졌고 나는 병원 다니랴, 학교에 불려 다니랴 바빴다. 처음에는 우리 아이가 피해자인 줄 알았는데, 자세히 들여다보니 우리 아이가 먼저 욕을 했다는 것이다. 갑자기 피해자이면서 가해자가 되어버렸다. 피해자인 줄 알았을 때는 학교에서 이런 일이 생겨서 미안하다며 거듭 아이의 안전을 확인했다. 수술을 해야 하는 상황에도 나는 꽤 점잖게 대응했는데, 가해자가 되자마자 아이를 잘못 키워서 학교에 말썽을 일으킨 죄인이 되어버린 것이다. 자주 전화해오던 학교 측 태도도 바뀌었다.

가끔 이런 상상을 해본다. 교사가 아이를 평가하지 않는다면 교사와 학부모 간의 관계 구도가 어찌 변할까? 만일 학생이 스스로 배움을 이끌어가고 교사는 지원만 한다면, 또는 교사를 선택한다면, 그럴 때 학부모는 어떤 태도를 가지게 될까? 교사의 평가가 공정할 것이라는 믿음이 깊고, 교사의 평가가 아이의 진로에 지대한 영향을 주지 않고, 아이의 진로가 불변의 사회적 계급을 만들어내지 않는 사회라면, 학부모가 교사를 이처럼 어려운 상전처럼 대할까?

재미있는 것은, 학부모가 두려워하는 교사들도 학부모를 갑이라고 생각한다는 것이다. 학생의 보호자가 아니라 골치 아픈 민원인으로 말이다. 교육에서도 소비자와 서비스라는 자본주의적 시각으로 보는 것이다. 그만큼 어려운 삼각관계이다.

그러니까 이 틀을 깰 수 있는 방법은 어느 한 축이 변화하는 것이다. 학부모 개인이 아니라 학부모라는 축 말이다. 우리도 혼자서는 불가능했던 일이 한 축의 변화가 일어나면서 관계가 새롭게 설정된 것 같다. 학교와 힘의 균형을 이루면서 신뢰가 높아지고 두려움을 버릴 수 있었다.

아이들도 함께 자란다

혁신학교로 유명해지면 근처 집값도 같이 뛴다. 자녀에게 좋은 교육을 시키고 싶은 부모의 열망이 삶의 터전까지 바꾸게 하는 것이다. 좋은 학교로 전학을 가서 좋은 교육 환경이 지속될 수 있도록 힘을 보태는 것도 필요한 일이다. 교사 몇 명의 전출로 금세 예전으로 되돌아가버리는 학교도 많으니까 말이다.

좋은 교육 환경에서 행복을 누리면서 크는 아이들이 어른이 되어서도 삶의 행복을 잘 키워간다. 어릴 적 고생은 사서도 한다지만, 어릴 적 나쁜 교육은 상처와 혐오, 비하 등 비교육적 태도만 남는다. 좋은 환경에서 아이들을 키우기 위한 최선의 방법은 환경을 바꾸는 과정을 가르치는 것이다. 그것이 바로 문제 해결 능력 아니겠는가. 삶의 환경을 바꾸는 '과정'을 배운다는 것, 그 과정에 동참한다는 것. 어쩌면 그것이 미래 사회가 요구하는 핵심 역량, 비판적 사고와 전면적 인성, 협업 능력을 키우는 지름길이 아닐까?

아이가 학교에서 말썽을 부리면서 학교에 관심을 가지다가 진정한 학부모 활동가가 된 이가 있다. 학부모 활동은 치맛바람일 거라고만 생각했던 그이는 학부모회가 평등하고 주체적인 활동이라는 사실을 알게 되면서 누구보다 적극적으로 활동을 하게 되었다. 회복적 정의를 배워 학폭위원으로 활동하고, 말썽쟁이 아이들을 모아 봉사 동아리를 이끌었다.

패거리를 이루어 걱정을 듣던 아이는 엄마가 학교 일을 열심히 하면서 눈에 띄게 점잖아졌다. 같이 몰려다니던 친구들을 다독이며 3년 내내 리더의 역할도 하고, 그 친구들을 이끌고 봉사단, 동아리, 마을 활동 등 어느 누구보다 적극적으로 참여했다. 흔히 말하는 학교 짱들이 건전한 활동을 하게 되면서 다른 그룹의 아이들이나 후배들도 절로 자중하는 모습을 보였다. 우리 학교에서 선후배 위계질서가 사라지고 평등한 문화가 조성된 데에는 이 아이가 지대한 영향을 끼쳤다고 생각한다. 아이와 엄마가 활기차게 생활하니까 가족 관계도 진보다 좋아졌다고 한다.

학부모 활동을 앞장서서 하던 이웃의 아이는 엄마가 학교에 오는 것이 불편했다. 극성맞은 엄마라고 손가락질을 받는 기분이었단다. 어느 날 친구와 티격태격하다가 방과 후에 한 판 붙기로 했다. 시간이 흐르면서 아이는 걱정되기 시작했다. 친구와 싸우는 것보다 엄마가 나중에 알게 되면 안 될 것 같았다. 엄마에게 빨리 학교로 와달라는 연락을 해놓고 천천히 친구가 있는 학교 뒤편으로 갔다.

엄마가 부랴부랴 도착했을 때는 이미 두 아이의 교복이 찢어지고 한바탕 난리를 치르는 중이었다고 한다. 엄마는 교복을 세탁소에 맡기고 두 아이를 데리고 자장면 집에 갔다. 앞으로도 꼭 싸워야 할 일이 생기거든 오늘처럼 미리 연락하라고, 마음 고생했을 아이 어깨를 다독여주었다. 친구는 당장 학교에 고발하고 엄마가 불려올 줄 알았는데 잔소리 한 번 안 하고 자장면을 사주는 모습에 반했다며, "너희 엄마 짱"이라면서 부러워했고, 그제야 아이는 엄마가 달리 보이더란다.

학교 활동을 시작하던 당시에, 우리 아이들에게 엄마가 학교 활동을 해도 되겠느냐고 물어보면서 행여 학교에서 엄마로 인해 어떠한 피해도 없겠지만 이득도 기대하지 말라고 했다. 엄마의 활동과 너희의 학교생활은 별개이니 학교에서 엄마를 봐도 못 본 척하라고 했더니 진짜 눈길도 주지 않았다. 다행히 지금 아이들에게 물어보면 전혀 불편함이 없었다고 하지만, 엄마들의 노력으로 학교가 달라졌다는 사실조차 몰라줘서 한편으론 서운하기까지 하다.

그만큼 학교에서 선생님들을 만날 때 내 아이를 내세우지 않았다. 실제로 선생님들 중에는 내 이름은 알아도 내 아이는 모르는 분이 많았다. 철저히 내 이름으로 살았다. 함께 일하던 활동가들도 부모의 활동으로 인한 특혜를 받지 않도록 하기 위해 아이가 서운해할 정도로 철저히 아이와 무관하게 행동했다.

가끔 학교에 왔다 가면서 담임 선생님도 안 뵙고 가냐고 걱정하시는 분들이 계셨다. 학기 초에 담임 선생님께 미리 말씀드렸다. 아이에게 일이 있을 때는 뵈러오겠지만, 그렇지 않으면 내 볼일만 보고 가겠으니 서운해하지 마시라고 말이다. 실제로 담임 선생님과 학부모로서 만난 일은 거의 없었고 우연히 마주쳐도 목례 정도만 했다. 일 때문에 만나서 긴 시간을 보내게 되어도 아이의 이야기는 꺼내지 않았다.

　엄마의 활동과 아무 상관없이 지내온 아이들이지만, 어느 날 이런 말을 했다. "나는 엄마처럼 마을 일만 하면서 못 살 거 같아. 나는 좀 이기적인가 봐."

　아이들은 알게 모르게 다 알고 있었던 것이다. 나는 아이에게 말해줬다. "엄마도 어릴 때는 이기적이었어. 크면서 조금씩 배워간 거야. 걱정하지 마."

　다만 우리는 우리가 다녔던 학교와 똑같은 학교를 그대로 물려주고 싶지 않았다. 내 아이가 부모가 되어서도 학교가 여전해서 교육 때문에 걱정하는 사회를 물려주고 싶지 않았다. 그래서 대단한 사회적 실천가는 못 되지만, 특혜를 바라거나 내 아이만 챙기는 이기적인 부모는 아니고 싶었다. 조금은 다른 교육 환경과 사회를 물려주기 위해 내 자리에서 할 수 있는 사회적 몫을 고민하고 실천하려고 노력한 것이다. 아마도 우리 아이들도 부모의 모습을 보면서 적어도 자기 몫을 하는 성숙한 사회인이 될 것이라고 믿는다.

뼈아픈 실수

운영위원을 하면서 수많은 후회와 실수가 있었지만 절대 있어서는 안 되었던, 잊을 수 없는 일이 두 가지 있다.

초등학교에서 운영위원을 할 때의 일이다. 장학생 선발을 위한 졸업시험을 보겠다는 안건이 올라왔다. 초등생은 지필평가를 하지 않지만 선발에 공정성을 기하기 위해서라고 했다.

나는 반대하지 못했다. 대안이 떠오르지 않았기 때문이다. 아, 왜 반대를 하려면 대안을 말해야 한다고 생각했을까? 문제 제기를 통해 이러저러한 모색을 해보는 것 자체만으로도 의미 있는 것 아니었을까? 무조건적인 반대는 안 되지만 대안이 없으면 반대 의견조차 낼 수 없는 회의 문화도 문제가 있는 것이다.

그 안건은 그대로 통과되어 지필평가를 치렀고 성적순으로 장학생을 선발했다. 서열식 표창의 대표적인 사례이다. 졸업식 날 장학금을 받는 아이들에게는 아낌없는 축하를 보냈지만, 앉아서 박수를 치고 있는 아이들 중에는 장학금이 꼭 필요한 아이들도 있을 텐데 제대로 선발 기준을 제시하지 못한 부끄러운 마음을 감출 수 없었다.

우리 교육의 목적은 홍익인간의 이념을 널리 알리는 데 있다. 초·중등교육법에서 '초등학교는 국민생활에 필요한 기초적인 초등 보통교육을 하는 것을 목적으로 한다'고 되어 있다. 교육 목표의 첫 번째가 몸과 마음이 균형 있게 자랄 수 있는 다양한 경험을 가진다는 것이다. 이런 교육 목표를 어떻게 양적 측정만 가능한 지필평가로 판단할 수 있을까? 지필평가가 공정하다는 인식은 어디서 비롯되었을까?

교사들의 학생 추천권은 이럴 때 필요하다고 생각한다. 공정성을 걱정하는 것은 교사들 스스로 신뢰성을 포기한 것이다. 다각도로 아이들의 성장을 살펴본 교사들의 추천만큼 공정한 것이 어디 있을까? 굳이 타인의 시각이 필요하다면 장학생 선발 소위원회를 만들면 된다. 교육과정과 선정의 기준이 성적 서열에 있지 않음을 분명히 하면 공정성 시비에 대해 두려워할 것이 없다.

또 하나는 학교 지킴이 근로 시간 변경에 대한 건이었다. 학교 지킴이들이 무기직으로 전환해달라는 요청을 해오자 교육청에서는 무기직 자격 요건을 피하기 위해 이들의 근로 시간을 단축하기로 했다. 등교 시간에 아이들을 보살피고 급식을 드신 후에 퇴근했었는데 갑자기 한 시간 단축하면서 급식도 드시지 못하게 했다. 교육청의 야비한 노동 의식을 보여주는 사례이다.

이 또한 반대하지 못했다. 교육청에서 잘못한 부분이지, 운영위원이 반대한다고 어쩔 수 있는 문제가 아니라고 생각해서 그냥 넘어간 것이다.

학교에서 운영위원들이 이에 동의하지 않고 교육청에 다시 문제 제기를 했다면 어땠을까? 나라도 반대해서 문제의식을 나누었으면 어땠을까? 결과와 상관없이 교육자들의 노동 의식을 돌아볼 기회가 되지 않았을까?

개별 학교가 반대한다고 될 문제가 아니라고 안일하게 판단했던 뼈아픈 실수이다. 아니, 실수라고 하기에는 부끄러운 나의 시민의식이었다.

이후 시간제 근로자와의 갈등을 피하기 위해 시간제가 필요한 자리에 자원봉사원을 모집했다고 한다. 자원봉사 서약서(근로 계약이 아니므로 근로자로서의 권리를 주장하지 않겠다는 서약)도 쓰는 것으로 알고 있다. 약간의 봉사 활동비로 보수를 대신하는 것이다. 정식으로 근로 계약을 하지 않기 위한 꼼수이다.

교육계조차 이런 편법을 부리다니, 아이들에게 너무나 부끄럽다. 이런 노동 의식이 그대로 아이들에게 교육되어질 것을 생각하면 아찔하다. 내 아이들이 커서 정당한 대우를 받는 사회인으로 살아가게 하려면 아이들이 교육받는 환경 속에 있는 이들부터 먼저 정당한 대우를 해주어야 하고, 노동 의식을 고양하는 교육을 해야 한다. 더 이상 아이들에게 꼼수와 편법이 난무하는 사회를 물려주어서는 안 된다.

학교 문턱 낮추기

처음 운영위원이 되었을 때, 오후 4시에 운영회의가 있다고 연락이 왔다. 학부모운영위원 중에는 직장을 다니는 아버지가 있었는데 당연히 참석할 수 없었다. 우리는 회의 시간을 옮겨달라고 요청했다. 7시 이후로 제안하자 선생님들을 배려하지 않는다고 불만을 터트렸다.

나는 선생님들을 배려해서라도 운영회의 시간을 늦추어야 한다고 생각한다. 신생님들도 한 아이의 부모일진대 그분들도 자녀의 학교운영위원으로 참여할 수 있는 교육 환경을 만들어야 하지 않겠는가. 누구보다 학교 문화를 잘 알고 교육을 고민하는 분들인데 정작 본인의 자녀에게 봉사할 기회를 뺏어서야 되겠냐는 말이다.

학교운영회의는 낮 시간에 한다는 인식이 없어지지 않는 한 직장을 다니는 분들의 학교참여는 늘어나지 않을 것이기에 학부모의 학교참여가 저조하다는 비판은 무의미하다. 심지어 운영위 후보 등록 시에 회의가 낮에 이루어지는데 가능하냐고 은근히 압박을 주기도 한다는 것이다. 학부모 참여율이 높은 혁신학교나 대안학교는 당연히 저녁이나 주말에 학부모 모임을 한다. 일을 마치고 저녁에 선생님을 만날 수 있는 분위기가 조성된 것이다.

학부모라면 누구나 학부모운영위원이 될 수 있어야 한다. 회의 시간은 당선된 학교운영위원들이 조절하는 것이지 정해진 것이 아니다. 겨우 절충해서 4회는 7시, 4회는 5시로 합의를 봤다. 낮 시간에 회의하기 때문에 자영업자가 아니면 학부모운영위원을 할 수 없다고 미리 포기하는 전례를 바꾸었다고 자부한다.

조금 다른 측면의 이야기지만, 녹색어머니회라든가 급식 모니터링 활동 등 낮에 매일 이루어지는 활동을 당연히 학부모의 몫이라고 생각하는데, 이에 대한 사회 문화적인 대책이 필요하다. 직장에서 학부모들의 학교참여를 우선 배려해주는 문화를 만들어가든가, 다른 사회봉사자들의 도움을 받는 등 방법을 찾아야 한다. 지역마다 자원봉사센터가 있고, 봉사 활동을 원하는 지원자들도 있다. 교육을 학교 안에서만 해결하지 말고 마을로 확장해야 한다는 말에는 학부모에게 지워진 무게를 덜어주는 것도 포함되어야 한다. 예전에는 전업주부가 많았지만, 지금은 맞벌이가 당연한 사회가 되었다. 교육계에서도 맞벌이를 중심에 둔 관점의 변화가 필요하다.

보통 4월 초에 교육청에서 운영위원 연수를 한다. 그러나 기본적 운영 방식과 절차만 안내하기 때문에 구체적으로 무엇을 심의하고, 질문해야 하는지 심도 있는 연수가 더 필요하다. 교육청에 요구할 수도 있고, 사체적으로 연수를 준비해도 좋다. 학교 행정 실장님을 모시고 기본적인 예산 공부도 하고, 선배 운영위원들에게 학교 상황에 맞는 조언을 듣는 것도 큰 도움이 될 것이다.

작년에 어느 지역 교육청에서 진행한 학교운영위원 연수에서 여러 명의 운영위원 경험자들이 함께했다는 이야기를 들었다. 아주 좋은 방법이라고 생각한다. 다양한 사례가 있을 것이고 필요할 때 지원을 받을 수도 있을 것이다. 지역 안에 그런 인력풀이 있다니 생각만 해도 든든한 일이다.

학교 안에서 경험 있는 운영위원들이 초보 운영위원들에게 먼저 따뜻한 시선으로 대하는 것도 중요하다. 운영위원들은 대부분 학교의 뜻대로 거수기 역할을 한다. 짜인 각본대로 읽어가는 운영위원장도 많다. 잘 모르는 것을 물어보면 회의의 흐름을 깨는 발언인 양 불편해하고 회의 시간이 지체되는 것을 귀찮이한다. 학교가 하려는 계획대로 동조해주고 박수쳐주는 것이 학교를 돕는 것이라고 생각하는 듯하다. 학교에 관심을 가지고 참여해보려던 의욕 있는 학부모들이 이런 귀찮고 냉랭한 시선을 받으면 금세 포기하고 그만두게 된다.

무엇보다 전체 학부모에게 운영위원이나 학교 활동에 대한 안내가 필요하다. 어떤 역할을 하는지 알아야 후보 신청을 할 것이 아닌가. 학부모운영위원, 학부모회, 소위원회뿐만 아니라 학급학부모회나 총학부모회가 무엇을 하는 곳인지 안내해주는 학부모 오리엔테이션을 해야 한다.

학교운영위원회는 학교와 지역, 학부모라는 입장이 다른 사람들에게 학교의 운영을 함께하도록 만들어진 제도이다. 잘 모르거나 다른 것은 너무나 당연한 것이다. 사실은 경험자들도 정확한 의미를 모르면서 그냥 익숙해진 것들이 얼마나 많은가. 별것 아닌 것 같지만 사소한 노력이 학교의 문턱을 낮추는 장치가 되는 것이다.

☞ **운영위원이 잊지 말아야 할 질문**

1. 올해 교육 목표에 적절한 교육 계획인가?
2. 교육 계획에 맞는 예산 구성인가?
3. 우리 학교 학생들에게 적절한가?
4. 학생, 학부모, 교원 등 구성원의 의견을 충분히 반영했는가?
5. 교육적 효과는 무엇인가?

각 주체의 무게는 같다

3~4월은 학부모 임원들이 첫 모임을 많이 하는 시기이다. 아이가 여럿인 학부모들은 여기저기 다니면서 각 학교의 특성을 확인한다. 우리 학교 회장도 고등학교 모임에 갔다가 뜨악하고 온 모양이다. 체육대회 때 아이스크림을 돌릴 예정이니 각 학년 대표와 총무가 알아서 해라, 교장은 요즘 그런 일에 민감하니 조심하라고 하지만 각자 알아서 잘 처리하기 바란다, 식사비는 회장이 내기로 했다, 교사가 감당 안 되는 생활지도를 선도부가 하는 것은 교사들이 체벌할 수 없어서 그런 거니 좀 거칠어도 이해해라 등등. 모임에 다녀오면서 학부모회와 운영위원회의 진짜 근본적인 역할은 무엇일지, 애초에 왜 만들어졌는지 궁금해졌다고 했다.

모든 조직의 기본 구조를 생각해보자. 대표단, 의결 기구, 심의 기구, 하부 조직, 그 외 지원단, 자문단 등으로 구성되어 있다. 학교를 들여다보면 심의 기구는 운영위원회(내용상 의결 기구), 하부 조직은 교사회, 학부모회, 학생회, 그 외 지원단이 있을 것이다.

이렇게 볼 때 학부모회는 학부모를 대표하는 기구, 학부모운영위원은 학부모회에서 선출한 심의위원이다.

여기서 주의해서 보아야 할 부분은 하부 조직이다. 그들 각자의 무게는 어떻게 될까? 학생 중심이니까 학생이 가장 크고, 학생을 가르치니까 교사, 학부모는 지원만 하는 것일까?

아니다. 각 단위의 무게는 같다. 교사에게는 수업권이 있고, 학부모에게는 친권이 있고, 학생에게는 학습권이 있다. 그래서 교육 3주체라고 한다. 다만 주어진 역할이 다를 뿐 결과적으로 각자가 짊어져야 할 무게는 같다.

우리 아이들의 교육의 미래는 우리 학부모가 1/3 몫의 책임을 지고 있다. 학생의 보호자로서 교육적 미래를 리드해나가지 못한다면 그 결과는 우리 몫으로 떨어질 것이고, 책임 또한 우리에게 있다.

3장

학부모 참여로
공동체를 이루는 마을 만들기

마을학교 연석회의

마을공동체학교를 지향하는 교장 선생님 덕에 마을 활동이 학교 안으로, 학부모회 사업 안으로 성큼 들어올 수 있었다. 지금은 마을교육공동체나 마을학교라는 이름으로 경기도교육청에서 많은 사업을 하고 있지만, 그 당시만 해도 그런 개념이 일반화되지는 않았다.

학부모회 활동가와 마을 활동가가 겹치기도 했고, 활동 내용을 연계하는 것이 효율적이기도 해 마을과 학부모회가 함께하는 사업이 많아졌는데, 그때마다 교장 선생님은 학교 문을 활짝 열어주셨다.

지역에도, 학교에도 아무것도 없던 시절, 아이들과 청소년 축제를 했었다. 축제라고는 하지만 12월 31일에 강당에 모여 그냥 노는 것이었다. 학교 축제가 있었지만, 장기 자랑과 반별 합창이 전부였기 때문에 좀 더 다양하게 즐길 수 있는 장을 마련한 것이었다. 우리 지역에는 어른들의 행사인 '면민의 날' 말고는 마땅한 놀거리가 없었던 터라 초등학생부터 마을 주민들, 학원 선생님들까지 참여했다. 따로 스태프가 있었지만 무의미했다. 모두가 스태프 역할을 하고, 모두가 참여자였다. 특별한 프로그램도 없었고, 특별 게스트도 없었지만 한바탕 신나게 놀았던 기억이 난다.

청소년 축제를 계기로 공공기관에서 시행하는 생활문화공동체 공모사업을 신청하게 되었다. 3년차 사업 지원을 받게 되면서 우리 마을에도 마을공동체 활동이 본격화된 것이다. 학부모회도 마을로 활동의 영역을 확장하기 시작했다. 마을과 학교 간의 연결고리를 위해 '마을학교 연석회의'라는 네트워크를 만들었다. 각 학교에서 하던 것을 서로 공유하고 연결하자는 취지였다. 학부모 교육만 해도 비슷한 주제로, 비슷한 시기에 이 학교, 저 학교에서 반복되기 때문에 각 학부모회가 모여서 프로그램을 공유하면 좀 더 다양한 교육을 마련할 수 있지 않을까 하는 마음이었다.

연초에 각 학교 교장 선생님들을 한자리에 모시고 마을학교 연석회의라는 이름으로 정기적인 모임을 하고 싶다는 취지를 설명했다. 우리 학교 교장 선생님만 적극적인 참여 의사를 밝혔고 다른 분들은 크게 달가워하지는 않았다. 그래도 담당 선생님을 정해주셨고 학부모 회장에게도 참여하도록 독려해주셨다. 우리 학교 선생님이 각 학교로 공문을 보내는 것까지 담당해주시기로 했다.

마을 활동에 관련해서 학교 가정통신문이 만들어지고 타 학교로 공문까지 발송되었을 때 우리들의 기쁨은 말로 다 표현할 수 없었다. 상상만 했던 일들이 현실로 이루어지는 순간이었다. 소소한 일일 수 있지만, 진짜 마을이 하나의 공동체가 되는 기분이었다. 그렇게 매월 각 학교의 학부모 회장, 운영위원, 혁신부장 선생님 등이 모임을 이어 나갔다. 나중에는 마을 단위의 교육적 논의가 진행되고, 지역교육 커리큘럼까지 계발되면 얼마나 좋을까 상상했다. (지금 마을교육공동체라는 이름으로 시도되고 있는 방과 후 활동이나 체험학습과는 다른 개념이다. 풀무고등학교를 중심으로 한 홍성 지역에서는 농업교육이 교과 커리큘럼에 들어 있다고 한다. 농업이 기반이고, 농민이 대부분인 지역 특성상 부모님의 삶을 이해하고 농업을 장려하는 차원에서 농업교육은 필수라고 한다. 나는 이런 지역성을 고려한 교육과정이 필요하다고 생각했다.)

첫 모임을 준비하면서 우리 단체에서는 의견이 분분했다. 단체에서 먼저 활동을 제시할 것인가, 학교에서 활동을 내오도록 기다릴 것인가? 우리가 활동을 제시하면 학교에서 자발적인 참여가 가능할까? 학교의 의지가 없다면 선생님께 또 다른 업무 부과가 될 텐데 그것이 옳은 일일까? 다행히 선생님들은 마음을 열어놓고 마을에서 무엇이라도 제안하면 학교가 할 수 있는 범위 안에서 함께하겠다고 하셨다.

우리는 '평화 영화제'를 해보기로 했다. 한국평화교육훈련원의 정진 선생님이 기획자로서 함께해주셨다. 영화제의 주제를 '회복적 정의'로 정하고, 회복적 정의의 가치가 구현되는 영화 제작 과정과 영화제가 되도록 기획했다. 1년 과정의 프로젝트였는데, 영화 제작에 필요한 기술을 배워서 팀별로 영화 제작을 진행하고 연말에 이들 영화를 상영하면서 마을 주민들과 어우러지는 축제를 여는 것이다. 영화제는 생각보다 훨씬 규모가 커져서 우리가 감당하기 어려울 만큼이 되어버렸다. 정진 선생님의 도움이 없었다면 중간에 포기하고 말았을 것이다.

영화 제작 학교는 여름 내내 이루어졌다. 한여름에 땀을 뻘뻘 흘리며 각 팀들이 영화를 찍을 수 있도록 조력을 아끼지 않은 많은 마을 분들이 계셨다. 멋진 편집으로 영화다운 영화가 되어 나왔을 때 터져 나왔던 아이들의 탄성을 잊을 수 없다. 그러나 모든 과정에서 아이들이 생각만큼 능동적이지 않아 정말 손이 많이 갔다. 각 팀을 교사들이 맡아주길 바랐지만, 모든 활동이 주말에 이루어지고 있어서 그런지 교사들의 참여가 원활하게 이루어지지 않았다.

각 학교 교장 선생님들은 많은 관심과 지원을 해주셨다. 운동장 곳곳에 인디언 텐트를 설치했는데 아이들은 마치 해방구 같은 즐거움을 만끽할 수 있었다. 이후에도 아이들은 영화제보다 인디언 텐트를 더 그리워했다. 지금도 영화제를 떠올리면 마치 한 장의 사진처럼 떠오르는 장면이 있다. 깜깜한 밤, 10여 개의 인디언 텐트에 불빛이 새어 나오고 삼삼오오 모여 있는 아이들의 그림자가 일렁이는 모습이다. 그 사진 같은 기억을 떠올릴 때면 함께했던 이들은 손뼉을 치며 "그래, 그래. 그랬지"라며 순식간에 아련한 눈빛으로 그때를 떠올리곤 한다. 그날의 청량했던 가을 냄새도 나는 것 같다. 그런 한순간을 아이들과 공유하고 있다는 것이 활동가들에게는 가장 큰 선물인 것이다.

영화제는 진짜 영화제처럼 레드카펫 행사로부터 시작되었다. 영화 제작팀들이 차례차례 레드카펫 위에서 포즈를 취했다. 카메라 플래시가 터질 때마다 영화 제작에 참여하지 않은 아이들이 아쉬워하는 탄식의 소리를 터뜨렸다. 강당에서 영화가 상영되고 감독과의 대화가 이어졌다. 아이들은 어설픈 영상이 아니라 진짜 영화 같은 영화가 되어 나올 줄 몰랐다고 쑥스러워했다. 배운 영상 기법을 다양하게 활용한 것이 특히 좋았다. 포커스 인아웃을 적절히 쓰기도 하고, 애니메이션을 활용하기도 하고, 다큐 형식을 도입하기도 했다. 아이디어도 빛났다. 모든 게 꿈으로 끝나기도 하고, 과자 이름을 제목으로 연결하기도 했다.

정말 기뻤던 것은 아이들이 영화제를 통해 자신의 재능을 찾았다는 것이다. 영화 시나리오를 쓰면서 그동안 몰랐던 자신의 작가적 재능을 발견하고 예술고등학교에 간 친구도 있고, 자기소개서에 영화제에서 상영한 경험을 담아 애니메이션고등학교에 입학하기도 했다.

밖에서는 캠프가 진행되었다. 각지의 평화 활동가들이 팀별 멘토가 되어 아이들과 함께해주었다. 나와 나를 둘러싼 관계, 우리 마을, 우리 마을에 평화가 필요한 곳 등을 이야기 나누고, 그림으로 그리는 체인지 파티를 열었다. 그 결과물로 청소년들의 '평화 선언문'이 낭독되었다. 이때 피스플레이어를 모집했는데 많은 아이가 신청하지는 않았지만, 마음을 내어준 친구들이 있었다. 그런데 우리가 이들을 제대로 챙기지 못했다. 안타깝고 미안한 일이다.

개인적으로는 회복적 정의라는 철학을 마을 안에서 구현하기 위한 기획이었다는 점이 가장 좋았다. 영화제에 참여한 이들이 잠시나마 내가 이 마을의 구성원으로서 어떤 의미가 있는지 존재적 가치를 돌아보는 시간을 가지게 된 것 같다. 마을에서 회복적 정의를 세워 나간다는 것이 어떤 의미인지 부분적이나마 경험했다는 점에서도 의미가 컸다.

마을의 모든 학교가 한자리에 모여서 축제를 열었다는 것, 청소년들이 바라보는 마을의 모습에 대해 이야기를 나누었다는 것은 만족스러웠으나, 우리가 기대한 것처럼 학부모회의 활동을 함께 내온다든가, 학교 구성원들이 함께 참여하는 긴밀한 네트워킹이 이루어지지는 않았다.

선생님들이 주체가 되었다면 모든 과정이 수업에 녹아드는 방식을 적극 취할 수 있지 않았을까 싶다. 그러려면 연석회의 정도가 아니라, 더 넓고 끈끈한 회의 단위가 생겨야 가능할 것이다. 마을학교 연석회의에서 나눈 취지와 내용이 각 학교 교사들과 충분히 공유되지 못한데다 교사들이 마을 주민이 아니기 때문에 자발적인 참여를 이끌어내기 어려웠다. 더구나 아직 마을교육공동체 운동이 시작되기도 전이었다. 이런 애매한 포지션 때문에 교장 선생님은 차라리 학교가 영화제를 주관하고 싶어 하셨다.

그러나 우리는 학부모가 학교와 마을을 연결하는 연결자라는 것을 다시 한 번 깨닫는 계기가 되었다. 교사들은 그들이 사는 마을에서 주민으로서 마을 활동에 참여할 수 있었으면 좋겠다고 생각했다. 학부모 입장에서는 마을 활동과 학교 활동이 서로 맞물리는 지점이 많았지만 교사들은 지역민이 아니기 때문에 마을의 정서를 잘 모를 수도 있고 생활적으로 같은 고민을 할 수 없다. 좀더 자유롭고 편안한 자리에서 학교와 마을을 연계하는 큰 그림을 함께 그릴 수 있는 폭넓은 대화를 해볼 수 있다면 그 간극이 좁혀지지 않을까 하는 아쉬움도 남았다. 지금 하고 있는 마을교육공동체 활동들도 내용과 형식에 따라 누가 주체여야 하는지 다시 한번 생각해볼 필요가 있다고 생각한다.

마을학교 연석회의를 통해 마을의 네 개 학교 학부모회 연수를 연계해 학부모 아카데미를 열기도 했다. 긴밀한 논의가 있었던 것은 아니고 각자의 학부모 교육 일정을 공유해서 다른 학교 학부모에게 문을 여는 정도였지만, 각 학교의 학부모 회장들이 서로 인사하고 교류를 시작한 첫 발걸음이었다.

작은 마을이라 거리도 멀지 않은데 그동안 각기 따로 지내왔던 것 같다. 학부모 교육을 하면 참석률 때문에 걱정하고 좋은 강좌를 더 많은 사람이 들어주었으면 하는 바람이 있는데, 그런 점에서도 서로에게 도움이 되었다. 특히 대안학교 학부모들이 참여하면서 그들의 교육 내용을 알게 된 것도 큰 수확이었다. 한마을에 살면서도 조금 생경한 교육 내용을 가진 학교에 대해 궁금하기도 했던 터라, 그 궁금증을 해소하고 심리적 거리감을 좁히는 계기가 되기도 했다. 그래서인지 네 개 학교 아빠들의 체육대회에는 대안학교에서 많이 참석했다.

원래는 아빠들 체육대회를 하는 것으로 기획되었지만, 막판에 엄마가 나서야 아빠들이 오지 않겠냐는 말에 은근슬쩍 가족 체육대회로 변질되었고(?) 어린아이들은 엄마를 따라왔다. 아빠들의 축구 경기는 중등 아빠들의 엄살 대잔치였고, 그날도 부침개 부치느라 힘들었던 엄마들을 위한 '선물 슛 골인 대회'는 인기 절정이었다.

교장 선생님은 주말에 학교 시설을 사용하는 것은 물론이고 진행에 필요한 모든 것을 적극 지원해주셨고, 끝난 후에는 아빠들과 어울려 목을 축이기도 하셨다. 우리 마을에서 '교육 문화' 활동이 만들어지는 첫 발걸음이었다고 생각한다.

학교에서 전국 교사 대회에 우리 학부모들을 데리고 나간 적이 있다. 교사 대회에 학부모가 참여한 것은 우리 학교뿐이었다. 여러 학교 선생님들이 우리 학부모회 사례를 귀 기울여 들어주시는 귀한 경험을 했다. 여기서 우리는 선생님들이 뭐든지 다 하려고 하지 마시고 보조만 해주시라는 말을 했다. 학생과 학부모가 하고자 하는 것을 지지하고 지원하는 방식으로 해야 선생님들이 다른 학교로 가신 후에도 마을 주민인 학부모들이 뿌리를 내리고 문화를 키울 수 있기 때문이다.

청소년평화센터

평화 영화제를 하면서 회복적 정의를 생활 속에서 다양하게 실천할 수 있는 센터가 마을에 있었으면 좋겠다는 생각이 들었다. 마을공동체회복위원회를 통해 알게 된 마을 분들의 도움을 받아 회복적 정의에 관한 민간 센터를 만들어보자는 의견이 모아졌다.

우리는 수시로 모여 큰 달력 뒤에 그림을 그려가며 하고 싶은 일들을 상상해보았다. 회복적 정의에 대한 교육을 상시적으로 하고, 청소년들이 할 수 있는 구체적인 평화 활동을 실현해보고 싶었다. 청소년들이 언제든지 환대받는 공간을 마을에서 많이 확보해서 점차 안전한 연결망이 만들어지는 것을 꿈꾸었다. 그이들의 연결망을 '그루터기'라 부르기로 했다.

청소년들을 위해 무엇이라도 해주고 싶어 하는 마을 사람들은 의외로 많았다. 그분들에게 청소년과 센터를 후원해주십사 부탁드리고 드디어 청소년평화센터의 문을 열었다. 교육청 주민참여예산사업에 청소년평화센터를 만들겠다는 계획서를 내어 선정되었다. 학교 안의 회복적 정의 동아리를 청소년평화센터 교육 분과로 변경, 활성화시켰다. 마을 주민들을 대상으로 회복적 정의 강의와 심화 과정 연수를 진행했다. 학교에서 있었던 갈등을 시나리오로 만들어 대화 모임을 가져보는 워크숍도 가졌다.

이때 했던 시나리오 하나가 기억에 남는다. 한 교사가 수업에 어려움이 있다는 이야기가 있었다. 아이들도 말이 많았고 학부모들도 학부모회로 항의를 해왔다고 해서, 그에 관한 역할극을 해보았다. 회복적 정의를 배우기 전에 이런 경우가 실제로 있었다. 학부모들이 항의하자 교감 선생님이 아이들과 간담회를 가졌다. 아이들에게 학교에 다니는 것이 행복하냐는 질문을 하고, 그렇지 못하다면 그 이유를 써보게 했다고 한다. 교감 선생님은 아이들의 글을 보고 생각보다 심각하다는 것을 깨닫고 곧바로 그 선생님을 보직 이동시켰다.

그때 항의했던 학부모 중의 한 명으로서, 과연 옳은 결정이었을까 때때로 반문해본다. 학교공동체라면서 공동체 구성원을 무작정 내보내는 것이 과연 온당한 일이었을까? 문제를 해결하기 위해 구성원 모두가 할 수 있는 일이 무엇인지 먼저 고민해야 하지 않았을까? 만일 정말 이런 일로 대화 모임을 하게 된다면 학생들에게도 대화 모임에 참여하게 하는 것이 당연하지 않을까? 학생들도 문제 해결을 위해 자신들이 할 수 있는 일을 찾아보는 것이 필요하지 않을까?

그 당시로서는 최선이었다고 생각하지만, 좀 더 빨리 문제가 심각해지기 전에 조치를 취했어야 하지 않았나 하는 아쉬움이 남았다. 역할극을 통해 당장 답을 내올 수는 없지만 생각의 폭을 다각도로 넓혀볼 수 있는 기회가 되었다.

청소년평화센터는 갈등 조정자의 역할도 했다. 한 고등학생의 엄마가 피해자 지원을 요청한 일이 있다. 왕따 문제였는데, 오랜 시간 이어져온 일이라 대상도 광범위했다. 학교와 경찰이 나서서 가해자의 처벌은 이루어졌지만 피해자의 피해는 줄지 않고 여전히 이어지고 있다는 것이다. 다행히 아이도, 엄마도 성숙한 자세로 문제를 해결하려고 했기 때문에 몇 시간의 상담 끝에 자신들의 필요가 무엇인지, 무엇을 해야 하는지 판단이 섰다며 고마워했다. 그 어느 활동보다 보람 있고 기억에 남았다.

센터는 회복적 마을의 비전을 보여주고 청소년 평화 활동가를 양성하기 위해 봉사단을 지원하기로 했다. 광장 서클로써 평화의 식탁을 기획한 것이다. 서클 과정에서 모든 참가자가 회복적 정의가 담고 있는 존중의 마음을 느껴볼 수 있도록 세심하게 신경을 썼다. 가급적이면 아이들이 서클을 진행할 수 있도록 서클 진행자 교육을 시키고, 참여하는 학부모나 마을 주민들이 진행자가 하는 질문에 답할 수 있도록 세심하게 모둠을 구성했다. 대체로 앞사람이 하는 이야기에 영향을 받기 때문에 첫 번째로 이야기하는 사람이 중요하다. 서클을 해본 사람들을 골고루 앉히고 질문에 충실히 답하도록 평소에 연습과 훈련을 해야만 한다.

마을의 카페나 마을 장터 또는 학교에서 하던 광장 서클이 나중에는 마을을 벗어나 '2015 부천 청소년 평화 영화제'까지 진출하기도 했다. 사전 행사인 '평화랠리 컨퍼런스'에서 우리 청소년 진행자들이 정신과 전문의인 정혜신 선생님을 모시고 안산의 한 중학교에서 서클로 소통하는 시간을 가졌고, 본 행사에서도 수백 명의 참가자들과 서클을 진행해서 큰 박수를 받는 행운을 얻기도 했다.

청소년들의 안전한 평화 공간을 만들기 위한 노력도 있었다. 그루터기가 있기는 하지만, 하교 후에 아이들이 함께 놀 만한 공간이 되기는 힘들었다. 운동장에서조차 선배들이 있으면 슬며시 발길을 돌리던 시기였기 때문에 공간이 있다 해도 누구나 찾아올 수 있고 자치적으로 운영할 수 있는 공간이 되려면 아이들이 서로 안전한 관계를 맺는 사전 준비가 필요했다.

마을의 생협 활동실을 빌려 여름방학 동안 청소년 카페를 운영했다. 신후배들이 모여도 시로 불편하지 않은 경험을 해보아야 앞으로 청소년만의 공간이 생기더라도 편하게 오갈 수 있기 때문이었다. 청소년들 스스로 물리적, 심리적으로 안전한 공간을 확보해나가는 노력으로, 청소년 공간에 대한 안내문을 작성해서 비치해두고 음료도 준비했다.

다른 지역에서도 지자체별로 청소년 카페 등이 만들어지기는 하지만, 청소년들 입장에서는 거저 주어진 것이라 애정을 담고 주체적으로 자기 것으로 만들기까지 시간과 과정이 필요해 보였다. 우리는 아직 공간은 없지만 스스로 필요를 느끼고 그 필요를 현실화시키는 과정을 밟아가게 하고 싶었다. 방학이라는 짧은 기간 동안 운영했기 때문에 충분한 경험을 하지 못해 아쉬웠다.

그루터기 활동은 마을 분들이 주변에 입소문을 많이 내주면서 선뜻 나서주신 가게들이 있어서 시작이 순조로웠다. 아이들이 언제든 들어가 쉴 수 있는 공간으로써 청소년을 환대한다는 안내 글이 쓰인 명패를 가게 앞에 달아 드렸다. 정기적으로 모임을 갖고 싶었으나 마음만 있을 뿐, 함께 모이는 것까지는 부담스러워하셨다. 각각 찾아뵙고 이런저런 이야기를 나누기는 했지만, 청소년만의 공간이 만들어진다든지 서클 모임에 참여한다든지 하는 적극적인 활동으로 이어지지는 못했다. 그물망처럼 많이 만들어지면 마을 그루터기 지도를 만들 계획이었으나 거기까지 도달하지 못한 것이 안타깝다.

'마을이 청소년과 삶을 나누는 문화를 형성하겠다'는 포부로 시작된 사업이지만 많은 어른들로 확장되지 못하고 3년 만에 센터의 문을 닫게 되었다. 누구나 편하게 참여하기에는 어려웠다고 한다. 좀 더 대중적인 방식을 모색하지 못한 점이 미안하고 유감스럽다.

평화랠리 컨퍼런스에 참여하면서 우리와 뜻을 함께하는 분들을 만나 공감대를 넓히고 각자의 지역에서 애쓰고 있는 노고를 인정받기도 해서 기분 좋은 경험을 했지만, 다른 지역까지 개인 차량을 이용해서 학생들과 이동하는 위험 부담을 감수하게 되었을 때, 이건 아니구나 싶었다. 가는 길에 차량 한 대가 고장이 나는 일까지 생기면서 (다행히 별일 없이 무사히 고쳐서 돌아왔지만) 정말 아찔했다. 안전 대책 등의 보완 없이 좋은 마음만으로 계속하기에는 여러 가지로 무리가 있었다.

청소년평화센터 활동을 하면서, 회복적 정의가 무엇인지 누구나 알 수 있도록 확산시키는 것도 필요하지만, 갈등이 일어났을 때 피해자가 자신의 필요를 들여다볼 수 있도록 피해자의 마음을 다독여주고 "네 잘못이 아니야"라고 말해줄 수 있는 따뜻한 이웃이 되어주는 것이 더 중요하다는 것을 다시 한 번 깨달았다. 또한 가해자가 자신의 잘못을 직면하는 과정에서 공동체로부터 낙인찍히지 않고 자기 책임을 다하면 다시 돌아올 수 있다는 안도감을 줄 수 있는 마을의 터줏대감 같은 곳이 필요하다고 생각한다. 그러기 위해서는 긴 호흡으로 우리 스스로 지치지 않고 자리 잡고 있었어야 했다는 진한 아쉬움이 남는다.

체험농장 협동조합

　남편이 이장님과 자주 술 마시고 어울리더니 마을 분들과 체험
농장 협동조합을 만들었다. 경기도에서 마을기업으로 선정도 되
었다. 나에게 실무를 맡으라 하기에, 그동안 함께 활동하던 이들
을 모아 학교와 마을과 협동조합을 엮기로 했다. 나와 남편은 집
에서도 협동조합과 학교, 마을에 대한 논의가 끊이지 않았고, 거
실은 온갖 서류 더미와 연이은 회의로 사무실처럼 변했다. 우리
아이들은 자연스럽게 사회적 경제를 눈으로 보고 듣고 익힐 수 있
는 기회를 가지게 된 셈이다.

　농장이기 때문에 주로 농산물 체험을 하지만, 우리는 그동안 배
운 회복적 정의를 적용해보기로 했다. 이른바 평화 체험인 것이
다. 평화라는 것이 멀리 있는 것이 아니라 일상에서 함께 살아가
는 사람들과 어떻게 존중하고 배려하는 것인가를 경험하게 하는
것이다. 일반적인 체험 프로그램에 평화감수성을 높일 수 있는
여러 요소를 배치해 구성했는데, 평화 체험은 우리 농장에서만 접
할 수 있는 특별한 프로그램이 되어주었다. 자연 속에서 느낄 수

있는 여유와 한가로움은 덤이었다. 학부모 활동을 했던 경험이 이렇게 유용하게 쓰일 줄은 몰랐는데, 적절한 시점에 적용해보는 재미가 쏠쏠했다.

학교에서는 우리 협동조합을 적극 활용했다. 자유학기제에 진로 체험장으로써 아이들이 참여하고, 청소년 평화 체험교육을 하고, 방학 중 캠프 등에서 체험 수업을 했다. 봉사단과 연계해서 마을 장터도 주최했다. 봉사단은 핸드메이드 제품을 만들어 팔기도 하고 나눔의 집 팔찌 나눔, 세월호 추모 활동 등 캠페인도 열었다. 경기도교육청에서 마을교육공동체와 마을학교 그리고 협동조합을 적극 지원하고 있었기 때문에 마을과 학교가 협동조합을 만들 수 있는 좋은 기회가 되었다.

그러나 우리는 아직 준비되지 않았다. 협동조합이 가진 취지에 맞게 사업의 방향을 잡지도 못했고, 수익 구조도 제대로 갖추지 못한 상태에서 교육직인 일만 결합하다 보니 현상 유지도 어려웠다. 사회적 경제 또한 경제적 자립이 우선인데 그게 쉽지 않았다.

내가 교육협동조합을 만든다면 담고 싶은 몇 가지 가치가 있다.

첫째는 협동조합 7원칙을 지키면서 운영해야 한다는 것이다. 여러 사람이 모이기만 해서는 협동조합이라 할 수 없다. 조합원들의 민주적이고 자발적인 참여와 경제적 참여, 그리고 훈련이 전제되어야 한다. 당연한 원칙이지만 성과를 내려는 어른들의 욕심으로 잘 지켜지지 않고, 학생들과 함께라면 이 과정이 훨씬 중요하기에 다시 짚어본다.

많은 혁신학교에서 협동조합을 만들어가고 있다. 학생들이 왜 협동조합을 배워야 하는가를 생각해보면, 사회적 경제를 가르치기 위해서가 아니라 민주주의를 배우기 위해서임에는 틀림없다. 그런데 학생들이 협동조합 운영에 적극 참여하는지는 모르지만, 배운 운영 원칙을 학교에 적용하지 않는 것 같아 안타깝다. 협동조합의 경험이 민주적인 학교자치로 이어져야 그 의미가 살아나는 것이다.

둘째는 경제적 자립이다. 협동조합이라면 경제적 수익이 당연한 것이지만 우리나라에서, 특히 교육협동조합은 교육적 자산을 가진 이들의 나눔이라고 생각하는 경우가 많다. 자립할 만큼의 수익은 있어야 하고, 그 외 수익을 사회에 환원해야 하는 것이다. 그런데 대체로 자립이 안 되기 때문에 누군가의 노동과 희생으로 유지하는데, 그들은 대부분 학부모이다. 학부모에게 희생을 요구하는 정책도 문제지만, 사회적으로 가치 있는 일을 하면서 동시에 경제적 가치로 환원시키는 것이 생각보다 훨씬 어려운 일임을 학생들이 아는 것도 필요하다고 생각하기 때문에 제대로 된 협동조합이 아니라면 좀 더 준비할 필요가 있다.

셋째는 노동자의 권리를 배울 수 있는 기회가 되었으면 한다. 학교협동조합을 하고 있는 곳에서도 일하는 사람에 대한 대우가 많이 부족하다고 알고 있다. 아이들이 노동력에 대한 정당한 대가를 가져갈 수 있는 경제 구조를 경험했으면 한다. 학교 안에서도 정규직, 비정규직이 있고, 이들의 대우가 차별적임을 알고 어

떻게 스스로의 권리를 찾아가야 하는지 생각할 기회를 주었으면
한다.

지금의 학교는 아이들의 사회적 진로는 가르치면서 노동자의
권리와 의무에 대해서는 가르치지 않는다. 우리 아이들에게 왜
공부를 하느냐고 물으면 꿈을 실현하기 위해서라고 말한다. 그러
나 그 달콤한 말 뒤에는 어른이 되면 경제적 자립을 해야 한다는
뜻이 포함돼 있음을 직면해야 한다고 생각한다. 자신이 하고 싶
은 일을 하면서 경제적 자립을 하는 것이 얼마나 어렵고도 행복한
일인지 깨닫는 과정이 교육협동조합을 하는 이유였으면 좋겠다.

그러나 우리의 역량은 너무나 부족했다. 교육청 역시 그러한 교
육적 지향점을 갖지 못한 것 같았다. 조건이 형성되었다고 시도
해보기에는 목적과 취지가 너무 얄팍했다.

2015년 한 해 동안 마을 활동과 학교 봉사단 활동 그리고 협동
조합까지 엮어서 해보고 싶은 것은 다 해봤다. 활동 보조금도 많
이 받았는데, 돈이 많다고 일이 더 잘되는 것도 아니었다. 돈은 일
하는 사람들에게 정당한 대가로 주어져야 하는데 활동 보조금은
그런 부분에 있어 너무 박하다.

개인적으로는 돈 없이 하는 활동이 가장 알차다고 생각한다. 물
론 돈이 있다면 현수막도 실컷 달고 명패도 만들어서 달 수 있고
모임에 간식도 나눌 수 있어서 좋기는 하다. 하지만 그 하나하나
가 다 행정을 수반하는 일이라 사람에게 마음이 가지 못하고 행사
에 마음이 갈 수밖에 없는 상황이 된다. 우리가 배우려고 강의를

마련하고도 모집 인원과 진행에 신경을 쓰다 보면 공부는 뒷전이 되고 마는 아이러니가 생기는 것이다.

만일 다시 이런 일을 하라고 한다면, 철저히 행정과 대상을 구분해서 진행할 것이다. 필요하다면 대행을 시켜서라도 선택과 집중을 할 것이다.

☞ **협동조합 7원칙**
1. 자발적이고 개방적인 조합원 제도
2. 조합원에 의한 민주적 운영
3. 조합원의 경제적 참여
4. 조합원의 자치와 독립
5. 조합원 교육과 협동조합 홍보 활동
6. 협동조합 간의 협동
7. 우리 동네와 마을 그리고 우리 사회를 위해 활동하기

경기도 학교 밖 프로그램, 꿈의학교

시나브로 마을교육공동체의 시대가 도래했다. 우리 마을에도 공동체 문화가 형성되기 시작했다. 자신의 서재를 개방해 모두에게 도서관처럼 이용하게 하는 개인 도서관이 생기고, 지역 생협을 거쳐 한살림 생협이 문을 열었다. 아무것도 없던 지역이었는데, 작지만 이곳저곳에서 뭔가 꿈틀대는 것을 보면서 우리들이 뿌린 작은 씨앗이 꽃을 피우는 것 같아 뿌듯했다.

협동조합 체험농장에서 경기도교육청에서 하는 꿈의학교 공모를 신청했다. 꿈의학교는 공교육만으로 학생들의 진로를 결정할 수 없는 한계를 보완하기 위해 만든 경기도의 학교 밖 프로그램으로, 학생이 자율적으로 참여하고 기획하고 진로를 탐색하기 위한 교육과정이다. 마을에 있는 전문성을 가진 인사들이나 교육 자원과 협력하고 박물관, 미술관 등의 시설을 활용해 학교에서 하지 못하는 교육을 마을에서 할 수 있기를 바라면서 실시한 정책이다.

우리는 마을 장터를 했던 경험을 바탕으로 그동안 장터에 참여

했던 참가자들과 마을에서 활동하는 진로 상담 전문가의 도움을
받아 진로 탐색을 하면서 생태경제 체험을 하는 프로그램으로 꿈
의학교에 참여했다.

　다양한 체험을 하면서 자기 적성을 찾아보기도 하고, 1인 기업
가가 되어 스스로 제작과 포장 디자인, 홍보와 판매까지 해볼 수
있었다. 진로 전문가가 모든 과정을 꼼꼼히 지켜보면서 진로 검
사와 더불어 개인 프로파일과 평가서까지 작성했다. 엄마들은 수
준 높은 진로 상담을 받을 수 있어 만족스러워했고, 아이들은 수
제 상품 만들기 체험과 마켓 운영자가 되어보는 즐거움을 맛보았
다. 판매 수익금을 들고 나눔의 집 할머니들을 찾아뵙기도 했다.
기부도 하고 역사도 돌아보는 뜻깊은 시간이었다.

　체험을 하고 적성을 찾는 과정을 넣기는 했지만 사실 우리는 진
로를 핑계 삼아 오늘을 멋지게 사는 법을 가르쳐주고 싶었던 것
이다. 어차피 지금의 교육법으로 미래를 살아갈 아이들의 직업을
찾을 수는 없다. 4차 산업이니 뭐니 하는 것을 아무리 지금 예상
한다고 해도 미래는 항상 우리의 예상을 초월한다. 아이들은 진
로 체험을 하면서 미래를 준비해야겠지만 아이들이 살아갈 날들
은 배운 것을 훌쩍 뛰어넘을 것이다. 미래 역량은 한두 가지의 스
킬을 더 배운다고 해서 키워지는 것이 아니다. 나에게 주어진 행
복을 알아보는 심미안을 키우고, 매순간 필요한 학습 능력을 흡수
하고 맘껏 상상할 수 있는 여유와 회복력을 갖추는 것이 중요하
다. 그런 의미에서 지금 이 순간을 가장 행복한 순간으로 만들기

위해 색다른 공간에서 친구들을 만나 새로운 것을 배우고, 배려와 관심이 필요한 이들을 돌아보는 경험을 하는 것이다.

꿈의학교를 운영하면서 우리는 마치 준비해두었던 것처럼 내 안의 역량을 끄집어냈다. 마치 흩어져 있던 조각들이 퍼즐이 되어 완성되는 느낌이었다. 그동안의 학부모 활동과 체험농장 등의 경험이 없었더라면 나오기 어려운 기획 내용이었다. 매번 그랬던 것 같다. 평범한 엄마들이 내 아이에서 우리 아이로, 학교에서 마을로 한 걸음 한 걸음 내디디면서 다시 되돌아보기를 수없이 했다. 제대로 가고 있는지, 방향은 맞는지, 함께 가고 있는지 서로에게 묻고 또 물었다. 실패할 때가 더 많았고, 실수할 때가 더 많았다. 그래도 다시 추스르고 그 순간에 할 수 있는 일을 찾았다. 꿈의학교도 그런 곳이 되었으면 좋겠다. 실패와 실수를 허용하고 다시 도전하고, 그런 아이들을 응원해주었으면 좋겠다.

우리 학교에서는 리더십과 스포츠 활동을 담은 꿈의학교를 진행했다. 스포츠에 강한 우리 학교의 장점을 살린 것이다. 내 아이나 아이 친구들은 꿈의학교에 참여하고도 다시 축구 시합을 하러 멀리 대회를 찾아다녔다. 꿈의학교에서 축구 대회를 만들어보라고 했더니, 그냥 좀 놀게 해달라고 했다. 자기들은 그냥 놀고 싶은 것뿐인데 자꾸 진로나 공부를 '생각'하라고 한다는 것이다.

진정으로 아이들이 원하는 것은 '배움'이 아니라 '놀이'일지 모른다. 인간의 문명은 놀이를 통해서 발전했고, 노는 것 자체가 삶이다. 놀이에 몰입함으로써 창조를 이루어내는 것이다. 더구나 인공지능의 시대가 도래한다고 하지 않는가. 인간의 할 일은 놀이를 잘하는 것일지도 모른다.

모든 일에 무기력했던 아이들이 놀거리를 찾아 여기저기 헤매는 모습을 보면서 이제는 어른들이 조금 물러나도 되겠구나 싶다. 이제는 나가서 놀고 싶다는 의욕과 활력도 생겼고, 마음만 먹으면 놀거리가 있는 환경도 조성되었으니 걱정이 없다.

자유학기제도 '마을에서 노는' 것이 당연시되었으면 좋겠다. 자유학기제를 활용해 해외여행을 간다는 이야기도 나온다. 외국의 삶을 경험해보는 것과 마을의 삶을 경험해보는 것을 같은 시선으로 바라볼 수 있는 날이 왔으면 좋겠다. 한 아이가 사진을 좋아해서 마을 사진관에서 자유학기제를 보내겠다고 했더니 학교에서 한 명만 따로 보내는 것은 관리가 안 되기 때문에 곤란하다고 했단다. 굳이 관리하지 않아도 마을 안에서라면 뭐든지 안전한 세상이 되었으면 좋겠다.

지금, 여기서 뛰고 놀아보는 것이 자유학기제의 참 의미가 된다면 진짜 '마을이 학교가 되는' 날이 올 것이다. '여기가 로도스다, 여기서 뛰어라.'

학교협동조합 흥덕쿱

학교협동조합의 좋은 사례가 있다. 용인 흥덕고등학교의 '흥덕 쿱'이다. 최초의 학교협동조합이라 무척 유명한 곳이지만, 과정에 충실했다는 점에서 좋은 사례라는 것이다.

흥덕쿱은 처음에는 매점 준비 소위원회로 시작되었다고 한다. 흥덕고 입학생은 출신 중학교가 30개가 넘을 정도로 사는 지역이 다양하고 거리가 멀다 보니, 아침을 못 먹고 오는 아이들이 많았 다. 매점을 만들어달라는 학생들의 요구에 여느 학교와 마찬가지 로 일반 매점이 들어왔는데, 학부모들이 보기에 매점 음식이 매일 먹기에는 부적합해 보였다. 마침 경기도교육청에서 협동조합형 매점을 공모하는 것을 보고, 직접 안전한 매점을 만들어보자고 의 기투합하게 되었다고 한다.

흥덕쿱의 발기인은 학부모, 교사, 학생이 2 : 1 : 3 비율로 참여했 고, 현재 이사회는 7 : 3 : 7로 참여하고 있다. 사실 학생은 미성년 이라 발기인에 참여하면 인가받는 과정이 복잡해진다. 그럼에도 홍덕쿱은 쉬운 길을 택하지 않았다. 모든 준비 과정에 학생이 참여해야 진짜 조합원으로서 의미가 있을 것이라고 생각했고, 어렵게 인가를 받은 덕택에 학생들은 설립 과정까지 누구보다 잘 알게되었다. 이제 졸업생이 된 초기 멤버들은 교육 파트를 담당해 후배들에게 협동조합에 대한 교육을 직접 하고 있다. 성인 이사로서 롤모델이 되어주는 것이다.

지금도 홍덕쿱은 모든 교육과 운영에 학생, 교사, 학부모, 지역민까지 동등하게 참여하고 있다. 지역민은 이미 졸업한 학생과 학부모이다. 학부모들은 자녀가 졸업했음에도 매달 1회씩 매점 운영을 돕는 자원봉사를 하고 있다. 봉사자들은 학기마다 '쿱스데이'라 하여 봉사자 모임을 하는데, 운영에 대한 의견과 소감을 나누고 조합원에게 필요한 강좌를 제안하고 직접 만들어간다.

홍덕쿱이 학교협동조합의 좋은 사례인 또 다른 이유는 협동조합의 경험이 학교에서도 이어진다는 것이다. 교사가 중심이 되어 협동조합을 이끌어간 것이 아니라서 교사, 학부모, 학생 모두 협동조합에 대해 전혀 모르는 상태에서 함께 만들어갔기 때문에 가능한 이야기이다. 학습의 한 형태로 시작된 것이 아니라서 교사가 중심이 될 수 없었고, 같이 배우고 논의해서 결정하는 것이 자연스럽게 자리 잡게 되었다는 것이다.

학부모들은 공감할 것이다. 아무리 교사가 동등한 자리에 있다고 해도 학교라는 공간에서 교사는 앞선 자이고 그런 역할을 해왔다. 그런데 조합원 활동에서는 모두 평등하다는 원칙이 실체화되는 순간을 경험하게 된 것이다. 동등하다는 것이 어떤 느낌인지 몸으로 익히는 것은 중요하다. 그래야 다른 자리에서도 실현해낼 수 있다. 모든 결정권에 있어서 동등하게 1인 1표의 권리를 보장받는 것을 경험하면서 학교 안에서도 당당히 자기 의견을 말하게 되고 동등한 참여가 가능하게 되었다.

홍덕쿱에서는 공부하기 바쁜 고등학생이라고 봐주는 법이 없다. 품목, 가격, 판매 방법 등 모든 결정에 참여해야 하고, 오히려 이용자의 요구를 조사하는 부분까지 맡아서 하고 있다. 동등한 자격이라는 것은 이렇게 힘들다.

이사로서 참여하는 것은 많은 시간과 에너지가 필요하지만, 조합원으로 참여하는 것은 비교적 역할이 많지 않아 참여의 문턱이 낮은 것이 다른 학교 활동에 비해 장점이 되기도 한다. 학생들은 동아리에 들어가기에는 마음이 맞지 않고, 자치회에는 역량이 부족하다 싶은 경우에 조합원 활동을 손쉽게 선택하기도 한다. 그런데 뜻하지 않게 조합원 활동을 통해서 자기 역할을 찾아내는 친구들이 꽤 있다. 협동조합은 지금까지 해온 학교생활과는 완전히 다른 분야이다 보니 그 과정에서 새로운 자신의 강점을 찾아내는 것이다.

학부모들도 마찬가지다. 학교에서 학부모 임원을 맡게 되거나 교육에 관한 이야기를 하자고 하면 부담스럽지만, 자원봉사로 하루 정도 돕는 것은 크게 어렵지 않게 받아들이는 것이다. 그렇게 학교에 머무는 시간이 늘어나면서 학교와 학생에 대한 이해도가 높아지고, 학교가 익숙해지니까 학부모 활동도 쉽게 느껴지게 된다. 이렇게 시작한 분들은 자녀가 졸업하고도 계속 봉사하고 싶어 한다. 그이들을 보면서 재학생 학부모들은 내 아이가 없어도 봉사를 한다는 것에 대한 따뜻한 시선이 생기고 학부모와 마을 간에 선순환이 생기는 것이다.

홍덕쿱의 경험이 학교의 교육과정에 직접적으로 포함되지는 않지만, 이사로 참여하시는 선생님들의 수업에는 녹아들어가고 있다. 국어는 같이 사는 세상에 대해, 사회는 사회적 경제와 공유 경제에 대해, 가사는 먹거리 첨가물에 대해, 미술은 브랜드 디자인을 만들어보면서 또 다른 교육 내용이 만들어진다고 한다.

초기에는 입시에 집중하지 못한다는 이유로 홍덕쿱을 탐탁지 않게 생각하신 선생님들도 있었다. 그런데 오히려 홍덕쿱의 경험으로 학생들이 자기 계발도 하고 입시에 잘 활용하는 것을 보면서 지금은 긍정적으로 돌아서게 되었다고 한다. 학부모들도 마찬가지다. 오로지 입시만 바라보던 학부모들은 경쟁만이 살길이라고 생각했는데, 협동해도 살 수 있다는 것을 깨달으면서 세상에 대한 자신의 틀을 깨는 기회가 되었다.

무엇보다 홍덕쿱 활동을 통해 학부모들이 자부심을 갖게 되고 스스로의 힘을 믿게 되었다. 학부모들은 학교에 대해 약간의 무력감이 있는데, 그런 것을 털어버릴 수 있는 계기가 되었다. 지속성을 담보해주는 구체적인 사업체를 만듦으로써 학부모들을 더욱 결속력 있게 만들어준 것이다. 홍덕고와 인연이 없는 지역 주민들도 학교와 학부모의 활동에 대해 긍정적인 시선으로 바라보고 있다는 것을 느낀다고 한다.

또한 학교와 별개의 사업체이기 때문에 학부모회가 학교라는 틀에 갇혀 시도하기 힘든 것을 좀 더 자유롭게 시작할 수 있는 열린 공간이 되어주기도 한다. 인문학 공부 모임 같은 평범한 강좌도 절차 없이 수월하게 시작하고 확산할 수 있는 경로가 되어준다는 것이다.

대부분의 학교협동조합이 인력 지원을 받으면서도 방학 때는 급여를 지급하지 못하고 있는데 반해, 홍덕쿱은 직원을 정규직으로 채용했다. 4대 보험은 당연하고 방학 때도 급여를 지급한다. 직원은 졸업생 학부모로, 많은 봉사자를 운영하는 매니저 역할까지 겸한다. 학생들은 이런 결정 과정을 통해 노동 환경의 중요성을 배우게 될 것이고, 조합원 또는 이사로서 자부심을 가지게 될 것이다.

학교협동조합은 만드는 것보다 유지하는 것이 더 힘들다. 이사회가 구성원들의 자발성과 충분한 합의의 과정을 거쳐 운영하지 않으면 교사와 행정실의 업무로 남겨지기 때문에, 다른 학교에서 협동조합을 한다고 하면 구성원들이 얼마나 준비되었는지를 먼저 생각하라고 권한다.

홍덕쿱은 이제 홍덕 아이들에게는 배고파서 오는 매점이 아니라 매니저 아줌마와 수다 떨기 위해 오는 곳이다. 지역민들과 보이지 않는 연결 지점이 생기는 곳이며, 인문학 공부의 장이다.

4장

대안적인
학부모회 만들기

학부모 활동과 학부모회 활동은 다르다

학교 문화가 변화하고 아이들이 활기를 띠게 되는 순간들을 지켜보는 것은 보람찬 일이다. 우리는 학교참여 공모사업, 주민참여 공모사업, 자원봉사 공모사업, 마을공동체 공모사업 등 다양한 활동을 했다. 우리가 열심히 '사업'을 할 동안, 학부모들은 "왜 학부모회가 자꾸 학교 일만 하느냐, 학교를 대변하는 곳이냐?"라며 비난하고 도와주지는 못할망정 남의 일처럼 구경만 해서 애쓰는 사람들을 힘 빠지게 했다.

학부모회 활동을 하기 전 나는 학교 활동에 전혀 관심을 가지지 않았다. 아이가 별문제 없이 학교에 다니는 것으로 감사했다. 아이가 저학년 때는 반 대표 연락처를 알아놓는 정도의 노력은 했지만, 그마저도 한 번도 찾지 않고 해가 바뀌는 일이 잦다 보니 굳이 알려고 하지 않게 되었다. 아주 가끔 반 대표의 존재가 아쉬울 때는 있었다. 자주는 아니지만 필요하다고 생각되는 경우가 있었는데 담임을 통하는 게 부담스러워 포기하곤 했다.

다른 학부모들도 비슷하지 않을까 싶다. 아이가 선생님에 대해 뭔가 하고 싶은 이야기가 있는데 명확하지 않을 때, 친구들과의 어려움을 말할 때, 수업을 못 따라간다고 느낄 때, 방과 후 수업에 원하는 프로그램이 없을 때 뭔가 물어보거나 도움을 청할 수 있는 소통 창구가 필요하지 않을까?

그보다 좀 더 적극적인 소통을 원하는 경우도 있다. 학교의 어떤 방침이 옳지 않다고 느껴지거나 꼭 해야 할 교육을 놓치고 있다고 생각할 때, 학교운영에 영향력을 미치고 싶은 것이다. 그럴 때는 직접적인 개입을 한다. 주로 모니터링이라는 이름으로 감시를 하거나 항의성 민원을 넣는 식이다.

우리가 학부모 활동을 시작했던 이유도 그랬다. 방과 후 프로그램이 너무 진부하고 수업 시간이 제대로 안 지켜지고 학교가 이를 바로잡으려는 노력이 안 보이자, 1년에 한 번 학교를 갈까 말까 하던 이들이 분연히 떨치고 일어났던 것이다. 처음에는 항의를 하다가 직접 아이들을 위한 프로그램을 만들고, 학부모 동아리를 만들고, 지원사업을 받아 마을과 수많은 행사를 치렀다.

수년간 학부모 활동을 하고 나서야 '학부모' 활동과 '학부모회' 활동은 다르다는 것을 알았다. 학부모회는 학부모들이 궁금할 때 물어볼 수 있는 통로가 되어주는 것, 학부모들이 언제든 찾아와 의견을 낼 수 있는 '소통의 접수 창구' 같은 것이었어야 했다. 학부모들이 뭔가 하겠다고 할 때 활동의 장을 마련해주는 일을 하는 곳이 학부모회인 것이다.

개인인 학부모가 교육적 제안 및 실천, 활동을하는 것은 학부모 활동이고, 학부모들의 의견을 받아 정리하고 교육적 언어로 변환해서 학교와 협의하는 것이 학부모회 활동이다. 그런데도 우리는 그동안 학부모회를 맡아 학부모를 대표한다면서 학부모들 이야기에는 귀 기울이지 않고 우리끼리 학부모 활동을 하는 등 학부모회가 해야 할 소통의 역할을 전혀 신경 쓰지 않았던 것이다.

그때는 미처 몰랐다. 매번 돌이켜보면 부족했던 면들이 보이는 것이다. 처음부터 작정하고 시작한 게 아니었기 때문에 더욱 그랬을 것이다. 그러나 몰랐다고 정당화될 수 있는 것은 아니다. 다른 학부모회도 비슷한 모습을 하고 있다.

늦었지만 이제라도 학부모들에게 진짜 필요한 것을 찾아 학부모회 본연의 모습으로 돌아가기로 했다. 학교에서 '요구'하는 활동 말고, 학생들 '뒷바라지' 말고, 학부모 '사업' 말고, 학교와 아이들을 '위한' 학부모 활동 말고, 학부모 목소리를 '듣는' 학부모회 역할에 충실하기로 했다.

학부모회를 위한 시스템

학부모 활동이 아니라 학부모회 활동이 되려면 학부모회가 구성되어 있어야 한다. 우선 시스템을 정비해야 했다. 일단 학부모 회의를 정례화했다. 임원진과 학년 대표, 학급 대표가 다 같이 모이는 것부터 했다. 참석자가 많지는 않았지만 취지를 알리기 위해 회의를 두 번 열었다. 낮에 시간 되시는 분들을 위해 낮에 한

번, 밤에 시간 되시는 분들을 위해 밤에 한 번. 밤 회의에 온 학부모들은 무척이나 고마워했다. 그동안 궁금했는데 시간이 맞지 않았다고 했다. 그분들이 지속적으로 참여했느냐 하면 그렇지는 못했다. 그러나 언제든 필요할 때 학부모회를 통해 의견을 전할 수 있고, 궁금한 것이 있으면 학부모회에서 도움을 주겠다는 학부모회의 의지를 전달한 걸로 만족했다.

모든 학부모회의나 학부모 행사를 저녁 시간에 하기로 했다. 학생 활동을 지원하는 일이 아니라면 굳이 낮에 해야 할 이유가 없었다. 대다수의 학부모들이 시간을 낼 수 있는 저녁 시간에 회의하는 것이 가장 공정한 일이다. 학부모들은 대체로 맞벌이인데 낮에 회의와 모임을 해놓고는 학부모들의 참여가 저조하다는 불만을 말해왔다. 낮에 학교에 참여해야 한다는 인식이 학부모 활동을 확대하는 데 걸림돌이 되고 있다. 더구나 학부모 교육은 원하는 이들과 필요한 대상이 있는데, 항상 같은 시간대에 하기 때문에 듣는 사람만 반복해서 듣는 불합리한 상황이 지속되었다. 맞벌이가 적다고 해도 기회 균등의 차원에서 시간을 배정하는 것이 마땅하다. 학부모총회는 말할 것도 없다.

학교에 잘 오지 않는 분들을 위해 '학부모회 소리함'을 학부모들이 자주 갈 만한 마을 내 카페나 슈퍼마켓 등에 설치했다. 학교에 이야기해서 학부모회 전용 전화를 설치해서 회장의 핸드폰으로 연결해놓고 학교 홈페이지에 공지해두었다. 이런 조치들은 한두 해로 끝나서는 안 된다. 몇 년간 지속해서 학부모들이 언제 회의가 있고, 의견이 있으면 어디로 전달하면 된다는 것을 알게 해야 한다.

　매해 회장이 바뀌면서 조금씩 다르게 적용하기도 했다. 학급 학부모회마다 회장이 참여해서 취지를 설명하기도 하고, 학년 학부모회로 다모임을 하기도 했다. 여전히 임원들 수준의 모임을 하고 있지만 소통의 끈을 놓지 않고 있다. 지금은 학부모들이 자주 사용하는 SNS를 활용해 회의 공지, 회의 결과 등을 꾸준히 올리면서 언제든지 참여하도록 문을 열어놓고 있다.

　회의록도 중요하다. 일반 조직에 비해 조금 느슨하게 진행되는 회의의 특성을 감안해서라도 회의 말미에 반드시 회의 내용을 정리해서 재확인하는 것이 필요하다. 회의에 참석하지 않았어도 누구나 의견을 내고 참여할 수 있다는 안내도 잊지 않았다. 졸업하고 나면 인수인계가 쉽지 않은 측면을 고려해서 돌아보기 회의를 통해 활동 목표에 따른 성과뿐만 아니라 필요한 물품 등의 팁을 남겨놓으면 유용하게 쓰인다.

　학부모회를 하면서 이룬 가장 중요한 변화는 '회비를 내지 않는 학부모회'를 만들었다는 것이다. 회비에 대한 부담 때문에 학부모회 임원은 생활에 여유 있는 사람이 하는 것이라는 편견이 있다. 반 대표가 되어도 식사 대접을 해야 한다는 강박이 있는데, 학부모 회장은 오죽하랴. 나부터 학부모들에게 식사 대접을 하지 않았다. 끊임없이 회비는 필요 없다는 것을 강조했다. '찻값'을 쓰지 않기 위해 회의도 학교에서 했다.

학교에서 회의를 하면 좋은 점이 참 많다. 우선, 수시로 학교에 드나들면서 학교 문턱이 낮아지고 편안해진다. 선생님들이 어려운 것도 한두 번이지 자꾸 뵙다 보면 스스럼없이 대하게 된다. 여기서 절대 내 아이 이야기를 해서는 안 된다는 것을 잊지 않았으면 좋겠다. 제대로 된 회의를 할 수 있다는 것도 중요한 장점이다. 밥을 먹거나 차를 마시면서 이야기하다 보면 공식적인 회의를 하기 힘든 상황이 된다. 회의는 회의대로 하고, 사교 모임은 따로 하자.

특히 아이들 간식 때문에 회비를 걷는 경우가 참 많다. 체험학습을 가거나 체육대회를 할 때 학급별로 간식을 돌리기도 한다. 이를 절대 금지시켰다. 원래 학교는 단체 생활이기 때문에 질병 등의 이유로 교내에 급식 외 음식 반입을 하지 않는 것이 원칙이다. 누군가 간식을 돌리면 아이든 부모든, 주목을 받는다.

가끔 활동에 필요한 재료가 집에 많으니 가져오겠다고 하는 경우가 있다. 감사히 받겠지만 그로 인한 어떠한 혜택도, 주목도, 심지어 감사의 말조차도 기대하지 마시라고 미리 못 박아둔다. 오른손이 한 일을 왼손이 모르게 해야 진짜 봉사인 것이다.

졸업하는 아이들에게 학부모 회장 이름으로 주는 장학금도 있었는데 정중히 사절하고 아예 없애버렸다. 장학금이 부족하면 지역에서 기금을 조성하면 된다. 학부모회가 후원 단체로 변질되지 말자는 강력한 의지의 표현이었다.

지금은 김영란법이 통과되면서 학교뿐만 아니라 함부로 식사를 대접하거나 회비를 걷기 어렵게 되었다. 그럼에도 암암리에 회비를 걷는 학교가 많다. 의논도 없이 음료수를 돌린 후 반 대표에게 음료수 값을 청구하는 경우도 있고, 회비에 대해 문제 제기를 하면 1년 동안 회의하면서 먹을 밥값을 미리 받는 것이라고 눈 가리고 아웅 하는 경우도 있다. 교육청에서도 학부모들이 회비를 걷는 것을 각종 모임을 유지하는 사적인 비용으로 치부하고 모른 척한다. 사적인 모임이라면 학부모회라는 이름을 내걸지 않아야 한다. 자율적으로 걷는다고는 말하지만 관례처럼 회장은 얼마, 반 대표는 얼마라고 정해진 회비를 학부모 개인이 거부하는 것은 쉽지 않은 일이다. 회비를 전제로 한 학부모 활동은 공정성 시비에서 자유로울 수 없다.

학부모가 학교참여를 하게 된 역사를 돌이켜볼 때, 초창기에는 학교 재정의 부족을 채우기 위해 반강제적으로 동원되었기 때문에 학부모 회비가 모임의 주요한 목적일 수밖에 없었다. 그러나 지금은 학교교육을 자발적으로 지원하는 단계를 넘어서서 법률적, 제도적으로 독립적이고 주체적인 조직이 되었다. 그럼에도 학부모들의 의식에는 여전히 재정 지원, 즉 후원자로서의 역할이 내재화되어 있다.

그런 의미에서 학부모 예산 공모사업은 학부모회의 자립에 중요한 기능을 한 것이다. 학부모회 활동만 보자면, 예산이 필요 없다. 그러나 학부모 활동을 다양하게 해보려고 한다면, 회비를 걷을 것이 아니라 교육청이나 지자체에서 지원하는 각종 공모사업을 활용하면 된다. 교육청만 해도 대표적으로 학부모 학교참여 지원사업, 주민참여예산제, 아버지 캠프 공모 등이 있다. 시청에도 동아리 지원사업, 주민참여예산제, 건강가족지원센터 내 각종 연수 등이 있다. 학교 예산에서 학부모 예산을 따로 책정하도록 권장하지만 학교 예산으로 부족하다면 공공기관의 예산을 적극 활용하자.

그동안 온갖 공모사업을 해본 결과, 학부모 학교 활동에 드는 비용 중 가장 많은 비중을 차지하는 것이 회식이다. 그동안 나는 회식에 대해 부정적이었다. 특히 학부모와 교사 간의 회식은 최소화할 필요가 있다. 불가근불가원, 적당한 거리 유지가 필요하다고 본다. 아무래도 절제되지 못하고 사적인 영역을 넘나드는 이야기가 오가기 때문이다. 대체로 학부모와 교사 간의 회식은 학교 예산에 책정되어 있거나, 교장의 업무 추진비로 가능하다. 이걸 굳이 학부모가 내면서 접대 문제를 일으키지 말자는 것이다.

학부모들 간의 회식은 관계 유지를 위해 적절히 필요하다고 생각한다. 그것도 한 학기에 한 번 정도면 족하다. 이 또한 대부분 학교에서 단위별 활동비가 책정되어 있어 회식에도 굳이 개인 회비는 걷지 않는다. 이제 우리 학교는 회비가 없다는 것을 당연시하는 문화가 정착되었다. 회비가 없으니 희한하게도 학교에 오가는 학부모들의 복장도 간소화되었다. 그만큼 마음 가볍게 학교에 올 수 있게 된 것이 아닌가 싶다.

학부모회 운영비에서 또 다른 비중은 학교 체육대회나 축제 때 먹거리 부스를 운영하는 것이다. 이것도 줄여 나갔다. 학교에서 급식도 정상적으로 나오는데 학부모들이 만든 군것질거리 때문에 급식을 반도 안 먹고 버리는 것이 마음에 걸렸다. 특히 체육대회 때는 질서가 무너지는 일도 많다. 먹거리 부스를 해야 할 때에는 용돈이 없는 아이들을 위한 무료 이용 쿠폰을 마련했다. 설문조사 등의 간단한 참여로 쿠폰을 받을 수 있게 해서 쿠폰을 가져온 아이들에게는 학부모들이 눈치껏 이것저것 얹어주었다. 어차피 수익금이 생겨도 아이들을 위해 쓰이기 때문에 과정에서 소외받는 아이들이 생기지 않도록 최대한 배려했다.

그보다 더 마음이 쓰이는 부분은 학부모들이 먹거리를 마련하는 일 자체였다. 왜 학부모들은 행사에 참여하지 못하고 항상 뒷바라지나 주변인이 되어야 하는가? 학생들이 행사의 주인이라면, 먹거리도 스스로 해결하는 것이 맞다. 축제 때 내 아이 공연도 못 보고 일에 매여 뛰어다니다 아쉬워하는 모습을 볼 때마다 무엇이 우선인지 다시 생각하게 된다.

학부모회 임원들이 학교 행사를 지원하는 역할을 하면, 학부모는 수고한 것에 대한 보상 심리가 생기고 학교는 감사의 표시를 해야 한다는 부담감을 가진다. 내 아이들이 다니는 학교니까 당연히 봉사한 거라고 말하지만, 결국 오가는 정이라는 미명하에 이런저런 보상을 받는다. 학부모회 임원들의 자녀들에게만 특별 수업을 한다거나 특별 진로 상담을 해주는 학교도 있다고 한다. 하다못해 교장 선생님의 식사 대접이라도 이루어지곤 한다. 작지만 큰 차별, 편애가 생기기 시작하는 지점이다.

학부모 회비도 문제지만 이런 민감한 상황을 줄이기 위해서라도 학교 행사를 지원하는 활동은 피하는 것이 좋다. 그래도 아이들의 즐거움을 위해서 무언가를 하고 싶다면 돈이 안 드는 활동을 하면 된다. 돈 쓰는 활동이 생각보다 많이 힘들다. 돈을 쓰기 위해 일부러 학부모들을 동원해야 하는 경우도 있다. 게다가 돈 쓰는 사업을 하다 보면 정작 관심을 가지고 지켜봐야 할 교육적 지향을 놓치기 쉽다. 학부모는 마음을 내고 회의에 참여하는 것만으로도 충분하다.

학부모회는 일상적이고 기본적인 조직

2013년에 드디어 학부모 상주실이 생겼다. 처음 상주실이 생겼을 때 우리의 기쁨은 말로 다 표현할 수 없었다. 그동안 온갖 눈치를 보면서 도서실로, 벤치로, 교장실로 돌아다니면서 회의를 했었다. 우리 공간이 생긴 기념으로 상주실 이름 공모를 했다. 당선작에게 학교의 지원으로 10만 원 상품권을 내걸었다. 일주일 간 모집한 결과, '모루방'이라는 이름으로 결정되었다. 대장간에서 달궈진 쇠를 두드리는 판이 모루인데, 단단하게 받치는 곳이라는 뜻을 담고 있다. 모루방에서 우리는 교육의 근본을 단단하게 받치는 학부모회가 되고 싶었고, 모루처럼 담금질을 통해 단단해지는 학부모가 되기를 바랐다.

눈에 보이는 공간이 생기니까 이곳을 쓰는 대상이 누구여야 하는지 눈에 보이는 듯 확실해졌다. 학부모 전체의 공간이 되게 해야 한다는 분명한 사실 앞에 깊은 고민이 시작되었다. 당연히 학부모 누구나 쓸 수 있는 곳이어야 하지만 잠겨 있는 상주실을 보면서 어느 누가 내가 써도 되는 곳이라고 생각하겠는가? 나도 예전에 다른 학교 상주실을 지나치면서 당연히 학부모 임원들이 사용하는 곳이라고 여겼지, 학부모로서 사용 권한이 있다고 생각해본 적이 없다.

누구나 쓸 수 있는 공간이 되게 하려면 상주실을 카페처럼 운영해야 학부모들이 편히 드나들겠구나, 그렇다면 누군가는 공간을 관리해야 할 것이고 어쩌면 그것이 학부모 임원의 몫이겠구나 싶었다. 그러나 임원들 누구도 그것을 기꺼이 받아들이지 못했다. 결국 우리가 하고 싶은 일만 하고 있었던 것이다. 임원이란 무엇인가를 다시 생각해보게 하는 지점이다.

반면 어쩌다 한 번씩 회의에 나와서 아이들을 위해 좋은 아이디어를 내놓으면서 본인은 할 시간이 없으니 임원들이 해달라고 하는 사람도 있다. 임원을 중심으로 활동을 하게 되는 이유가 되기도 한다. 그러다 보면 결국 기본 활동은 놓치고 우리처럼 임원들이 온갖 학부모 참여사업을 하게 되는 것이다.

여기서 기본 활동이란, 생각을 나누는 자리를 마련하는 것을 말한다. 회의나 모임이라는 이름으로 해오던 것인데, 학생들의 교육 활동을 지원하는 회의가 아니라 학부모들의 만남을 우선으로 하는 것이다. 만나서 반가운 얼굴이 되어야 학교교육을 통해 아이들에게 전해야 할 것은 무엇인지, 그것을 어떻게 해낼 것인지 등 본질적 질문을 나누고 모으고 함께 만들어가는 것이 가능하기 때문이다.

또한 교실이나 가정에서 교육이 잘 이루어지고 있는지 돌아보고, 그렇지 못하다면 어떤 이유로 그런지 살펴보는 일을 해야 한다. 교육 방향을 제대로 잡았는지, 방법은 옳았는지, 다음 해에는 어떤 부분을 보완해야 하는지 등 교육과정과 운영에 있어 직접적이고 주체적으로 참여하는 것이 학부모회의 기본 활동인 것이다.

회장과 임원의 역할은 이와 같은 기본 활동을 착실히 이어가는 것이다. 학교를 지원하는 일에 매몰되지 않도록, 기본 활동이 뒷전이 되지 않도록 중심을 잡아야 한다. 거기에 보태어 회원들이 하고 싶은 일이 있다면, 그것을 마음껏 할 수 있도록 장을 열어주면 된다. 특별한 능력과 재주를 필요로 하는 활동보다는 누구나 쉽게 접근할 수 있는 활동을 우선으로 하자는 활동 기준을 가지면 더 좋겠다. 그래야 서로 협력을 통한 성장이 가능하기 때문이다. 개인의 능력을 키우는 교육이나 활동은 자치센터나 문화센터에서 하면 된다. 학부모 활동은 개인의 능력이 아니라 협력을 통해 서로 존재적 소중함을 느끼는 데 의미가 있다. 활동 기준을 함께 세우면 우리가 매해 학부모 활동을 모색한 것처럼 학부모회의 정체성에 맞는 활동인지, 학교교육 목표에 맞는지 그때그때 점검하는 효과가 있다.

학부모회 활동은 반상회 같은 것이다. 반상회는 이웃과 정기적으로 만나 의사소통하고 행정적인 공시사안을 나누는 모임이다. 나는 학부모회가 반상회같이 일상적인 조직이어야 한다고 생각한다. 물론 반상회의 유례가 일제가 조선인을 통제하기 위한 수단이었다고 하고 지금도 관 주도의 반상회가 가끔씩 입길에 오르기는 하지만 학부모회는 반상회같이 일상적인 조직이어야 한다. 특별한 당면 과제가 있다면 좀 더 시간을 내고 힘을 모아야 하지만, 그렇지 않을 때는 별문제는 없는지 돌아보고 그때그때 서로의 안부를 묻는 것이 주 내용이다. 관계를 맺고 신뢰를 쌓아가는 것이다. 삶의 맥락을 알아야 교육적 지향을 공유하기 쉽기 때문이다.

반상회를 이끄는 반장 중에 이웃 문제에 좀 더 관심이 있는 분들은 적극적으로 일을 할 테지만, 그렇지 않은 이들은 그저 정해진 부분을 점검하는 것만으로 끝내기도 한다. 반장을 오래 하는 경우도 있지만 대부분 서로 돌아가면서 그 역할을 맡는다. 대체로 1년쯤은 큰 어려움 없이 반장의 역할을 해낸다. 특별히 리더가 필요 없는 시민의 시대이다. 대표는 자리를 깔아주는 사람이다. 그것이 리더십이다.

아파트 동 대표를 떠올려볼 수도 있다. 반상회는 서로의 생활을 확인하고 전달 사항을 전하는 정도의 모임인데 반해, 아파트 동 대표는 공동의 목표를 가지는 경우가 많다. 좀 더 나은 삶을 위해 무언가 시도하곤 한다. 대표들의 성향에 따라서 집값을 올리기 위한 노력을 하기도 하고, 자치 동아리를 만들기도 하고, 주민 시설이나 행사를 운영하기도 한다.

학부모회는 '교육'이라는 공동의 목표를 가지고 있기도 하다. 자녀의 교육은 학교 안에서 합의된다고 해결되는 것이 아니라 수많은 사회적 요소에 따라 변화무쌍하게 영향을 주고받기 때문에 단위를 초월한 사회적 고민이 필요하다. 반상회나 동 대표보다 훨씬 우리 가정에 직접적인 영향을 미치기도 하고, 미래 사회의 기반이 되는 시민을 키우는 일이기 때문에 책임이 막중하다. 너무나 막중해서 우리는 이를 전문가에게 미루고 외면해왔다. 마치 정치와 종교 이야기는 대화의 장에 올리면 안 된다는 불문율처럼 교육에 대해서도 전문적인 분야니까, 모르니까 참견하면 안 된다고 핑계를 대곤 했다. 그러나 이제 전문가의 시대는 끝났다. 정치도 교육도, 시민이 만들어가는 시대다.

사실 학교야말로 우리가 가장 궁금해하고 걱정하는, 그야말로 삶의 질과 밀접한 관련이 있다. 학교생활이 아이 생활의 대부분이고, 공부뿐만 아니라 친구 관계, 선생님과의 관계가 아이 삶의 대부분이다. 그런 아이의 일상에 대해 학부모들이 만나 이야기하는 자리가 학부모회여야 한다. 불편하다고, 조심스럽다고, 외면하지 말고 내 아이가 살고 있는 현재를 바라보아야 한다. 그래야 아이가 누릴 행복과 미래에 대한 희망이 보인다. 우리 사회는 이제 서로 안부를 묻는 사회가 아니라고, 학부모들 간에 안부를 묻는 것이 가능하겠냐고 말한다면 교사가 내 아이에게 관심을 기울이고 삶을 들여다보아주길 바라는 마음도 접어야 한다.

인드라망이라는 말이 있다. 불교 용어인데 세상 모든 숨 쉬는 인간, 새, 물고기, 들짐승 들이 근본적으로 서로 지탱하며 살고 있다는 뜻이다. 이미 더 이상 이웃이라는 말이 따뜻하게 여겨지지 않을 만큼 개별화되었다고는 하지만, 아이들에게 어떤 세상을 물려주고 싶으냐고 물으면, 백이면 백 인드라망처럼 연결되고 기댈 수 있는 지속 가능한 세상이라고 할 것이다. 반상회든 인드라망이든 그 무엇이든, 아이들에게 물려주고 싶은 세상을 만드는 학부모회가 되려면 일상적인 만남을 기본 활동으로 해야 한다.

지난 겨울과 봄, 광화문광장을 뜨겁게 달궜던 천만 촛불 시민들이 독일 에버트 재단의 '2017 에버트 인권상' 수상자로 선정되었다. 민주적 참여권을 모범적으로 실행했다는 것이 선정 이유였다. 우리가 한 일은 무엇인가? 광화문광장에 모여 앉아 있었던 것뿐이었다. 당시에는 이러고만 있어도 되는 건가, 좀 더 뭔가 해야 하는 것 아닌가 싶은 조바심도 있었으나, 우리는 한자리에 모여 앉는 것이 무엇보다 중요하다는 것을 직감적으로 알고 있었다. 오로지 모여 앉았다. 학교 혁신을 위해 필요한 것 역시 바로 이것이라고 생각한다. 학부모들이 모여 앉는 것, 광화문광장에 모여 앉아 우리가 이 땅의 주인임을 증명했듯이, 우리가 학교의 공동 주인이라면 정기적으로 모여 앉아야 한다.

도시에서는 학부모 회장이나 운영위원을 서로 하겠다고 눈치

작전을 벌인다는데 그런 사람들은 다 어디에 갔는지 모르겠다. 우리는 언제나 근근이 이어져오고 있다. 신기한 것은 내년에는 정말 학부모회를 이어갈 사람이 없다고 걱정하다가도 연말이 되면 어디선가 전혀 생각지도 못한 사람이 나서곤 한다는 것이다.

조합원의 의지로 운영하는 세계적인 협동조합도 회의 참석률이 30퍼센트를 넘기기가 힘들고 대통령 선거도 50퍼센트를 간신히 넘긴다고 하니, 학부모 모임이 잘 안 되는 것을 너무 걱정할 필요는 없다고 생각한다. 아직 특별히 건의하고 제안할 만한 일이 없는 것이니 교육에 큰 문제가 없다는 방증이기도 하지 않는가. 어느 조직에서나 일할 사람은 부족하다. 있는 사람에게 최선을 다하고, 각자의 역량에 맞게 융통성을 가지면 되지 않을까 싶다.

다만 매년 새로운 회장이 처음부터 시작하지 않고 그동안 해온 것을 이어갈 수 있도록 기준을 만들 필요가 있다. 그런 의미에서 우리는 〈학부모회 안내문〉을 만들어 학부모회가 무엇을 하는 곳인지 명확하게 적시하고, 우리 학부모회가 지향하는 방향성과 활동 내용, 학부모의 약속 등을 담았다. 〈학부모회 안내문〉 한 장을 가지고 매년 새로운 해석이 시도되고 이전 활동을 변화, 발전시킨다. 특별할 것 없는 안내문을 보고 학부모회가 이런 곳인 줄 몰랐다며, 도움이 되고 싶다는 학부모를 만날 때 가장 뿌듯하다. '우리들'이 학부모회를 맡은 이후로, 매년 그런 사람이 회장을 하고 있다.

'우리들' 다음에는 학교폭력에 연루되면서 학부모회를 알게 된

분이 회장직을 맡았다. 치맛바람을 싫어해서 학교 근처에도 오지 않았었는데, 학부모회 활동을 하면서 인생이 바뀌었다고 한다. 회복적 생활교육을 학교 방침으로 받아들이게 한, 혁혁한 공을 세운 분이다. 학부모님들을 만날 때마다 "나도 학부모회가 이런 건 줄 몰랐다. 알고 보니 이렇게 좋은 거더라"라는 이야기를 지치지도 않고 했다.

회복적 생활교육을 하려면 아이들을 격려하고 응원하는 노력이 많이 필요한데, 회장 옆에서 아낌없이 지지와 지원을 하던 분이 있었다. 주변 이웃들에게 소개도 많이 해주고 동네방네 찬양하는 수준으로 회장의 활동을 응원했다. 결국 그분이 다음 대 회장이 되었다. 아이들에 대한 애정과 헌신만으로 학부모 회장을 할 수 있다는 것에 스스로 감동하며, 자신이 회장이 되는 것이 학교에 도움이 된다면 기꺼이 하겠다고 나서주었다.

그다음 해에는 그동안 하던 사람들이 전부 다 졸업하게 되었다. 왜 1, 2학년들을 좀 더 적극적으로 꼬셔보지 못했나 후회했지만, 사실 우리 마을에는 맞벌이 부부가 정말 많다. 한 반에 전업주부가 단 한 명도 없는 학급도 있다. 이제는 일하는 사람이 회장을 해도 부담스럽지 않은 학부모회가 되었으면 좋겠다.

학부모 회장을 해본 사람들은 잘 알겠지만 오라는 곳이 정말 많다. 학교 내 온갖 모임, 지역 교육청, 도교육청, 학부모 단체와 지역 단체까지 대낮에 수시로 불러댄다. 그러나 사실은 모두 안 가도 된다. 학교의 모든 모임은 저녁에 해도 된다. 그 어떤 모임보다 학부모들과의 모임을 가져야 한다. 학부모회가 해야 할 기본 활동은 학급 학부모회, 학년 학부모회가 정기적으로 이루어지는 것, 그리고 학교의 교육 철학, 교육 방향, 교육 내용을 구성원들과 지속적으로 확인하고 공유하는 것이다.

결국 학부모총회에서 그해 전학 온 분이 회장으로 선출되었다. 학부모회가 이런 방향성을 가지고 활동하는 곳이라면 경험은 없지만 할 사람이 없다고 하니 자신이 해보겠다고 했다. (회장은 돌아가면서 맡는 게 좋다. 적극적인 활동은 활동력 있는 학부모들이 하면 된다.) 아무리 사람이 없다고 해도, 회장이 나오면 그를 중심으로 임원진이 또 꾸려진다. 학부모 임원들에게 왜 학부모회 활동을 하게 되었냐고 물으면 각자 크고 작은 사연들이 있다. 대부분은 아이에게 이런저런 일이 생기면서 학교에 관심을 가지게 되었고, 내 아이의 교육을 그냥 학교에만 맡겨두어서는 안 되겠다는 생각이 들었다고 한다.

자신의 아이 때문에 학교 임원을 맡은 분들은 고심을 한다. 아무런 계기가 없는 학부모들에게 학교 일에 관심을 가져달라고 설득할 이유를 스스로 찾지 못하는 것이다. 그러나 아이의 교육에 관심을 가지는 데 무슨 이유가 필요한가. 학부모회는 그저 내 아이가 다니는 학교의 일상을 나누는 곳이다. 학부모라는 이유만으로 함께하는 곳이다.

최고의 교육 방법은 회의다

아래로부터의 회의

학부모와 소통하는 길은 여러 가지가 있겠지만 가장 확실하고 민주적인 방식은 바로 회의다. 회의에는 두 가지 종류가 있다. 아이디어를 모으기 위한 것과 합의점을 도출하기 위한 것이다. 좋은 활동을 하기 위해서는 아이디어를 모으기도 해야겠지만 그 이전에 목표를 정하고 방향성을 잡는 것부터 합의해야 한다. 합의에는 구성원들의 의견을 듣고 협의하는 과정이 반드시 필요하다.

"최고의 교육 방법은 회의다"라는 말이 있다. 사람은 대부분 자기가 생각하는 대로 행동한다. 누군가의 생각을 바꾼다는 것은 정말 힘들다. 하지만 회의를 통해 참여자의 아이디어를 골고루 이끌어내고 서로 다른 의견을 조율하고 실행으로 옮기면, 그 과정에서 자기효능감과 충만감을 느낀다. 또한 합의와 협의의 과정을 거치면서 경청과 소통, 양보, 배려, 협동 등 공동체 정신을 배운다.

구성원의 특성에 맞게 회의할 수 있는 조건을 갖추면 실행력을 높이는 데 더욱 효과적이다. 시간을 조절해서 누구나 참석할 수 있는 기회를 부여하고, 언제든 편하게 의견을 말할 수 있는 최소한의 구성과 신뢰 관계를 구축하고, 목표에 걸맞은 주제, 내 의견이 반영된 활동 내용과 자발적인 역할 분담 등의 조건이 충족된다면 대부분 내 의견대로 되었다는 만족감을 느낀다.

처음 학부모회를 시작할 때 우리는 임원들과도 제대로 된 회의를 하지 않았다. 애초에 학교에서 학부모회에 관심도 없었고, 초등학생과는 달리 학부모의 손이 가는 활동을 하지 않아서 이름만 올려놓는 조직이었기 때문에 회의를 한다고 해도 거의 오지 않았다. 우리도 우리끼리 충분히 재미있고 만족스러워서 굳이 임원들을 모으려고 애쓰지 않았다. 우리의 노력으로 아이들의 변화가 생겨나는 즐거움도 우리들끼리 누렸다.

그런데 어느 순간부터 학교가 우리를 학부모를 대표하는 사람으로 대하지 않았다. 학부모 의견이라고 말하면 누가 그랬냐고 되묻거나, 같이 일하는 사람이 몇 명이나 되느냐는 식으로 빈정거렸다. 처음에는 학교에 화가 났는데 생각할수록 우리의 문제였다. 우리에게는 하부 조직이 없었던 것이다. 투표로 우리를 선출해준 것은 맞지만, 우리의 말에 힘을 실어줄 그 누구도 우리 뒤에 없었던 것이다.

대표로서 말에 힘이 실리려면 학년 학부모회, 학급 학부모회라는 하부 조직이 굳건해야 한다. 잘 모이지 않아도 학년 학부모회의와 학급 학부모회의를 꼭 열도록 독려하는 이유는 구성원들의 의견이 담긴 '말'이 있어야 우리에게 대표성이 부여되기 때문이다.

우리는 서클이라는 이야기 모임을 통해 구성원들의 의견을 받고 있다. 서로를 마주 보고 둥글게 앉아 이야기할 수 있는 구조이다. 편안하게 내 이야기를 할 수 있으려면 가능한 한 작은 규모로 모임을 하는 것이 좋다. 내 속을 드러낼 수 있어야 진짜 이야기가 나온다. 그러나 이 '진짜 이야기'가 진짜 학부모의 의견이 되려면 개인적인 내 이야기가 학교공동체에서 어떻게 교육적으로 발현될 수 있을까 하는 생각을 이끌어내야 한다. 이것이 서클 질문의 힘이다. 좋은 질문은 혁신을 이루어낸다. 이렇게 만들어진 '학부모 의견'은 누구도 무시할 수 없는 강력한 힘을 가진다.

경기도교육청에서 미래교육 실현을 위해 '교육자치'가 최우선 과제임을 강조했다는 뉴스를 들었다. 교육자치에 이르는 첫 번째 길은 아래로부터 회의를 하는 것이다. 그러나 아직은 정해진 결론을 내리기 위한 절차로 쓰이거나, 목표도 제시하지 않고 자유롭게 내버려두는 것을 자치라고 착각하기도 하고, 다수결이라는 민주적 방식을 잘못 사용해 소수의 의견을 무시하기도 하며, 학생회 등 특정 집단이 학생들의 의견을 대신하고 있어 아직 갈 길이 멀다.

학교에서 학부모의 동의를 받아야 하는 경우에 설문조사를 하는 이유도 아래로부터의 의견을 받기 위함이다. 그러나 성의 있는 정보 없이 단순한 투표로 나타나는 선호도의 총합이 되어버리면서 제 역할을 못하는 것이다. 우리 학교에서도 학교 축제를 학생회에 맡겼는데 반별로 의견을 구하지 않고 학생회 임원들끼리 축제를 기획했다가 학생들이 등을 돌려 낭패를 본 적이 있다. 우리가 많은 학부모 활동을 하면서도 학부모들로부터 외면을 당한 것과 같은 경우다.

서울시교육청에서도 얼마 전 '3개년 학생인권 종합계획(2018~2020)'이 나왔다. 2012년에 도입한 학생인권조례를 더욱 구체화해 상벌점제를 폐지하고, 참정권을 주고 수업 시간에 정치 토론을 할 수 있게 한다는 내용이다. 자치에 대한 열망이 담긴 현장의 목소리를 반영한 내용이라 기대된다. 현실적으로 가장 눈에 띄는 것은 학교운영위원회에 학생 참여를 의무화하는 법을 개정한다는 것이다. 환영할 만한 일이지만, 현재 학부모운영위원처럼 형식적인 구색 갖추기가 될까 봐 우려스럽다. 학생 대표로서 전체 학생들의 의견을 수렴하고 협의하는 과정이 작동되어야 한다. 학생위원이라는 자리만 내주는 것으로 끝나지 않도록 세심한 지도가 선행되었으면 좋겠다. 아래로부터의 힘을 실천하는 학생운영위원이 되기를 바란다.

숙의제 민주주의

지역 교육청에서 학부모회를 지원하는 업무를 맡은 적이 있다. 1년 남짓의 짧은 기간이었지만 덕분에 본격적으로 학부모 활동의 다양한 사례와 모델을 살펴볼 수 있었고, 학부모 관점에서 벗어나 교육 체계 전반을 바라볼 수 있는 기회를 가졌다.

혁신학교의 모델이라고 불리는 학교들과 우수 학부모회로 꼽히는 학교를 찾아다니며 학부모의 역할에 대한 깊이 있는 토론을 나누었다. 특히 남한산초등학교에서 많은 도움을 받았는데, 사실 남한산초는 일반 학교와는 다른 배경을 갖고 있다. 그러나 그동안 우리가 학교에 대해 가지고 있던 틀을 깨고 학교의 본질을 돌아보고, 학부모라는 주체가 무엇을 해야 하는가를 다시 생각해보는 기회가 되었다.

그들은 직접 민주주의를 학교에서 실천하고 있었다. 하나의 안건이 각 주체별 회의로 논의되고, 아래에서 위로 전달되어 결정되고, 다시 단위별로 실행되고 실천하는 체계이다. 무엇보다 하나의 교육 목표를 정하기 위해 모든 구성원이 끊임없이 토론과 교육을 반복하고, 정해진 목표를 향해 다 같이 실천하고 되돌아보는 숙의제를 당연시하고 있었다.

우리가 하는 학교운영위원회나 학부모회는 주로 간접 민주주의제이다. 각 주체를 대표해서 학교운영위원들이 구성원들의 의견을 대신한다. 학부모회도 주로 각 대표들만으로 구성되고 이들끼리 논의한다. 전형적인 대의제이다. 조직이 너무 커서 직접제를 하기 어려울 때, 또는 모든 구성원이 지속적인 관심을 갖기 힘들 때, 모든 구성원이 알기에는 지나치게 전문적인 내용일 경우에 대의제가 필요하다.

남한산초에서는 모든 주체가 충분히 직접제로 참여할 수 있는 규모이고, 또한 직접제가 반드시 필요하다고 판단했던 것이다. 가장 큰 이유는 참여 의식 때문이었다. 학교와 가정 그리고 지역사회가 교육적 지향과 실천 내용을 충분히 동의하고 함께 이루어나가야 교육이 제대로 이루어진다고 본 것이다.

같은 이유로 나는 학부모회가 직접제로, 숙의제로 운영되기를 바란다. 숙의제는 합치와 적극적 동참이 필요한 경우에 효과적이다. 교육이야말로 합치와 적극적 동참이 있어야 이룰 수 있다. 실제적인 숙의가 선행될 때만이 진정한 참여가 이루어진다.

학교교육의 불만과 문제점이 그 어느 때보다 많이 표출되고 있는 요즘이다. 지나치게 많은 것을 가르치지만 꼭 배워야 할 고갱이는 놓치고, 사교육과 교육 격차 등의 문제는 학부모들의 삶을 위협하는 것을 넘어 사회를 기형적으로 만들고 있다. 이제는 우리가 손을 들어 교육의 방향성을 가리키고 지표를 마련해야 하지 않을까? 그것이 학부모회가 해야 할 가장 중요한 교육 주권자로서의 활동이 아닐까?

남한산초가 혁신학교의 모델이 되면서 혁신교육을 이루려면 무엇이 필요한지 파악하기 위해 많은 분이 연구해왔다. 학교 문화, 교육과정 재구성, 교사의 역할 등 여러 연구 자료가 있지만, 혁신의 중요한 한 축이었던 학부모의 역할에 대한 연구 자료는 찾아보기 어렵다. 남한산초 학부모들이 학교를 살리기 위해 모인 특별한 사람들이기 때문이라면, 그 당시 남한산초의 교사들이나 교장 선생님도 마찬가지로 특별한 분들이었다. 그럼에도 남한산초를 모델로 삼아 많은 학교가 혁신학교를 일반화하고 있다. 남한산초의 학부모들은, 학교의 3주체임을 분명히 인식하고 있었고, 학교의 교육 철학과 교육 내용을 함께 고민하고 실천했다는 점에서 특별하다. 남한산초등학교가 추구해야 할 교육 목표 한 가지를 내오기 위해 1년여를 토론하고 합의하는 데 학부모도 함께했다고 들었다.

혁신의 시작은 우리가 나아가야 할 방향을 구성원 모두가 함께 내오는 것부터여야 할 것이다. 어쩌면 그들의 활동은 특별할 것이 없었다. 우리가 아는 민주적인 조직의 본모습을 실제로 구현했을 뿐이다.

우리 학교 〈학부모회 안내문〉에는 학부모회의 위상과 역할, 학부모의 약속이 담겨 있다. 많은 학부모가 이 안내문을 보고 학부모회에 호감을 갖게 되었다고 긍정적으로 평가한다. 그러나 이 안내문을 보면 부끄러운 마음이 앞선다. 학부모들의 의견을 듣고 논의를 거쳐 내온 결과물이 아니라 몇 명의 임원들이 만들어내서 학부모들에게 나누어준 것이기 때문이다. 학부모들의 의견을 담아가는 과정을 외면하고 학부모 스스로 의지를 다질 수 있는 기회를 만들지 못했다. 준비가 부족해도 그때부터 논의 과정을 거쳤다면 학부모회에 대한 인식이 한층 높아졌을 것이다.

지난 광화문 촛불 시대를 지내오면서 대한민국은 지금 직접 민주주의를 실현하는 중이다. 숙의제 민주주의의 한 방식으로 원탁 토론이나 광장 토론을 하는 시민의 목소리를 경험하지 않았는가. 대통령 선거에서도 깊이 있는 토론을 요구하는 시민의 목소리가 높아지는 것은 숙의제에 대한 시대적 요청이기도 하다. 이제 더 이상 다수의 의견만이 민주주의라고 생각하지 않는 시대이다. 다수결이 언제나 옳은 결정을 내릴 수 없다는 것을 잘 알기 때문에 깨어 있는 지성을 필요로 하고, 시민 토론회와 같은 협의 및 합의의 과정이 전제되어야 한다.

주체 의식이 강해진 우리 아이들은 이제 더 이상 자발적 동기 없이 무언가를 실행하지 않는다. 그래서 숙의제는 학교자치, 학생자치의 선행 조건이다. 숙의제는 토론 문화뿐만 아니라 경청, 배려, 존중, 합의, 협동, 공동체성을 강화하면서 수업의 방식과 내용을 바꿔가는 등 교육의 지평을 넓혀갈 것이다. 학교가 아이들을 바꾸는 것이 아니고 아이들이 학교를 바꾸게 될 것이다.

교육 패러다임의 변화로 새로운 학력 시대를 열기 위한 여러 가지 개선 방안이 시도되고 있다. 학교장이 교육 비전을 창출하고 학교 경영 계획을 제시하면 구성원들이 그 뒤를 따르던 시대는 지났다. 교사들이 교육 비전을 공유하기 위해 생각을 모으고 도전 정신을 일깨우고 하나의 대안을 만들어간다. 마찬가지로 새로운 학력관이 학교 현장에서 교육적 대안으로 자리 잡기 위해서는 교육 구성원 모두가 생각을 모아야 한다. 바로 숙의다.

학교자치는 협동조합 운영 원리처럼

바야흐로 협동조합의 시대다. 각 분야에서 협동조합이 시도되고 있고, 학교에서도 협동조합 방식의 교내사업 및 마을사업을 진행하고 있다. 이미 영국에서는 협동조합학교가 빠르게 성장하고 있다.

협동조합학교는 자조, 자기책임, 민주, 평등, 형평성, 연대라는 협동조합의 기본 가치를 존중하고 학교 이사회를 협동조합 방식으로 운영하는 학교를 말한다. 조합원으로 학생, 교사, 학부모, 교직원, 지역사회가 모두 참여한다. 일반 학교들이 협동조합학교로 전환하면서 성과와 실적이 눈에 띄게 좋아졌고, 학생들이 더 적극적으로 민주주의 가치를 배우고 실천하며 성적 향상과 공동생활 참여 등 정성적인 성과까지 올라갔다고 한다.

영국의 경우, 협동조합의 이념적 가치를 학교운영과 학생들의 교육 활동에 녹여내는 것을 주된 목적으로 하기 때문에 교육 커리큘럼이나 교육 방식에 있어 협동 정신이 내재해 있다. 그에 비해 국내 협동조합운동은 청년창업 육성과 지역사회와 연계한 교육공동체 구현에 그 목적을 둔다. 우리도 자치 활동 경험을 통해 청소년의 민주시민 자질을 함양하는 데 더 무게를 두어야 하지 않을까? 물론 우리도 좋은 협동조합 사례들을 만들고 있다. 그런데 사업 내용이 아니라, 어떤 원칙을 적용해 운용했는지를 들여다볼 필요가 있다.

영국의 협동조합학교가 학교의 운영 방식이나 학생들과의 소통에서 협동조합의 이념적 가치를 실현한다는 사실은 학부모 활동에 커다란 시사점을 준다. (협동조합 7대 원칙은 자발적이고 개방적인 조합원 제도, 조합원에 의한 민주적 관리, 조합원의 경제적 참여, 조합원의 자치와 독립, 조합원 교육과 협동조합 홍보 활동, 협동조합 간의 협동, 지역사회에 대한 기여 등이다.)

'교육'이라는 이름하에 주어졌던 교사, 학부모, 학생의 신분과 입장을 잠시 내려놓고 모든 학교 구성원이 다 같은 조합원으로서 마주한다면, 지금까지 논했던 많은 걸림돌이 어느 정도 해소되지 않을까? 학교의 자치, 학생의 자치, 학부모의 자치를 이루는 데 있어 협동조합학교의 교육 방식을 차용한다고 생각하면 어렵지 않게 이해되고 실현 가능해 보인다. 다행히 협동조합의 운영 원칙은 백 년이 넘는 역사를 지나면서 그 가능성이 증명되었고, 또한 도움을 줄 수 있는 중간 지원 조직도 구축되어 있다.

영국의 경우 예산 부분까지 협동조합이 책임지고 있어 따로 트러스트를 도입하고 있다고 한다. 우리는 영국과는 다른 예산 체계를 가졌으므로 그럴 필요가 없으니 훨씬 쉽게 시도해볼 수 있다. 조합원들의 의사 수렴 구조, 협동과 참여 정신, 이를 위한 조합원 교육 등의 노하우를 학교에 적용하자는 것이다. 직접 민주주의를 배울 수 있는 가장 적절한 교육 방법이 아닐까 싶다.

너무 이상적이라고 걱정하지 않았으면 좋겠다. 처음 혁신교육을 시작할 때도 이상적이고 소수의 교사들이나 할 수 있는 일이라고 했지만 그들의 자발적인 힘을 믿어주었고, 결국 혁신교육 시대를 열었다. 국내 학교협동조합이 대체로 학부모의 힘에 기대어온 것을 볼 때, 방향성만 바꾸어 제시하면 학부모들은 또다시 자기 몫을 해낼 것이다.

학부모회의 위상은
실제적 대표성을 가지는 것

학부모회 조직도를 보면 학부모회의 정체성을 가장 분명하게 알 수 있다고 생각한다. 학교마다 조금씩 다르지만 기본적인 구조는 같다. 학부모총회를 통해 학부모운영위원과 학부모 회장을 선출해, 운영위원은 운영위원회에서 역할을 하고, 그 운영위원들이 학부모 소위원을 모은다. 학부모 회장은 각 학년을 아우르고, 그들은 각 학급을 아우른다. 그 외의 조직은 모두 특수 조직으로 묶인다. 동아리나 녹색어머니회, 폴리스 등이 이에 속한다.

이렇게 분명하게 조직도에 나와 있는데 그동안 학부모회는 제 위상을 갖지 못했다. 학부모회는 '전체 학부모'들의 대표 조직이다. 당연한 것 아니냐고 말하지 마시라. 이를 지키는 학교가 몇이나 되는가. 길 가는 학부모를 붙잡고 당신은 학부모회 회원이냐고 물으면 임원이 아닌 이상, 열에 아홉은 아니라고 대답할 것이다. 학부모회는 그동안 학교 후원 조직으로서, 낮 시간에 학교에 갈 수 있는 여건을 가진 소수 학부모의 모임으로 인식되어 왔다.

2012년 경기도교육청에서 처음으로 학부모회를 공식적인 기구로서 인정하는 조례를 만들었다. 이미 학부모총회를 통해 학부모 운영위원과 학부모 대표를 선출해왔지만, 이는 구성 요건을 충족하기 위한 총회였지, '전체 학부모들'과 소통하려는 총회는 아니었다.

그럼에도 학부모회가 학부모를 대표하는 대표 기구라는 것을 공표하는 조례가 나옴으로써 드디어 학부모회는 명실상부한 학부모회 대표 기구임을 선언하게 된 것이다. 학부모회가 학부모의 대표 기구로 공표된 것이 의미 있다는 말은, 교육의 3주체인 학부모를 대표하는 조직이 없었다는 말의 방증이다. 교사를 대표하는 교사회, 학생을 대표하는 학생회처럼 학부모회를 대표하는 학부모회가 자기 위상을 분명히 하는 것은 무엇보다 중요하다. 학교 운영위원회도 학부모운영위원이 학부모를 대표하고 있지만 지극히 형식적인 경우가 많지 않은가. 이제 그 형식에 내용을 담아 진정한 대표성을 갖추어야 한다.

학부모들은 필요할 때 그들의 대표 조직인 학부모회를 찾아가는 것이 당연해야 한다. 담임 선생님을 찾아가거나 이웃을 찾거나, 심한 경우 교육청에 전화를 거는 것은 학부모들이 자신의 의견을 전달할 수 있는 통로로써 학부모회가 있다는 것을 모르기 때문이다. 학부모회의 정체성이 명확해지면 학교나 교육청에서도 민원성 업무가 훨씬 줄어들 수 있다. 학부모회는 전체 학부모들의 대표 기구로서 학부모들의 의견 수렴 기구이기 때문이다.

그러나 현실은 학부모회가 학부모들의 대표 기구가 되어주지 못하고, 학부모 회장도 그저 학부모들을 '대신'한다는 의미로 받아들이고 있지 대표성을 자각하지 못하고 있다.

교칙에 상벌제도가 있었는데, 교칙을 어긴 친구를 고발하면 점수를 주는 조항이 있었다. 한 아이가 친구의 잘못을 고발하고 상점을 받는다는 것이 도저히 납득이 되지 않았다. 친구의 잘못을 지켜보기만 했으니 자신에게도 잘못이 있는 게 아닌가. 부모님께 이야기했더니 한참을 고민하다가 교육청 인권위에 민원을 넣었다. 학교는 상벌제도에 대한 3자 간 토론회를 개최했다. 학생들은 상벌제도를 없애고 학생들 스스로 규칙을 만들어 지키기로 약속했다.

결과적으로는 잘되었다. 그러나 그 학생이 교칙에 대한 부당성을 학급회의에서 이야기했으면 어땠을까? 학생들 스스로 문제 제기를 하고 해결점을 찾이기는 과정을 경험해볼 수 있는 좋은 기회를 놓친 건 아닐까? 결과는 같을지라도 그 과정에서 배움이 달라졌을 텐데, 아쉽다.

한편으론 그 부모가 학부모회와 논의했다면 어땠을까? 아이에게 일상의 문제를 해결하는 민주적인 방법을 가르쳐주는 교육적 기회가 되지 않았을까? 아이들끼리 고발하는 것이 안타까워 스스로 고발하는 방법을 택한 셈이 되어버리지 않나.

대표 조직이라는 것은 소속감을 기반으로 한다. 내가 속한 집단에서 내 의견이 당연히 받아들여지고 변화를 가져오는 성취감을 맛보아야 한다. 나를 둘러싼 구성원에 대한 자긍심을 가질 수 있게 해야 한다. 개인이 아닌 집단이라는 둘레가 생기는 순간, 안정감과 소통의 의지가 생기며 책임감과 만족도까지 연결된다. 집단은 유연성과 회복력을 가질 수 있는 안전망이기도 하다. 개인이 되는 순간 힘을 잃고 경쟁에 돌입할 수 있는 위험성이 생긴다.

또한 학부모회는 학부모들의 대표 조직으로서 학부모들이 자유롭게 의견을 이야기하고, 민주적으로 수렴하고, 그들이 하고 싶은 일을 마음껏 하도록 장을 열어주어야 한다. 그것이 학부모회가 할 일이다. 이 당연한 말이 작동되어야 한다. 이것이 학부모회의 위상임을 자각하고 변화해나가는 자기 혁신이 필요하다.

이런 변화의 욕구가 무르익고 있다. 작년 말 광화문광장에서 직접 민주주의를 경험하면서 시민들은 더 이상 대의제가 갖는 한계점을 용납할 수 없게 되었다. 대신하는 대표로는 만족하지 못하는 것이다. 대표는 매 안건마다 우리의 의견을 반영하기 위해 귀를 기울이는 책무를 잊지 말아야 한다는 것을 지난 겨울 몸으로 체득했다. 또한 학부모들도 대표를 선출한 후에 대표가 알아서 하는 게 아니라 내 생각을 지속적으로 말하고, 듣게 해야 한다는 사실을 이제는 안다.

시대는 이제 지속적 경청과 실천을 요구하고 있다. 직접 민주주의가 아무리 좋아도 다수의 시민이 깨어 있고 적극적이지 않으면 실현하기 어려웠는데, 그 고정관념조차 깨져버렸다. 정보화 사회라는 환경의 변화가 생기면서 인터넷이나 SNS로 얼마든지 나의 이해관계를 요구하는 데 어려움이 없어진 것이다. 권위적인 기득권에 균열을 내고 견제할 수 있는 권력이 시민에게로 돌아오고 있는 것이다.

광장에서 배운 민주주의의 변화를 이제 일상으로 가져와야 한다. 각 학교로, 각 학부모회로 가져오는 것이다.

패거리 문화를 벗어나기 위한 노력

우리가 학부모회에 발을 담그기 전에, 아이가 초등학생이던 때부터 학부모 회장과 임원진을 도맡아 해오던 사람들이 있었다. 중학교에서도 당연히 그들의 몫이라고 생각했던 것을 우리가 넘보기 시작했다. 지금 생각하면 그들에게 함께하자고 손을 내밀었으면 좋았을지도 모르겠다. 그러나 우리는 그러지 못했다.

'우리'라고 하는 우리가 어디까지인지, '그들'이라고 하는 그들이 어디까지인지 구분하기 어렵지만 보이지 않는 구분선이 있었다. 어디나 끼리끼리의 문화는 있다. 마음 맞고 뜻 맞는 사람들끼리 어울리는 것이 잘못은 아니다.

그러나 학교에서 그들은 묘한 힘을 과시했다. 학교에 알게 모르게 권력을 행사하기도 하고, 누군가를 밀어내기도 했다. 그런데 우리가 갑자기 학부모회를 하겠다고 나서면서 그들은 뒤로 밀려났다. 그 후 그들은 한동안 학교에 나타나지 않았다. 우리가 학교를 장악한 것이다. 그것이 패거리 문화라는 것을 그때는 몰랐다.

우리가 패거리가 되었다는 인식이 없었으므로 패거리 문화를 없애야 한다는 인식도 없었다. 얼마 후 우리를 지칭하는 '○○○파'라는 말을 듣고서야 우리가 패거리가 되었다는 것을 알았다.

지금도 여전히 패거리가 존재한다. 패거리를 없애는 건 쉽지 않다. 다만 이후로는 패거리가 되지 않기 위해, 우리 학부모회는 패거리를 벗어나고자 한다는 것을 알리려고 기를 쓰고 있다. 학교마다 지역마다, 이 패거리 문화로 인해 골머리를 앓는다. 내가 패거리 문화라는 표현을 쓰면 다른 지역의 학부모들도 깊이 공감한다. 학부모회가 패거리가 아님을 선언하는 의식이 필요할 정도이다. 패거리를 벗어나야 아래로부터의 학부모회, 모두의 학부모회가 가능하다.

패거리를 벗어나기 위한 노력의 일환으로, 학부모총회를 바꾸어보았다.

우리 학부모회가 무엇을 하는 곳인지 좀 더 분명하게 전달하기 위해 학교가 주관하던 학부모총회를 학부모회가 주관하기로 했다. 그동안은 학교 설명회와 함께 진행되다 보니 정작 중요한 학부모총회는 제대로 못하고 임원 선출만 하는 부담스러운 자리가 되어버렸다.

학부모총회의 광경은 대부분 비슷하다. 강당에 모여 학교 교육과정 설명과 짧은 교육(주로 학교폭력 예방)을 듣고 학부모운영위원과 학부모회 임원을 선출한 후 각 교실로 들어가 담임 선생님과 만남의 시간을 가진다.

우리는 분위기를 바꿔 강당에 학급별로 테이블을 마련해 담임 선생님이 함께 앉아 자리 이동 없이 끝까지 학급별 모임까지 진행할 수 있게 했다. 테이블마다 약간의 다과와 꽃 등으로 분위기를 돋우었다. 강당 입구에서부터 학부모 임원들이 나가 인사도 하고, 강당에 들어서는 순간 모두가 보이는 부담스러운 시선을 피하기 위해 가림막도 설치하는 등 학부모 맞이에 각별히 신경을 썼다.

총회의 진행은 전년도 회장이 맡아서 했다. 프린트물 한 장으로 대신하던 학부모회 활동 보고를 좀 더 촘촘히 프레젠테이션까지 동원해 설명했고, 〈학부모회 안내문〉을 나누어주며 학부모회의 위상과 역할, 활동 내용을 충분히 설명하도록 했다. 진행이 매끄럽지 못한 부분도 있었지만 테이블마다 담임 선생님이 계셔서 쉽게 자리를 뜨지 못한다는 상당한 이점을 가지고 있었다.

총회에 오는 것이 부담스러운 가장 큰 이유가 학급 대표나 소위 위원회 등을 강권하기 때문이라고 한다. 우리는 SNS 등을 통해 미리 학교에서 필요로 하는 위원회에 대해 안내해서 자발적으로 선택하도록 하고, 총회 날은 가벼운 마음으로 올 수 있도록 배려했다. 당일까지 채우지 못한 자리들은 뒤에서 돕겠던 사람들이 자발적으로 채워주었다. 총회에 오는 발길을 가볍게 하자는 의도도 있었지만, 학부모회는 누구나 참여할 수 있다는 메시지를 보낸 것이기도 하다.

패거리 문화라는 느낌 자체를 없애려면 한두 사람에게 역할을 몰아주지 말고 모두가 참여하는 구조를 만드는 것이 가장 좋은 방법이다. 경험자가 많아지면 학부모 모두의 역량도 늘어나는 것이라 1석 2조다.

반응은 폭발적이었다. 낯선 공간에 들어서는 게 불편했었는데 따뜻하게 맞아주어 좋았고, 딱딱한 총회를 연상했는데 화기애애해서 좋았다고 했다. 임원을 맡아야 한다는 부담감이 없어서 처음부터 끝까지 마음이 편했다고도 했다.

그러나 전체 학부모가 교육적 지향을 모아내는 총회다운 총회를 해보기에는 시간이 많이 부족하다. 한 번쯤 전체 학부모 서클을 해보았으면 좋겠다. 이왕 학급별로 둥글게 자리 잡고 앉았으니 학부모들의 바람을 이야기해보는 시간을 가졌으면 좋겠다. 거창한 이야기가 아니더라도 서로를 알아가는 시간을 가지면 학교 문턱이 좀 더 낮아지지 않을까? 그러나 첫 만남부터 뭔가 이야기하라는 것은 부담스러운 일이라며 만류하는 바람에 시도해보지 못해서 아쉽다.

사실 학부모총회는 연말 또는 2월에 하는 것이 좋다. 3월 중순에 회장을 뽑게 되면, 인수인계도 어렵고 학부모 활동을 구상할 시간도 없다. 신구 임원진이 아예 만나지 못할 수도 있다. 연말에 회장과 임원진이 구성되면 학교와 교육 계획을 나눌 시간도 가질 수 있다.

경기도는 학부모회를 법제화하면서 3월에 총회를 하도록 정해 놓았다. 12월에 임시 총회를 열어 회장단을 선출해서 방학 기간 동안 준비 과정을 거치고 3월에 인준하는 방식으로 진행할 수도 있다. 학교마다 조금씩 상황이 다르겠지만 가능한 연말 총회를 적극 추천한다.

학부모 말고 학부모회

둘째 아이의 학교에서 교사가 학생을 성추행한 사건이 일어났다. 작년에 이미 시작되었으나 학교에 제보해도 아무런 조치가 없었고, 부모에게 이야기해도 조심하라고 타이를 뿐이었다고 한다. 올해 한 여학생이 학교를 졸업하면서 증거물을 확보해 경찰서에 신고하면서 문제가 드러났다. 뉴스를 보고 깜짝 놀라서 다른 여학생 학부모에게 물어보았다. 아이가 그런 말을 비치기는 했지만 자신도 조심하라는 말만 해왔다며 진작 아이들 이야기에 귀 기울이지 못한 것을 미안해했다.

과연 알았으면 빙법이 있었을까? 개인인 학부모는 범죄 신고조차 쉽지 않다. 사실 방법이 있기도 하고, 없기도 하다. 학부모회라는 학부모 조직이 있으니 방법이 있는 것이지만, 지금의 학부모회는 학교에 협조하는 역할만 해오고 학부모들의 목소리를 낼 힘이 없으니 방법이 없기도 한 것이다.

개인인 학부모는 아이를 학교에 맡긴 죄로 그 어떤 교육 활동도 자유롭게 하기 어렵다. 여기서 교육 활동이란, 교육에 관한 질문, 생각, 제안, 지원 활동, 보조 활동, 모임 등 모두를 말한다. 학부모이기 때문에 교육 활동을 하는 것이지만, 학부모여서 하기가 어렵다. 그래서 가장 안전한 선택을 하는 것이 '학교에 아이를 맡겼으니 학교가 알아서 하는 것'이라고 던져두는 것이다.

그러나 학부모는 간절한 마음으로 아이를 키운다. 내 아이가 어떻게 자랐으면 좋겠고, 어떤 사회에서 어떤 마음으로 어떤 일을 하면서 어떤 삶을 살아갈지, 가장 궁금하고 가장 기대하고 가장 많은 상상을 한다. 아이의 저 먼 미래에는 지금보다 나으리라고 희망하지만 지금 부모와 함께 살아가고 있는 현재, 하루하루는 불안을 견뎌야 한다.

행복은 나중으로 미룰 수 없다는 것을 깨달은 젊은 세대들은 그래서 아이의 현재와 교육에 대한 대안을 고민한다. 유학, 이민, 대안학교, 이사, 전업, 학교 활동, 헬리콥터 맘까지 이런저런 개인적인 시도를 해보지만 결국 학교가 잘 해주기를, 아이가 잘 다녀주기를 간절히 바라며 할 수 없이 학교에 보낸다. 교육기관으로서 믿고 맡기는 것이 아니고, 고민 끝에 정말 대안이 없어서 학교에 보내는 것이다.

어쩌면 나도 비슷한 과정을 거쳤기 때문에 나름의 결론을 내린 것이다. 내가 내린 대안은 학부모회이다. '나'의 생각을 적극적으로 드러내면서 '나'라는 개인은 감출 수 있는 가장 좋은 방법은 나와 입장이 같은 '조직'이 나를 대신해주는 것이다. 나는 그 조직 안에서 활동하면 된다. 학부모 개인의 교육적 제안과 실천을 받아, 학부모회가 학교와 협의하는 것이다.

지금까지 교사, 학생, 학부모가 교육의 3주체라고 해왔는데, 그 정확한 실천적 의미는 교사회, 학생회, 학부모회가 교육의 3주체로서 자기 조직의 주체성을 가지는 것이다. 개인의 주체성과 혁신도 중요하지만, 대표 조직을 통해 대표성을 가지고 학교운영에 참여하는 조직의 주체성이야말로 민주적인 혁신의 과정이라고 말하고 싶다.

그동안 학교와 사회에서는 가정에서 엄마가 잘해야 한다고 했다. 대부분의 학부모 교육은 자녀와의 소통법이나 행복한 엄마가 되는 법을 가르쳤다. 그래서 부모들은 자기 아이를 들여다보고 자신을 들여다봤다. 자기 아이의 성향에 맞는 교육이 무엇인지 스스로 고민해서 그 돌파구를 찾다 보니 남들보다 더 많이, 더 빨리 무언가를 하기 위해 발버둥 쳤는데, 그런 엄마들에게 자기 자식밖에 모른다고 비난한다. 비난받는 엄마들은 또다시 힐링이 필요하다.

물론 엄마가 잘해야 하고, 기초 단위인 가정이 중요하다. 그러나 자신을 들여다보는 일은 끝도 없이 고민스럽다. 개인적 노력은 충분히 했고, 개인적 시도는 개인적 시도일 뿐이다. 이제 개인을 다그치지 말고 교육공동체적 관점을 가져야 하지 않을까? 사회적 시스템을 작동시키고 사회적 보장과 혜택을 만들어내자는 것이다. 그 속에서 나의 역할을 찾자. 이제 사회 속에, 학교에, 학부모회에 속해서 사회의 방향을 고민하고 바로잡는 역할을 해보자.

그동안 학부모 활동을 해오면서 매번 놀라웠던 것은 학교 사회에는 민주적 제도가 너무나 완벽하게 준비되어 있다는 것이다. 다만 학부모가 그 사실을 몰랐고, 학교가 그 제도를 운용할 의지가 없었을 뿐이다. 완벽하게 준비된 제도에 맞춰 실제로 작동만 하면 굳이 불편하게 학부모 개인이 민원인이 되어 대면하기 거북한 교사나 거대 교육기관과 씨름하지 않아도 된다.

학급 학부모회를 통해 의견을 전달하면, 학년 학부모회를 거쳐 의견을 조율해 총학부모회가 정리된 의견을 운영위에 넘기면 된다. 운영위는 또 다른 교육 주체인 교사회, 학생회에서 올라온 의견을 듣고 협의하는 과정을 거친다. 심도 깊은 협의나 조사 과정 등이 필요하다면 소위원회에서 진행한다. 각 주체가 원하는 교육 활동, 동아리, 특별 활동, 그 외 공모사업 등은 운영위 심의를 거쳐 자유롭게, 자치적으로 운영할 수 있다. 이것이 교육 활동을 운영하는 과정이다. 이 과정에서 생길 수 있는 여러 가지 갈등과 이견 등은 각 조직을 통해 풀어갈 수 있어야 한다.

복잡하게 표현했지만 사실 간단하다. 성추행을 당한 아이가 혼자 학교에 도움을 요청하고, 교사에게 저항할 필요 없이 학생회에 먼저 문제를 제기할 수 있어야 한다는 것이다. 학생회가 그 학생을 대신하여 도움을 요청하거나 사실을 파악할 수 있어야 한다. 인간이 사회와 조직을 이루고 사는 이유는 이런 어려움을 혼자 겪지 않기 위해서이다. 아이가 혼자 증거를 모으고 졸업하기만을 기다리는 동안 얼마나 분하고 억울하고 무서웠겠는가? 그것을 함께해주는 조직이 없음에 얼마나 외로웠을까?

우리가 학부모회를 시작하기 전에 교사가 전출하게 된 사건이 있었다고 앞서 이야기했다. 당시 해당 학부모가 가장 화가 나는 부분은 학부모운영위원의 태도였다고 한다. 운영위원장은 대책회의에도 잘 나오지 않았고, 당사자에게 그 어떤 것도 묻지 않았다고 한다. 만일 그때 학부모회가 함께해주었다면 어땠을까? 그 학생이 학생회에 도움을 청했다면 어땠을까? 교사회가 해당 교사의 문제를 직면했다면 어땠을까? 3주체가 모여 해결점을 찾으려는 논의가 있었다면 얼마나 좋았을까?

학부모들은 결국 교육청에 민원을 넣었다. 어쩌면 교육청에 민원을 넣지 않았다면 학교는 해결해주지 않았을지도 모른다. 그동안 그런 경험을 수도 없이 겪어왔다. 교육청에 민원을 넣는 방법이 잘못된 것도 아니다. 그러나 자신이 속한 단위가 자신을 외면하는 구조라니, 안타깝지 않은가? 학부모회가 학부모의 목소리를 대변하는 구조가 된다면 학교라는 기관에 대한 무력감을 느끼지 않아도 되고, 또 다른 기관의 힘을 빌리기 위해 굳이 교육청에 민원을 넣을 필요가 없는 것이다.

학부모 개인이 학교를 상대로 교사의 징계를 이야기할 때 그이는 얼마나 두렵고 힘들겠는가? 얼마 있으면 임기가 끝나는데 대충 덮고 가고 싶어 하는 비겁한 운영위원들 앞에서 얼마나 분개했겠는가?

함께해준 학부모 한 명 한 명도 큰 용기가 필요했을 것이다. 그럴 때 각 개인이 아니라 학부모회라는 이름으로 함께한다면, '우리 학부모회'라는 이름의 공동체, 든든한 내 조직을 깨닫는 계기가 되고, 개인이 짊어져야 할 무게가 아니라 조직의 문제를 해결하는 과정이 되지 않았을까? 또한 학부모회는 당사자보다는 균형감각을 가지고 문제를 해결해나갈 수 있다. 그랬다면 학교와 학부모 간에 그렇게 큰 상처를 안고 깊은 불신을 겪지 않았을지도 모른다.

개인인 학부모가 할 수 있는 것은 개인적인 것 이상이 될 수 없다. 학부모들의 연대를 통해 사회적 관계를 공유하는 것이 개인인 학부모를 넘어서 더 큰 공공의 힘을 발휘할 수 있는 방법이다. 문제는 지금까지 학부모가 학부모회에 어려움을 이야기했을 때 적절한 피드백과 효과를 보지 못했다는 것이다. 시스템은 있지만 실제적으로 작동되지 않고 있다. 학부모회 스스로 대표 기구이며 의견 수렴 기구임을 자각하지 못했던 것이다.

이제 자각의 스위치를 켜야 한다. 그것이 학부모회 혁신의 시작이다. 개별화된 학부모들이 학부모회로 응집해야 한다. 또한 시스템이 작동되도록 학부모 정책을 바꿔야 한다.

시민성을 가진 학부모회로

학부모라는 이름에는 여러 가지 정체성이 담겨 있다. 학부모는 한 아이의 부모이면서, 한 학교에 속한 학부모이다. 또한 교육사회 구성원으로 구분되기도 한다. 그 말은 아이는 한 부모의 자식이기도 하고, 학교가 속한 지역민이기도 하며, 미래 사회의 시민이기도 하다는 말과 얽혀 있다. 부모인 나는 가정에서 아이를 돌보는 일과, 학교와 지역사회를 조성하는 일과, 한 국가의 교육 정책의 방향을 고민하는 일 중 어느 하나라도 소홀히 해서는 내 아이에게 제대로 된 교육 환경을 제공할 수 없는 것이다.

내 아이의 부모로서 필요한 학부모성을 학부모의 개인성이라고 본다면, 지역 주민인 학부모는 학부모의 지역성, 또 교육적 미래를 내다보는 시민으로서의 학부모를 학부모의 시민성이라고 구분해보았다. 시민은 국가나 공동체를 구성하며 이를 위해 기능하는 개인이며, 구성원들과 관계 맺는 존재를 말한다. 시민성이란, 공동체의 목적과 가치를 지향하고 규범을 평가하고 합리성을 판단할 수 있는 자질을 말한다. 시민성을 가진 시민이라면 자유와 평등이라는 민주주의의 가치를 지향하고 누릴 수 있는 권리와 합리적 의심을 할 수 있어야 한다. 또한 격변하는 세계화에 맞춰 관계성과 사회적 연대성도 강화되어야 한다.

학부모에 대한 사회적 인식은 개인적 학부모의 모습을 확대해서 이기적이라고 낙인찍고 있다. 실제로 자기 자식밖에 모르는 이기적인 모습이 적지 않아 안타깝기도 하고, 학부모로서 자기반성이 필요한 부분이기도 하다.

학부모 모임에서도 학벌을 내세워 은근슬쩍 잘난 체하고, 편 가르기를 하고, 뒷담화를 하고, 눈앞의 이익을 위해 아이 앞에서 이기적인 모습을 보이고, 원칙을 어기고 변칙을 쓰고도 그것이 지름길인 줄 안다. 내 아이 입시 앞에서는 조금도 손해 보지 않겠다고 저항하고, 내 아이가 속한 학교의 이익을 위해서라면 다른 집단을 깔아뭉개는 집단적 이기성도 서슴없이 보여왔다.

그런데 다른 집단도 다 그렇다. 다른 집단에서도 그런 사람들로 골머리를 앓더라. 대기업의 임원들도 자식이 어느 대학을 가느냐를 두고 인품 등급을 매겨 계급을 형성하고, 심지어 아이가 유학 간 학교가 창피하다고 차라리 회사의 교육 지원금을 안 받는 사람도 있다. 교육적 가치와 상관없는 것들로 복닥거리며 아웅다웅하는 것이다.

누구에게나 개인적 이기성은 있고, 어떤 집단에서나 나타날 수 있는 이기성을 가지고 한 집단의 특성으로 몰아붙일 필요는 없다. 학부모의 성찰과 반성도 중요하지만, 지나치게 학부모가 가진 한쪽 측면만 확대경을 들이밀며 학부모를 폄하하는 것을 멈추자. 그동안 학부모들은 학부모의 시민성을 발휘해 시민 단체나 학부모 단체에서 여러 가지 교육 환경을 개선하는 데 기여해왔다. 이제 학부모의 시민성을 개별 학교에서도 적용할 때가 되었다. 이미 혁신학교 등에서 많은 활동을 해왔지만, 아직은 학부모의 시민성이 개인성을 못 따라가고 있는 것이 현실이다.

본격적으로 시민성을 담은 학부모회가 확산되기를 바란다. 진정한 교육의 주권자로서 민주적인 논의 구조에 참여하고 교육의 앞날을 제시하는 역할을 하자. 학부모 교육 주체화를 위해 우리 스스로 학부모 자존감을 높이자.

혁신교육이 제대로 이루어지려면 새로운 학력관이 필요하다고 한다. 왜곡된 교육 인식을 바꾸고, 학교교육이 사회적 지위의 획득, 신분 상승의 수단으로 쓰이지 않게 학벌 체제를 정당화했던 교육 시스템을 바꾸어야 한다. 그리기 위해서 학교교육의 내용과 방법이 어떻게 변해야 하는지 대안을 고민해야 한다. 시민성을 가진 학부모들이 이제 과감하게 새로운 학력관을 받아들이고 새로운 교육 시스템을 요구해야 한다.

우리 학부모 회장이 어느 날 울상을 되어서 왔다. 그냥 대충 해서는 안 되겠다는 생각이 든다는 것이다. 지난해에는 "다들 안 한다고 해서 그럼 어린 제가 맡을게요"라고 가볍게 시작했다가 어느새 시간이 흘러가버렸고, 이번에는 제대로 해보려고 다시 도전했는데, 생각보다 더 중요한 자리라는 것을 알았다는 것이다. 내가 대충하면 세월호를 집어삼킨 그들처럼 될 것 같다는 말까지 하면서 자못 진지했다.

사람은 누구나 좀 더 나은 사회를 갈망한다. 각자 자기 자리에서 부모로서, 자식으로서, 지역 주민으로서 내가 좀 더 괜찮은 사람이 되면 좀 더 괜찮은 사회가 만들어질 거라는 믿음을 갖고 산다. 그것이 시민이다.

너무 걱정하지 말라고 했다. 회장이라는 자리는 그 마음만 놓치지 않으면 된다고 말했다. 우리에게 필요한 교육적 가치가 무엇인지 논의하는 자리를 지속적으로 마련하면 되는 것이다.

예전에는 리더가 필요했고, 특히 정치적 리더십에 의해 사회가 움직였다면, 지금은 시민들이 주도한다. 지난번 광화문광장에서도 그랬고, 이제 그것이 일상화되는 시대가 온 것이다. 대표가 할 일은 그들이 시민정신을 발휘할 수 있도록 방향타를 놓치지 않는 것이다. 또 그것을 마음껏 발휘할 수 있는 장을 마련해주면 된다.

대표는 학부모회가 반상회처럼 일상적으로 학부모회의를 열고, 우리의 교육적 지향점이 순간적인 개인의 욕심으로 흔들리지 않도록 서로에게 의지하고(학부모 교육), 학교가 우리 아이들을 시민으로 키우는지 잘 살피고(모니터링), 교사와 함께 시민을 키우는 교육을 지지하고 응원하고(학부모 지원), 필요하다면 지역 주민으로서 시민의 모습을 보여주는 데 앞장설 수 있도록(마을공동체) 길을 잃지 않게 옆에서 불을 밝히는 사람이다.

학교는 시민을 키우는 곳이다.

누가? 학부모회가 먼저

얼마 전 경기도 교육감이 방과 후 학교나 돌봄교실, 운동부 등을 지자체에서 운영해야 한다는 현장의 목소리에 공감한다면서 학교를 학교답게 만들자고 말했다. '나라를 나라답게' 시대에 맞게 '학교를 학교답게'. 좋다, 그렇다면 학교답다는 것은 무엇일까?

학교는 왜 생겨났을까? 지금 형태의 학교는 산업화 이후 생겨났지만, 맹자 시대부터 학교는 있었다고 한다. 고대 그리스 시대에는 젊은 청년들의 신체를 단련하는 시설을 학교라고 했다는 것을 보면, 학교는 시대적으로 필요한 청년을 만들어내는 시설임에는 틀림없다.

우리나라 학교의 목적은 무엇일까? 교육기본법 제2조를 보면, '교육은 홍익인간의 이념 아래 모든 국민들로 하여금 인격을 도야하고 자주적 생활 능력과 민주시민으로서 필요한 자질을 갖추게 함으로써 인간다운 삶을 영위하게 하고 민주 국가의 발전과 인류 공영의 이상을 실현하는 데에 이바지하게 함을 목적으로 한다'라고 되어 있다.

'나라를 나라답게'라는 말이 헌법 제1조 2항 '대한민국의 주권은 국민에게 있고, 모든 권력은 국민으로부터 나온다'와 동일시되듯이, '학교를 학교답게'라는 말은 저 교육기본법 제2조에 담겨 있지 않을까? ('학생을 학생답게'라는 말이 떠오른다. 학생들을 제복과 규율 속에 넣을 때 주로 쓰는 말이다. 그러나 실제로 학생이 학생답다는 말도 저 교육기본법 제2조에 담겨 있을 것이다.)

그동안 학부모 활동을 하면서 교육기본법에 홍익인간의 이념에 있을 것이라고는 단 한 번도 생각하지 못했다. 널리 인간을 이롭게 한다는 홍익인간의 이념이 우리나라의 기본 이념임을 초등학교 시절에 배우기는 했으나, 그것이 교육의 목적에 적시되어 있을 줄이야.

인격을 도야한다는 말은, 결국 널리 인간을 이롭게 하는 인격을 갖추는 것을 말하리라. 자주적 생활 능력이란, 스스로 생활을 영위할 수 있는 역량을 가지는 것을 말하리라. 민주시민으로서 필요한 자질이란 사회 속에 내가 있음을 아는 것이리라. 이 세 가지를 학교에서 배워야 학교가 학교답게 되는 것이리라. 학교를 졸업하고도 이 세 가지를 못 갖춘다는 것은 학교가 제대로 가르치지 못했거나 제도가 올바르지 못한 것이다.

학교는 이 세 가지를 갖출 수 있도록 교육하는 책임을 가진 기관이다. 학교가 해야 할 역할 속에 최근 들어 돌봄교실의 기능을 지나치게 많이 떠안게 된 것은 안타깝게 생각한다. 그런 면에서 방과 후 학교나 돌봄교실 등을 지자체가 함께해야 한다는 것은 얼마든지 동의할 수 있지만, 역할을 분리하면서 학교가 가진 교육의 목표에 대한 책임을 다시 한 번 돌아보면 좋겠다. 교사가 수업을 책임져야 하는데 사교육 시장이 생기면서 부진한 학생을 교사가 외면하고 사교육으로 등을 떠밀고 있는 현상은 어떻게 할 것인가? 인간을 널리 이롭게 하는 교육의 목표가 흔적도 안 보이는 상황을 어떻게 받아들여야 할 것인가?

가끔 학부모들 중에 "학교에 아이를 맡겼으면 학교가 알아서 해야지"라는 식으로 말하는 분들을 만난다. 아주 틀린 말은 아니지만, 아주 틀린 말이기도 하다. 학교에 아이를 맡기고 학교가 제대로 기능하는지 시민으로서 학교를 감시해야 하는 것이다. 그런 시민의 역할은 하지 않으면서 학교가 알아서 하기를 바란다는 것은 모순이다.

'모든 국민은 그 보호하는 자녀에게 적어도 초등교육과 법률이 정하는 교육을 받게 할 의무를 진다'고 헌법 제31조 2항에 명시되어 있다. 학교가 그 역할을 제대로 하도록 감시하는 것은 학부모만이 아니라 국민으로서의 역할이다. 이제는 국민도 달라졌다. 감시만 하는 것이 아니라, 직접 행동한다. 학부모도 달라져야 한다.

또한 학교의 입장에서 보면 "학교의 규율을 잘 따르도록 가정에서 가르쳤어야지"라는 말이 나오기도 한다. 부모가 못하는 것을 학교가 해주길 바라지 말라고까지 하는데, 이것은 아니지 않나? 개인인 부모가 못하는 것을 사회가 하기로 한 것이다. 그 사회적 제도가 학교이다. 학교와 학부모 간에 일어나는 민원의 대부분이 아마도 이런 시각의 차이에서 비롯된 것으로 보인다. 서로 간에 심각한 책임 회피이며 극단적인 입장일 뿐이다. 학생 중심으로 사고하지 않기 때문이다. 가끔씩 이런 문제를 교육기관에서 제 식구 감싸기로 해결하는 모습을 보게 되면서 교육기관에 대한 신뢰가 바닥을 치기도 한다.

학생을 중심으로 보면 해결책은 간단하다. 학생에게 문제가 일어났거나 부족한 점을 찾았을 때, 가정의 문제를 부부가 함께 논의해서 해결하듯이(서로를 탓하는 부부도 물론 있다. 이럴 때 누구를 탓할 시간에 당면한 문제를 풀 수 있도록 머리를 맞대라고 조언한다), 학교와 학부모가 머리를 맞대야 한다. 이게 팩트다. 학교의 존재 이유이며, 학교와 학부모가 교육의 주체라고 하는 이유이다.

고맙게도 학교가 먼저 변해주고 학부모들을 교육 주체로 받아들이고 학생들과 자치를 하고 교육과정을 새롭게 개편해서 행복한 학교생활을 할 수 있게 해주면 좋은데, 그런 학교는 한국에서 정말 극소수다. 혁신학교가 많아지고 모든 학교의 혁신화를 외친다고 해도, 혁신학교라고 표방한 학교에서조차 그런 선생님은 몇 분에 불과하다. 정말 운 좋은, 어린 시절 그런 학교생활을 한 아이들은 시쳇말로 전생에 나라를 구했는가 싶다. 그런 운을 기다리며, 또는 내게는 없는 운을 원망하면서 살 것인가? 우리가 주체인데 누구를 원망할 것인가? 주체라면, 더 이상 요구하지 말고 필요한 것은 스스로 만들어내자.

과거의 교육운동이 저항에 주목했다면 지금의 교육운동은 새로운 가능성을 함께 만들어가는 데 힘을 기울이고 있다. 혁신학교가 바로 그것인데, 교사들의 노력으로 지금 최대치의 성과를 내고 있다. 그동안 선도학교, 모범학교 등 선례를 만들기 위해 선생님들이 정말 많은 열정을 바쳤다. 하지만 교사들만 움직여서는 변두리 학교 구석진 곳까지 밝은 빛을 비추기에는 너무 오랜 시간이 걸린다. 이제 새로운 국면이 필요하다. 관점의 변화를 가져보자. 또 하나의 주체인 학부모회가 혁신의 지형에 균열을 일으키는 것이다.

그 시작은 학부모가 먼저 학교와 협업하는 모습을 보여주는 것이다. 학생끼리의 협업은 다른 대상과의 협업을 배우기 어렵다. 학생과 교사의 관계는 아직 배우는 자와 가르치는 자의 관계이기 때문에 진정한 협업과는 결이 다르다. 학부모와 학교가 협업하는 것이 진짜 협업이다. 학교자치도 마찬가지다. 학부모자치가 그 시작이자 학교자치의 완성이다. 그만큼 학부모는 배경과 입장이 다르다.

서로 다른 주체들과의 논의 과정은 분명 학교 질서를 어지럽히고 추진력은 느려질 것이다. 뭐든 혼자 하는 것이 가장 빠르다. 그러나 우리가 아이들에게 전하고자 하는 교육적 가치는 속도가 아니다. 마음을 모으는 그 순간이다. 개인과 공동체의 조화로운 삶이다. 타인을 이해하고 협동하는 경험과 교육 환경이 우리가 아이들에게 물려주고 싶은, 물려주어야 하는 미래이다.

혁신은 다이어트와 같다. 다이어트를 멈추는 순간 요요가 온다. 말로 하는 것이 아니라 실천의 지속성이 담보되어야 한다. 누군가 다른 사람이 하는 것이 아니라 내가 해야 한다. 역사 국정교과서 파문으로 문명고등학교가 입학식을 취소하는 모습을 뉴스에서 보았다. 더 이상 학부모도, 학생도 수동적인 존재가 아니라는 것을 확인하는 순간이었다.

히어로는 없다. 누군가 대신 해주지 않는다. 우리가 할 일을 직면하고 받아들여야 한다. 일상에서 원칙을 지키는 것, 일상성의 회복, 그것만이 교육을 바로잡을 수 있다.

대안을 내오는 학부모회

지금 우리 학교는 혁신학교 사례 발표에 종종 참여하는 정도로 발전한 혁신학교이다. 그러나 아직도 학부모들의 참여율이 매우 낮다. 참여율로만 말하면 할 말이 없다. 어떻게 하면 참여율을 높일 수 있는지 잘 모르겠고, 나는 굳이 그럴 필요를 느끼지 않는다. 문제는 숫자가 아니라 방향성이다. 우리 학부모회가 지향하는 방향성은 매우 민주적이고 진보적이라고 생각한다. 학교가 준비되지 않았을 때는 학부모회가 앞장서서 교육적 지향을 제시했고, 지금처럼 혁신학교로서 교사들이 자리를 잡게 되면 활동은 줄이고 필요한 기본 활동만 하면 된다.

우리가 놓치지 않았던 것은, 학부모의 개인성이 아니라 학부모의 시민성을 담아 대안을 내오려고 노력했다는 것이다. 학교교육을 지원하는 사업을 하고, 개인의 민원을 들어주기도 해야겠지만, 무엇보다 시민으로 살아갈 우리 아이들의 미래 교육을 위해 무엇이 필요한가를 우선 생각했다. 그것은 거창한 활동이 아니라 구성원들의 연대 의식과 실천을 내오는 일이다.

학부모들의 관심과 참여를 유도하기 위해 자기주도학습반에 관한 논의를 대대적으로 한 적이 있다. 한 학기 동안 자기주도학습반을 학부모회가 따로 운영해보는 것이었는데, 학부모들의 의지에 비해 학생들의 참여가 저조했지만, 자신의 아이가 자기주도학습을 하지 않는 경우에도 자원봉사를 하겠다는 경우도 많았다. 좋은 취지에 공감하고 작은 역할이라도 하겠다는 의지를 보여주었다. 그만큼 학부모들은 함께 힘을 모으는 일에 대해 긍정적이고 적극적이다.

중간고사까지 1단계 시행하고, 다시 기말고사까지 단계별로 이어가기로 했다. 1단계를 해보니 학습 플랜을 짜지 못하는 아이들이 생각보다 많았다. 자기주도학습에 관한 교육을 받기는 했으나 1:1로 지원해야 할 필요가 있어 고민스럽기도 했다.

자기주도학습반이 아이들에게 효과적이었느냐 하는 결과는 그다지 중요하지 않다. 아이들에게는 많든, 적든 도움이 되었을 것이다. 그보나는 학부모들이 이 활동을 통해 학부모회에 관심을 가졌는가가 중요했다. 다행히 한 분 한 분, 본인이 못하면 아이들이 방치된다는 사실을 알고 최선을 다해 각자의 시간에 나와주었다. 다만 그들이 대부분 3학년 학부모였다는 것이 아쉬운 대목이다. 다음 해 활동가가 그만큼 확보되지 못하기 때문이다.

자기주도학습반을 학부모회가 운영하기보다는 자기주도학습에 관한 실천 내용을 학부모 약속으로 내왔다면 더 좋았겠다는 생각이 나중에야 들었다. 가정에서 자녀와 자기주도학습을 하면서 내 아이만 다그치지 말고, 학부모들이 함께 실천할 내용을 만들고 서로를 응원하는 것이다. 학부모회가 약속을 만들면 학교 전체의 약속으로 확장될 수 있는 힘이 생길 것이다.

내가 상상한 것은 이런 것이다. 자기주도학습의 가장 중요한 핵심인 망각곡선 이론을 실천하기로 하자. 시간의 흐름에 따라 기억이 감소하는 것을 줄이기 위해 공부한 즉시 적절한 복습을 학교에서 다 같이 하는 것이다. 수업이 끝나는 예비 종이 울리면 모든 선생님이 오늘의 핵심 내용을 빨간펜으로 표시할 수 있는 시간을 5분 간 주기로 약속한다. 아이들은 자신이 생각한 것을 표시하고 서로 비교해본다. 꼭 알아야 할 기초 문제 한 가지를 풀어보고, 풀지 못한 학생들에게 모든 학생들이 각자의 방식으로 도움을 준다. 수업 끝나는 종이 울리면 다 같이 각자의 핵심 내용을 큰소리로 읽는 것으로 인사를 대신한다.

종례 시간에도 오늘 수업한 과목의 빨간펜 표시를 눈으로 한 번 더 훑어볼 시간을 주기로 한다. 귀찮아서 펴보지 않을 학생들을 위해 칠판에 한두 명이 빨간펜 내용을 써둔다. 다음 날 아침에는 참고 자료가 적혀 있고(영화나 책 또는 자신이 만든 외우기송 등), 리스트를 만들어 시험이 끝난 한가한 무렵에 함께 읽거나 보기로 한다.

각 가정에서는 빨간펜 표시를 다시 한 번 보거나 관련한 문제를 풀 수 있도록 지도하기로 약속하고 서로 실천할 수 있도록 인증샷을 올리는 등 응원하는 방법을 찾는다. 학생들은 쉬운 것, 어려운 것을 구분하여 표시해두고, 주말에는 쉬운 것만 풀고 어려운 것은 학교로 가져가 친구들과 함께 푸는 시간을 가진다. 그렇게 쉬운 것을 늘려 나간다.

물론 이것은 나의 환상이다. 여기서 유효한 것은 학부모들이 가정에서 아이들이 실천할 수 있도록 약속하는 부분뿐이다. 개인적인 바람으로는, 선생님의 역할은 가르치는 사람이 아니라 이끄는 사람이라고 생각하기 때문에 공부법을 찾는 것 또한 선생님이 이끌어주었으면 한다. 그러나 선생님께 그것을 요구하기보다는, 학부모회에서 학부모가 할 일을 논의하는 일이 학부모가 할 수 있는 일이다.

우리 학부모회가 무언가를 합의한다면 다 같이 시도해볼 수 있을 것이다. 실천하기로 한 것을 잘할 수 있도록 서로 독려하는 구조를 만드는 것, 이것이 학부모회가 학부모 교육을 통해 실천 능력을 올리는 방법이다. 학부모들이 자기주도학습반을 운영하는 것보다는 자기주도학습을 위한 약속을 만드는 것이 더 쉽고 필요한 활동이다. 학부모회의 역할은 이런 교육적 대안과 실험을 해보는 것이 아닐까?

학부모 개인에게 가정에서 이렇게 저렇게 하라고 요구하는 것은 교사 개인에게 완벽하라고 주문하는 것만큼이나 어려운 일이다. 가정은 누구에게나 쉬는 공간이고 가장 느슨해지는 공간이다. 그런 공간에서 학부모가 학생을 관리하라니. 그러면서도 부모 자식 간의 관계도 좋아야 한다니. 나는 조직에서 하지 못하는 것을 개인에게 떠넘기는 것이 가장 치졸한 방식이라고 생각한다. 공동체는 개인의 안전망이 되어주어야 하는 것 아닌가?

아이들의 학력을 학부모 간의 협력으로 끌어올리겠다는 말에 학부모들 간 경쟁으로 치닫지 않을까 걱정 마시라. 아이들의 실력으로 학부모들의 서열이 생긴다거나 잘하는 아이의 부모를 보면서 빈정거리는 무리들이라는 등 학부모를 바라보는 시선은 지나치게 모욕적이다. 모든 인간이 가진 옹졸한 마음을 너무 확대 해석한 것이라고 생각한다. 학부모의 개인적 욕심에 대해서만 지나치게 확대경을 들이대놓고 그것이 정체성인 것마냥 말할 필요가 있을까? 서로를 격려하고 응원하는 인간의 특징을 강조해주면 안 될까?

학부모 시민성을 견지하는 학부모회는 학교공동체를 위한 대안을 내오기 위해 노력해야 한다. 그 대안은 멀리 있지 않다. 시민정신을 바탕으로 한 학부모 약속을 만들어내는 것으로부터 시작할 수 있다.

얼마 전 우리 학교에서 '안전하고 행복한 학교를 만들기 위해 우리가 할 일은?'이라는 제목으로 교칙 개정에 관한 토론회를 진행했다고 한다. (지금은 내가 학부모회 활동을 하고 있지 않지만 여전히 학교 일에 관심을 갖고 있기에 학교에 관한 일에는 늘 귀를 열어놓고 있다.) 교복에 관한 것이 이슈가 되었다. 결론은 자율적으로 교복을 입기로 했다. 교칙 개정 위원회를 거쳐 운영위원회 심의까지 끝난 후 학부모 밴드에 내용을 공유했는데, 학부모들이 난리가 났다. 반대 댓글이 줄을 이은 것이다. 이틀 후에 학부모회의가 예정되어 있었는데, 학교 측에서는 반대하는 학부모들에게 자세히 안내하겠으니 회의에 나오라고 했다.

학부모회에서는 반대했다. 교복에 대한 결정이 학교가 일방적으로 정한 것이 아니라 대토론회와 정해진 매뉴얼에 따라 이루어진 것이라는 설명 정도는 이미 밴드를 통해 공지되었고, 지금 학부모들의 반대는 과정에 대한 문제 제기가 아니라 결론에 대한 반대인 것이다. 설명과 설득으로 해결될 수 없다고 봤다.

학교 측에서는 걱정 말라며 기어이 그 회의로 학부모들을 불렀다. 교장 선생님은 학생의 자율권과 학교의 민주적인 토론 방식, 그리고 학생에 대한 신뢰에 대해 설명했으나 학부모들은 완강했다. 학부모들이 반대한 것은 교복만이 아니라 학생의 자율권 자체에 대한 것이었다. 지나친 자율로 인해 학생답지 못하게 되었다는 것이다.

이미 운영위의 심의까지 끝난 상황이라 결론을 바꾸려면 처음부터 다시 모든 과정을 거쳐야 한다고 어려움을 토로했지만 학부모들은 다시 하기를 원했다. 결국 모든 과정을 다시 하는 것으로 결론이 났다. 어찌 보면 '다시 하기로 결론이 났다'는 말은 틀린 말일 수 있다. 그 자리는 아무런 결정 권한이 없는 자리였기 때문이다. 그러나 학부모들은 그렇게 결정된 것으로 이해하고 자리를 떠났다.

나는 학부모 대하는 매뉴얼을 만드는 것이 시급하다고 생각되었다. 아니, 어쩌면 비단 학부모뿐만 아니라 인간의 심리에 대한 것이다. 또한 가르침의 방식이기도 하다. 상대방의 마음을 얻으려면 자신을 방어하지 말고 온 마음으로 경청하는 것이 중요하다. 그리고 스스로 결론 내리도록 이끄는 것이다.

학교가 잘못한 것이 아니라 학생들이 스스로 그런 결론을 내린 것, 또는 토론회를 통해 위원회가 내린 결론이라는 것을 설명하는 것은 자신의 정당성을 주장하는 것이다. 이런 사실 전달로는 아무런 설득이 되지 않는다. 모르는 바가 아니기 때문이다.

오히려 학부모들이 왜 그렇게 반대하는지, 우려하는 바가 무엇인지 마음으로 들어주고 함께 걱정해주는 것이 필요하다. 교사가 함께 걱정해주면 혼자만의 걱정이 아니기 때문에 안심이 되기도 하고, 대안이 나올 수도 있다. 아이가 울면서 떼를 쓰면 무슨 일로 떼를 쓰는 건지 먼저 살펴야 한다. 졸려서 또는 배가 고파서 그럴 수도 있다. 앞에 던져진 상황 이면에 숨겨진 문제를 찾아야 하는 것이다.

솔직히 학부모들의 우려에는 학교에 대한 불신이 깔려 있다. 학생의 자율권보다는 교복 지도가 어렵고 귀찮으니까 교복을 없애고 복장에 대한 책임을 가정에 넘긴 것이라고 생각하는 것이다.

학부모회에서는 학교가 설명하는 시간을 갖기 이전에, 학부모 모임을 먼저 가지려고 했다. 밴드에 반대의 댓글을 단 사람들도 있지만, 침묵하는 다수도 있지 않았던가. 합의에 이르는 과정이 필요하다. 만일 다시 해서 교복 착용으로 결론이 난다면, 찬성하던 이들은 동의할까? 또다시 자율로 결정이 나면 반대하던 학부모들은 그대로 수용할까? 그 과정에서 생긴 결정 번복에 따른 부작용과 생각이 다른 이들 간의 갈등은 어떻게 해결할까?

이렇게 찬반이 명확한 안건을 단지 찬반으로 이야기하는 것은 공동체를 위해 지혜롭지 못하다. 찬반의 배경을 살펴보고 그에 따른 서로의 필요를 채워주는 논의 과정을 가져야 한다. 결론이 무엇이 되건, 결론에 이르기까지의 과정을 통해 서로의 생각을 알게 되고 앞으로 공동체가 지향할 방향성을 합의하다 보면 결론을 수용할 수 있는 이유와 명분이 생긴다. 이 과정에서 새로운 대안을 내올 수 있는 것이다.

학력 때문에 생기는 갈등도 마찬가지다. 학부모들은 점수화된 결과 중심의 학력관에 반대하지만, 그 한가운데 내 아이가 있기 때문에 함께 물살에 휩쓸려갈 수밖에 없는 것이다. 반대라는 주장에만 집중하지 말고 학부모들의 문제의식에 귀 기울여야 한다. 학교는 학부모회와 함께 학부모들의 진짜 마음을 읽어내야 한다. 그래야 대안이 보인다.

갈등은 모든 곳에서 일어난다. (갈등이 일어나지 않았다는 말은 감추고 있다는 것이다.) 드러난 갈등을 배움의 기회로 삼는 것이 갈등을 대하는 자세여야 한다. 갈등은 또한 우리 안의 공동체성을 증폭시킬 수 있는 잠재력이 발산될 기회이기도 하다.

학부모 회장은 그날 회의에서 "그러니까 학부모들이 참여해야 한다"는 말을 계속 반복했다고 한다. 학부모 참여의 폭을 확장시킬 수 있는 모처럼의 기회였기에 그런 소중한 기회를 놓칠 수는 없었으리라.

내가 무조건 옳고, 내 주장을 관철시키려고 학부모회의에 오는 사람은 별로 없다. 나의 문제 인식을 공감해주길 바라고, 대안을 함께 내오고 싶어 하는 것이다. 이들의 마음을 읽어주고 시민의식이 발동되는 지점을 찾아내어야 한다. 우리가 도달하려는 교육적 목표를 위해 전략적으로 접근하고 지혜롭게 대처해야 한다.

교육적 가치를 놓치지 않고 대안을 내올 수 있는 지혜는 절로 만들어지지 않는다. 학교공동체가 함께 나아가고자 하는 바에 대한 교육 철학을 끊임없이 공부하고 독려해야 가능한 일이다.

학부모 정책, 방향이 문제다

다음 페이지의 [그림 1]은 교육부의 학부모 지원 정책 체계도이다. 학부모 친화적 학교참여 문화 조성이라는 비전을 가지고 있고, 자녀교육에 대한 역량을 강화하고, 자녀의 교육 만족도를 높이는 것이 정책 목표라고 한다. 자녀교육 이해를 위한 학부모 교육, 상담, 교육 기부 및 참여 등이 추진 과제라고 하는데, 아무리 들여다보아도 학부모를 교육 주체로 바라보는 것 같지 않다. 자녀교육을 위한 교육 기부자 또는 교육의 대상으로 보는 시각이다.

경기도교육청에서 나온 《학부모회 핸드북》([그림 2])에도, 학부모회는 학교교육 활동을 지원하는 기구로서, 그 방법으로 교육 자원봉사를 중심에 두고 있다. 교육부나 경기도교육청 모두 학부모의 위상을 학교교육 조력자로 바라보는 시각이라고 여겨진다.

교육 만족도를 제고한다는 것은 교육적 대상에게 만족스러운 교육을 제공하겠다는 뜻이다. 개별 학교가 학부모를 교육 소비자로 보는 것이 문제라고 생각했는데, 알고 보니 국가적 차원에서 그런 학부모 정책을 가지고 있다는 사실이 놀랍다. 지원하고 협

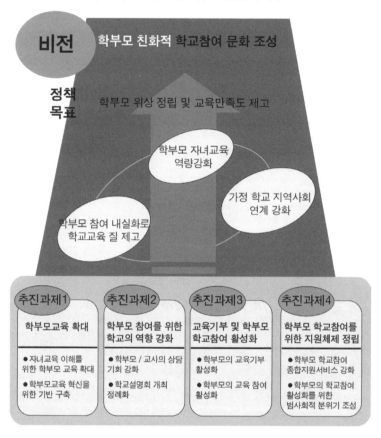

[그림 1] 2012년 교육부 학부모 지원 정책 체계도

비전 학부모 친화적 학교참여 문화 조성

정책 목표 학부모 위상 정립 및 교육만족도 제고

학부모 자녀교육 역량강화

가정 학교 지역사회 연계 강화

학부모 참여 내실화로 학교교육 질 제고

추진과제1	추진과제2	추진과제3	추진과제4
학부모교육 확대	학부모 참여를 위한 학교의 역항 강화	교육기부 및 학부모 학교참여 활성화	학부모 학교참여를 위한 지원체제 정립
●자녀교육 이해를 위한 학부모 교육 확대 ●학부모교육 혁신을 위한 기반 구축	●학부모 / 교사의 상담 기회 강화 ●학교설명회 개최 정례화	●학부모의 교육기부 활성화 ●학부모의 교육 참여 활성화	●학부모 학교참여 종합지원서비스 강화 ●학부모의 학교참여 활성화를 위한 범사회적 분위기 조성

력하는 것은 주체가 아니다. 주체는 직접 실행하는 단위이다. 학교 중심의 정책, 학부모를 협력적·보조적 역할로 규정하는 학부모 정책부터 수정되어야 한다.

경기도교육연구원에서 2016년 〈학부모 교육 주체화 방안 연구〉(책임연구원 오재길)라는 자료가 발행되었다. 그동안 교육 주체

[그림 2] 경기도교육청 《학부모회 핸드북》 중

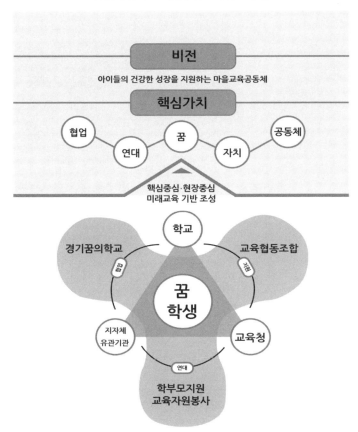

로서 학부모를 바라보는 자료가 거의 없었는데, 반가운 일이다. 드디어 교육 주체적 입장을 가진 학부모 정책이 나올 수 있겠다는 기대감이 크다.

이 자료에 따르면 교육기본법에는 학부모를 교육 당사자의 일원으로서 법적 위상을 명확하게 제시하고 있는데 반해, 초·중등

교육법에서는 학부모에 관한 사항이 아예 누락되어 있다고 한다. 법률적 정비가 시급하다. 또한 학부모가 교육 주체로 서기 위해서는 주체화 과정을 거치는 것이 필요하다고 한다. 주체화를 위해서는 사회적으로 주어진 정체성을 벗어던지는 탈 정체화가 먼저 일어나야 하는데 오랫동안 보조적 존재로 내면화된 인식을 각성하는 것이 우선이라고 한다.

학부모는 성숙한 어른으로서 스스로 교육받을 권리를 누려야 함에도, 마치 미성숙한 교육의 대상인 것처럼 학부모 교육을 시키고, 학부모에게 학생의 상태에 대해 일방적으로 가르치는 것을 상담이라고 일컬어왔다. 교사 주도의 혁신학교에서는 학부모 동아리를 교사들이 만들어 이끌어가고 있고 그 과정에서 깨우침을 받았다고 학부모들은 말하기도 한다.

다시 강조하지만 학부모는 교육 주권자이다. 학부모의 주체화 과정이 필요한 동시에 사회 인식적 차원에서 학부모가 교육 주권자임을 인정하는 정책과 지원이 필요하다.

학교에서 학부모가 해야 할 가장 중요한 역할은, 교육적 방향을 모색하는 것이다. 이 같은 관점으로 학부모를 바라보는 교육학자가 있다. 그는 이미 12년 전에 〈학교 혁신을 위한 학부모의 자기 혁신과 역할〉(전국학교운영위원회총연합회, 안선회, 2005)이라는 논문에서 정치학적 관점으로, 그러니까 주권자로서 학부모의 자기 혁신을 통해 교육의 주체가 되어야 한다고 강조한다.

나는 학부모의 자기 혁신뿐만 아니라, '학부모회'의 자기 혁신을 강조하고 싶다. 시민정신이라는 공공의 입장을 기저에 가질 수 있는 대표 기구로서 말이다.

혁신교사들이 가진 교육자로서의 사명감은 자기 혁신적 노력에 비견되는 높은 수준의 요구라고 할 수 있다. 그러나 교사에게 그것을 요구하는 것이 결코 무리가 아닌 것과 마찬가지로 학부모에게 그것을 요구하는 것도 결코 무리가 아니라고 생각한다. 동시에 두 교육 주체에게 끊임없는 지지와 응원이 필요한 일이기도 하다. 그것이 학부모 교육 주체화의 핵심이 아닐까 생각한다. 교육의 3주체라고 일컬어지는 만큼 역할도 그 주체에 걸맞게 주어져야 할 것이다.

교육기관의 학부모 정책을 전환해야 할 때가 왔다. 네트워크도 만들고 학부모 서비스도 강화되었지만, 방향이 문제다. 지금까지 학부모회는 대표 기구로서 자기 정체성을 갖지 못했고, 의견 수렴 기구로서 역량을 갖추지 못했다. 바로 이 시점을 강화해야 한다.

자각할 것.
역량을 키울 것.

역량 부족은 정책 부재의 탓이기도 하다. 방향도 틀렸고 매뉴얼도 없었다. 이제 다시 방향을 제시하고 구체적인 정책을 만들어 홍보해야 한다.

우선 교육청은 학부모가 협력자, 지원자가 아니라 교육 주권자임을 분명히 하는 정책 기조로 바꾸어야 한다. '학부모 친화적 학교참여 문화 조성'이라는 비전이 아니라 학부모가 교육 주권자로서 제 역할을 하는 것을 비전으로 삼아야 한다. 추진 과제로 '자녀교육 이해를 위한 교육과 상담, 교육 기부'가 아니라, 교육 주권자로서 교육 철학을 공유하는 일을 해야 한다.

둘째, 학부모가 학교의 파트너가 되었을 때 어떤 교육적 효과가 있는지 모든 구성원과 공유하는 연수를 대대적으로 해야 한다. 또한 학부모들에게 학부모 오리엔테이션을 해야 한다. 학부모가 학교라는 기관에 들어오면서 알아야 할 모든 것을 설명하는 시간을 학년별로 갖도록 하자. 각종 위원회가 왜 만들어졌는지, 어떤 역할을 필요로 하는지 구체적으로 설명해야 한다. 모든 첫 회의에는 취지와 목적을 설명하고 한 해의 목표를 합의하는 시간을 갖자.

셋째, 학부모 역량 강화 연수를 해야 한다. 학부모들이 직접 만들면 가장 좋다. 그러나 학교도, 학부모도 이제 시작이다. 처음에는 시행착오를 겪을 수밖에 없다. 그동안 운영위원 몇 년차라고 해도 형식적인 회의만 해왔기 때문에 준비된 이들이 적다. 부족하지만 시간이 걸리더라도 진짜 회의를 해나가다 보면 역량이 생길 것이다. 그렇게 쌓인 역량을 한 해 한 해 모아가야 한다.

어느 날 학교에서 회의 중에 한 교사가 들어와 몇몇의 임원에게 회의록을 들이밀며 사인을 요구했다. 물론 우리들이 참석한 적 없는 회의였다. 그런데 임원들이 아무 거리낌 없이 사인을 해주었다. 다른 학교 학부모들도 있었던 자리여서 너무나 부끄러웠다. 그런데 그들에게도 너무나 익숙한 광경이라고 한다. 무엇이 우리를 이렇게 만들었나? 더 이상 자괴감 생기는 일은 하지 말자.

얼마 전 경기혁신학교 학부모네트워크에서 학부모 포럼을 진행했다. 학부모력 강화를 위한 포럼이었는데, 학부모가 교육 주권자가 되는 데 걸림돌이 무엇인지 그 자리에 모인 학부모들이 직접 찾아보고 변화를 위한 우리의 약속을 만들어냈다. 또한 교육기관의 변화를 요구하는 제안도 만들었다. 아직 초안에 불과하지만, 학부모 혁신에 물꼬를 튼 의미 있는 자리가 되었다. 이것을 계기로 각 학교마다 학부모와 학부모회가 어떻게 혁신할 것인지 논의하는 자발적인 모임이 이어지면 좋겠다.

혁신 학부모 선언문

경기혁신학교 학부모네트워크는, 학부모가 교육 현장에서 교육 주권자로서 바로 서기 위해 학부모의 혁신, 학부모회의 혁신을 선언합니다.

학부모는 더 이상 교육 보조자나 지원자, 협조자가 아니며, 학부모회도 교육을 지원하는 봉사 단체가 아닙니다. 학부모는 학부모에 대한 잘못된 인식과 관행에서 벗어나 우리 아이들이 함께 살아갈 행복한 세상을 만들어가기 위해 교육 시민으로서 새롭게 혁신할 것을 다짐합니다.

학부모회는 전체 학부모들의 대표 조직으로, 일상적이고

정기적인 회의가 중요한 활동이며, 학부모의 의견을 모아 교육 시민의 정신으로 학교와 교육에 대한 대안을 만드는 조직으로 거듭나야 합니다.

〈우리의 할 일〉

1. 학부모 역량 강화를 위한 연수는 학부모들이 기획, 운영하며, 준비된 지역부터 바로 실시하도록 한다.
2. 유치원, 초등학교부터 자치적이고 정기적인 학부모회를 조직하고 적극적으로 참여한다.
3. 학교운영위원회 및 각종 위원회의 역할을 제대로 알고 적극적으로 참여한다.
4. 점수화된 결과 중심 학력관에서 벗어나 새로운 학력관을 담대하게 받아들이고 교육적 변화를 주도한다.

〈우리의 제안〉

1. 학교는 학부모가 교육공동체 구성원임을 인정하고, 교육 철학을 공유하는 3주체 회의를 정기적으로 실시하고, 학부모가 학교에 머물 수 있는 공간을 보장하며, 모든 교육 주체가 상시 소통할 수 있는 창구를 마련하라.
2. 교육청은 학부모가 교육 보조자, 지원자라는 인식에서 벗어나 학부모가 교육 주권자임을 분명히 하고, 학부모 역량 강화를 위한 연수를 학부모가 기획·운영하도록 지원하라.

3. 교육부는 헌법과 교육기본법에 명시된 학부모의 교육 주권을 초·중등교육법에도 명시하는 개정 입법을 추진하라. 또한 새로운 학력관에 따른 교육 방침과 캠페인을 적극적으로 시행하라.

　　　　　　　　　　　　　　　　　－ 경기혁신학교 학부모네트워크,
　　　　　　　　　　　　　'경기도 학부모 혁신교육 포럼' 중

학부모가 교육권을 갖는다는 것은 기존의 질서를 넘어서 자신의 목소리를 내고 더 이상 서열과 권력, 계급과 지배, 일방적인 지시와 권위를 용납하지 않겠다는 것이다. 교사와 학부모가 횡적이고 평등한 협력을 기반으로 하는 교육공동체를 구축해야, 학생 간 협력이 가능하고 모든 학생이 참여하는 민주 자치 학교가 보장될 수 있다.

학부모의 자발적인 힘을 믿고 학부모 교육 주체화를 정책화하자. 지금까지 최고의 교사들이 길러낸 시민의 판단력은 생각보다 높다. 시민을 믿듯이 학부모 시민성을 믿어라. 교육열이 있는 도심의 학교나 혁신학교만이 아닌 교육적 관심이라고는 없는 변방의 학교까지도 학부모는 교육의 주체여야 한다. 어떻게 교육에 참여해야 하는지 알아야 하고, 참여하게 되면 달라진다는 것을 알수 있는 학부모 정책으로 재맥락화해야 한다. 소외된 곳까지 학부모 정책이 제대로 가닿아야 진짜 정책이지 않은가.

학부모 역량을 키우자

우리는 개인적으로 학교와 싸우고 운영위원이 된 후 서로 간에 대치하고 감시해왔다. 서로에 대한 불신으로 많은 시간을 허비했다. 좋지 않은 방법이다.

많은 혁신학교가 학부모에게 공간을 내어주고 교사들이 잘하고 있으니 믿고 지원해달라고 한다. 교사들의 헌신적 노력은 감사한 일이지만, 학부모 역량이 커지기는 어렵다. 지금 정부가 70퍼센트가 넘는 지지율을 받고 있지만, 그저 감사하고 믿고 따르기만 해서는 시민으로서 올바로 설 수 없는 것과 마찬가지다. 시민 문화가 폭발적으로 성장할 수 있는 중요한 계기를 맞이한 지금, 시민 조직을 만들어 시민의 목소리를 내야 하는 것과 같다. 잘하는 것을 응원하고 지지하는 것은 당연하지만, 무엇보다 시민이 주체임을 자각하고, 역량을 키우는 일이 더 중요하다. 그래야 다음을 기약할 수 있다.

혁신학교가 권위적인 학교 문화를 자치 문화로 바꾸어가는 이 시점에 학부모 또한 주체로 서야 한다. 그래야 교장이 바뀌어도, 헌신적인 교사가 떠나도 우리 학교의 문화를 이어갈 수 있다. 혁신학교 재지정이 안 될까 봐 두려워할 것이 아니라 우리가 주체적이지 못한 것을 두려워해야 한다. 민주적인 교사회가 민주적인 학생을 만든다고 한다. 여기에 민주적인 학부모회까지 이루어져야 민주적인 학교 문화를 완성시킬 수 있다.

좋은 혁신학교였지만 한두 명의 교사들이 가버리고 나면 껍데

기만 남는 학교도 많다. 좋은 학부모회였지만 한두 명의 활동가들이 졸업하면 아무것도 아닌 학부모회가 되어버리기도 한다. 구성원들의 역량을 키워내지 않으면 학교 문화로 정착할 수 없다.

구성원의 역량을 키우는 방법은 교육 철학을 공유하는 것이다. 학교에서 학부모 교육을 정기적으로 하고 있지만, 자녀교육 역량 강화가 목적이다. 이것은 '학부모 교육'이라기보다는 '부모교육'이다. 자녀를 대하는 자세와 스킬을 개개인의 부모가 고민하고 배우는 것은 당연하고 중요하다고 생각한다. 그러나 학부모 교육은 이제 학교의 구성원으로서 알아야 할 내용을 안내하는 것부터 했으면 좋겠다.

그 첫째가 학부모의 역할과 학부모회의 위상을 알리는 것이다. 학교 구성원으로서 학부모의 자리가 어떤 것인지, 그 권리와 의무를 어떤 방식으로 행사할 수 있는지 알려주는 것이다. 학부모회도 학생회처럼, 교사회처럼 각각의 조직을 대표하는 기관으로서 의견 수렴 기구임을 분명히 밝히고, 교육 3주체 중 하나의 대표 기구임을 인정하는 것이다. 학부모의 역할은 학교운영에 대해 함께 논의하고 협의하는 것이며, 대표적으로 학부모운영위원회와 각종 위원회가 있으니 주체적으로 참여해줄 것을 요청해야 한다. 각급 대표는 구성원들의 의견을 모으고 협의하며, 의결된 안건을 전달하고 함께 실천해야 한다.

두 번째로, 학교장을 비롯한 3주체는 학교의 교육 방향을 함께 논의하고 공부할 필요가 있다. 학부모 교육으로 따로 하는 것이 아니라 학부모, 교사, 학생이 함께 나누어야 한다. 일종의 학교 아카데미를 열어, 교육과정위원회에서 교육적 방향을 정하면 그에 따라 아카데미의 주제도 정해지는 것이다.

우리가 '회복적 생활교육'을 학교 방침으로 정했을 때, 1년 내내 회복적 생활교육에 관한 교육을 받았다. 왜 같은 것만 하느냐고 다른 중요한 것도 많이 있다면서 지겨워하는 분들도 있었지만, 일상에서 회복적 정의를 실현하고 몸에 익히려면 1년으로도 부족하다. 생활교육을 바꾼다는 것은 관점을 바꾼다는 것이고, 생활 속 대처 방식까지 달라져야 하기에 문제를 처리하는 것이 아니라 어떻게 태도를 변화시킬지 방안을 내와야 한다.

교육 방향과 방침을 나눈다는 것은 교육 철학을 나눈다는 것이고, 과정을 이해한다는 뜻이기도 하다. 앞서 우리 학교에서 주민참여예산으로 학교 환경을 바꾸는 사업을 했다고 언급했다. 학부모 한 사람 한 사람이 참여하는 것이 중요하다는 취지를 아무리 이야기해도 학교에서는 학생과 교사 몇 명이 일을 진행해버렸다. 참여 과정의 중요성을 암만 설명해도 소용없었다. 교육 철학을 나누면 이런 과정까지 바꾸어갈 수 있다.

학교 아카데미는 일방적인 강의식이 아니라, 토론과 협의로 이어가야 한다. 강의는 토론을 돕는 도구일 뿐이다. 사람은 각자 듣고 싶은 것만 듣는다. 강의를 듣기만 하고 돌아가면 자신의 생각을 공고히 할 수 있는 정보만 기억하고 나머지는 버린다. 그러니까 혁신학교에서 주입식에 필요했던 교사 중심의 강의를 그만두고 모둠 토론으로 교수 방법을 바꾼 것이다. 생각의 틀을 확장하고 창의적인 사고를 이끌어내기 위해서는 토론을 통해 각 주체의 생각이 얼마나 다른지 확인하고, 어떻게 모아갈 것인지 나누는 시간이 필요한 것이다.

우리 학교에서 교복 자율화 문제가 생겼을 때, 그것은 단지 교복의 문제가 아니라 교육 철학을 함께 나누지 않았기 때문에 생긴 문제이다. 교복을 입어야 한다는 측에서는 복장이 학생답지 않으면 태도에도 영향을 미친다고 한다. 또 옷에 신경 쓰느라 공부에 소홀해진다는 우려도 있었다. 학생답다는 것은 무엇이고, 아이들은 오로지 공부에만 집중해야 하는 이유는 무엇일까? 교복 자율화에 찬성하는 이들은 교복뿐만 아니라 다른 면에서도 좀 더 학생들에게 자율권을 주어야 한다고 주장한다. 이들이 학생들에게 주고자 하는 자율권은 무엇이며, 그것은 어떻게 키워지는 것일까?

학교 아카데미는 이런 교육적 논제를 다루고 다양한 의견을 주고받는 시간이 되어야 한다. 지속적인 토론의 과정에서 교복 자율화 문제가 교육적으로 어떤 의미를 가지는지 협의하고, 우리는 어떤 교육적 지향을 선택할 것인지 결정해야 하는 것이다. 학교 아카데미를 통해 각 구성원들은 타인을 이해하고 다양성을 존중하며 조화로운 공동체를 어떻게 만들어가는지 배우고 실천하게 되는 것이다.

또한 이것은 학교의 교육 방침을 학부모에게 온전하게 전달하는 방법이기도 하다. 이제 새로운 학력관에 따라 점수와 결과에 연연하지 않고 학생이 자신의 삶을 경험할 수 있는 학습 환경을 만들어가야 하는데, 학부모들이 그런 변화를 이해하고 받아들일 수 있는 방법은 충분한 토론뿐이다.

최고의 혁신학교로 손꼽히는 어느 학교에선 학년이 올라갈 때마다 아이들이 교사에게 적응하느라 몸살을 앓는다고 한다. 다 내로라하는 좋은 교사들이지만, 각자 교육 철학이 너무나 달라서 이를 아우르지 못한 것이다. 이것이 과연 교사회의 역량이라고 할 수 있을까? 학교의 역량이 커졌다고 할 수 있을까? 수업을 잘하는 교사 몇몇이 만드는 혁신학교 말고, 그들이 떠난 후에도 수업의 질과 민주적인 교육 문화를 이어갈 수 있으려면 구성원 모두의 역량을 키워야 한다.

구성원의 역량을 키운다는 것이 말처럼 쉽지는 않다. 더구나 중고등학교는 익숙해질 만하면 졸업이다. 그러나 졸업자들이 그 마을의 지역민이라는 것을 잊지 않았으면 좋겠다. 그들의 경험이 다음 세대에게 이어질 수 있도록 인적 네트워크를 만들어가야 한다. 지역운영위원으로 함께해도 좋고, 후원자로서 일종의 명예회원으로 학부모회에 남게 하는 방법도 있다. 우리 학교에서 마을공동체회복위원회를 열어 마을 주민을 초대했듯이 마을 주민으로서 함께할 수 있는 방법도 얼마든지 있다.

우리 학부모회는 학년 초에 학부모 임원 교육을 자체적으로 진행했다. 교육청에서 진행하는 연수는 지나치게 행정 위주이고 고민이 얕다. 같은 학부모 입장에서 교육적 경험과 지혜를 나눌 수 있으면 좋겠는데, 수많은 학부모 활동가가 졸업을 하지만 개인의 경험으로 끝나지 축적된 자료나 정리된 내용이 없다. (이것이 아쉬워서 부족한 필자가 나선 것이다.) 이때 가장 어려운 것은 강사를 섭외하는 것이었다. 임원진이라면 학부모회의 역할과 운영위원회 역할, 그리고 회복적 생활교육까지는 이해해야 하는데, 통합적으로 연수해줄 사람이 없는 것이다. 처음에 임원교육을 하자고 하니 이게 뭐라고 공부까지 해야 하냐며 투덜거리기도 했다. 그러나 학교별로 임원 연수를 해야 하는 것은 당연하다. 각 학교마다 환경이 다르고 처지가 다른데, 인수인계조차 없이 임원의 역할을 한다는 것은 거수기만 하겠다는 것과 같다. 잘은 모르지만 그냥 학교에서 하라는 대로 하면 되는 거라는 인식이 만연해 있다.

교육지원청별로 학부모 대표 모임도 있고, 자발적인 단체로 운영위원협의회 등이 만들어진 곳도 많다. 그동안 제 역할을 못해 온 학부모 모임이 많았지만, 이제는 학부모 운동이 자리 잡아간 지역도 적지 않다. 학부모 활동을 경험하고 학교교육 철학을 협의해본 이들이 지역 내 학부모들에게 선배로서 다양한 경험과 노하우를 전달할 수 있는 방법을 마련해야 한다.

그동안 교육청에서 만들어진 학부모 매뉴얼은 학교를 지원하기 위한 방법을 가르쳐주는 매뉴얼이었다. 이제는 학부모 스스로 학부모 위상을 세우는 매뉴얼을 만들자는 것이다. 이런 제안이 조심스러운 것은 또 하나의 형식적인 네트워크와 매뉴얼이 되는 것은 아닐까 싶어서이다. 다양한 논의 구조를 통해 충분히 역량이 있고 아래로부터 공감을 받는 이들이 학부모 네트워크를 만들어주었으면 한다. 학부모 정책이 바로잡히면 학부모 컨설턴트로서 역할을 해주면 좋을 것이다.

졸업생들도 지역민으로 남아 있다. 자랑스러운 모교로 기억되는 학교를 만들어주면, 후배들에게 봉사하고 싶은 마음이 더욱 커질 것이다. 우리 마을같이 작은 지역은 졸업생들의 영향력이 크다.

학교에서 학부모의 역할을 바로세우고, 그 경험을 후배 학부모들에게 나눠주고, 민주적이고 자치적인 문화가 학교 안에서 형성되어 마을로 확장되고, 아이들은 학교에서 배운 삶의 방식을 그대로 마을과 사회에서 실현할 수 있다면, 이것이야말로 마을교육공동체가 구축되는 과정이 아닐까?

이제 우리는 무엇을 해야 할까

이 책을 덮으면서 '나도 학부모로서 무언가 해볼까?' 하는 마음이 조금이라도 생겼으면 좋겠다. 이 책은 학부모 활동 실패담이다. 학교가 안 받아주는 걸 억지로 들어가서 이런저런 훈수를 두었고(학교가 가장 싫어하는 학부모상이다), 교사를 믿지 않고 직접 아이들 교육 문화를 바꾸겠다고 나섰으며, 학부모를 위한 활동을 잠시 했었고(학교가 평생교육기관으로서 역할을 하기도 하니까), 이제는 학부모 의견 수렴이 주 활동이어야 한다고 말하고 있다.

아직 실천해보지 않았다. 경험해보지 않은 제언일 뿐이다. 당연히 보완이 필요하고, 이 책을 읽으시는 분들이 실천을 통해 보완해주길 바란다. 그럼에도, 학부모들이 학부모회에 바라는 것은 거창한 활동이 아니라 필요할 때 곁에 있어줄 내 편이 아닐까 하는 결론을 조심스럽게 내려본다.

'교육과정이 바뀌었다고 하고, 학교에서는 설명해주겠다고 하는데, 왠지 불편하다. 알아두어야 할 정보라고 생각되지만, 굳이 알고 싶지 않다. 불안하기만 하다. 복잡하게 말고 간단히 설명해줄 친한 언니가 있었음 딱 좋겠다.'

대체로 학부모들은 이런 심정일 것이다.

친한 언니 같은 역할을 학부모회 안에서 서로 해주자는 것이다. 근거 없는 카더라 통신 말고 학부모회에서 공식적으로 정보를 거르고 학부모 언어로 쉽게 전해주는 것이다.

학교에 와서 서로 별일 없이 잘 사시는지 일상을 나누고, 각자의 교육적 지향을 나누고, 유용한 교육 정보도 나누면 옆집 아줌마와 불안을 나누던 때보다 훨씬 편안한 저녁을 보낼 수 있을 것이다.

물론 학교가 문을 열어주어야 가능하다. 준비되지 않은 학교를 탓하지 말고, 현재 가능한 선에서 시작하자. 학부모도 준비되지 않은 것은 마찬가지이니 조금씩 문을 두드리자. 학교에 있는 시스템 안으로 들어가자. 소위원이든 동아리든, 그 무엇이라도 드나들면 길이 보인다.

현재 학부모회가 혁신적이지 않다고 생각하는가? 우선 이 책에 공감하는 이웃 두 명만 찾으시라. 세상을 바꾸는 3의 법칙이라는 것이 있다. 한 사람 혹은 두 사람이 의견을 낼 때보다 세 사람이 함께했을 때 큰 추진력을 갖게 된다는 동조 현상인데, 사회를 움직이는 힘 중의 하나라고 한다. 셋이서 학부모회에 나가서 모임을 시작하시라. 학년이 같으면 학년 모임을, 학급이 같다면 학급 모임을, 관심거리가 같다면 소위원회나 동아리 활동을 시작하시라.

우리가 처음 운영위원 선거에 나섰을 때, 우리는 이 지역에 아는 사람도 많지 않았고, 상대 후보 측은 오랜 원주민들이기에 동네 사람들이 잔뜩 몰려와 밀어주자는 분위기가 팽배해 있었다. 가망이 없어 보였다. 그런데 결과는 예상을 뒤집었다. 어떻게 그런 결과가 나왔을까 나중에 곰곰이 생각해보니 우리는 학부모들과 소통하겠다는 의지가 있었고, 상대 후보는 애들 때문에 나왔다는 것이 너무나 분명하게 드러났기 때문임을 알 수 있었다. 진심이 통한 것이다.

세 명이면 충분하다. 작은 것 같지만 뚜렷한 방향을 가진 3의 위력은 나비의 날갯짓처럼 큰 반향을 일으킬 수 있다.

활동을 잘하고 있는 학부모회라면 학급의 학부모들과 이야기 나누는 시간을 가져보면 좋겠다. 아이들만 신뢰 서클이 필요한 것이 아니다. 꼭 서클이 아니더라도 서로에게 관심을 가져보자. 이웃을 만나고 싶어 학부모 활동을 하는 이들이 의외로 많다. 그만큼 우리는 외롭고 불안하다. 학부모회가 부담스럽지 않으려면, 학교를 지원하는 활동이 아니라 서로의 안부를 묻고, 필요한 정보를 나누고, 응원과 지지를 하는 것이 기본 활동임을 우리가 명확히 알아야 한다.

그런 의미에서 혁신학교 교사들이 참 대단하다는 생각이 든다. 권위적인 학교 문화 속에서 수평적인 교사 문화를 만들어낸 힘은 오로지 교사들이었기 때문이다. 그래서 힘을 보태고 싶다. 우리가 지지하고 돕겠다는 것이다. 교사들이 스스로 학교 문화를 변화시켜왔듯이 우리도 그러할 것이다. 다만 교사들이 먼저 이겨낸 사람들로서 우리들에게 손을 내밀어주었으면 좋겠다. 아니, 우리가 헤쳐 나가는 그 길을 응원해주었으면 좋겠다.

학교 안에서 시작하는 것이 가장 좋지만, 정 이웃을 찾을 수 없거나 학교가 문을 열어주지 않는다면 학부모 단체나 학부모 네트워크도 있다. 개인 자격으로도 참여할 수 있으니 걱정 말고 가장 가까운 교육 단체를 찾으시라. 어디서, 무엇을 하든 학부모가 교육 주권자라는 것을 잊지 말고 후속 모임을 이어가는 것이 중요하다. 혁신학교나 교육과정에 대한 많은 교육이 이루어지고 있지만, 대부분 후속 모임을 이어가지 못하고 있다. 같은 관심을 가진 이들끼리의 후속 모임은 큰 힘을 발휘한다. 이들의 힘으로 닫혀 있던 학교의 문을 열게 될 수도 있다.

혁신학교가 되고 나서 무엇이 좋았냐는 질문에 우리 학교 학부모들은 학교가 소통을 시작한 것이라고 대답한다. 적어도 소통해야 한다는 것을 학교도 안다. 학교가 학부모에게 마음을 열고 있어도 학부모들은 학교가 불편하다. 하고 싶은 이야기가 있어도 어떻게 입을 떼야 할지 모른다. 혹시나 나댄다고 주변 학부모들이 눈총을 주지 않을까, 교사들이 내 마음을 알아줄까 온갖 눈치가 보이는 것이다.

학교가 조금만 더 학부모들의 입장을 이해해주었으면 좋겠다. 학부모들의 이야기를 듣고 싶다면 말할 수 있는 분위기를 만들어주어야 한다. 듣겠다고 해놓고 말 나오자마자 해명하지 않았으면 좋겠다. 방어하는 기분이 들어서 입을 다물게 된다. 사람은 누구나 자신이 하고 싶은 이야기를 하고 나야 상대방의 이야기를 들을 수 있는 귀가 열리는 것이다. 누구나 말할 수 있게 해주었으면 좋겠다. 언변이 없어도, 용기를 내지 않아도, 짧은 이야기라도 모두가 말할 수 있는 기회를 만들어주었으면 한다. 소통이란 그런 것이지 않은가. 우선 마음이 열려야 내 안의 것을 꺼내고 싶어지는 것이다. 그렇게 교사에게 마음이 열리면, 학교가 하려는 교육 방향과 교육 내용이 무엇이든 신뢰하는 마음을 갖게 된다. 자꾸 설명하려고 하지 말고 마음을 먼저 나눠보면 어떨까?

사실 대안학교에서는 대체로 구성원 모두가 교육 철학을 나누는 교육이나, 학부모 역할에 대한 오리엔테이션을 당연하게 생각하고 있다. 대안학교만이 아니라 대부분의 사회 조직에서도 첫 만남에서 조직에 대한 소개를 하고 목적한 바를 나눈다. 학교 안에서는 너무나 익숙해서 학교라는 조직을 소개할 필요를 못 느끼고 있지만, 공교육이기에 더욱 친절한 안내와 소개가 있었으면 좋겠다.

둘째 아이가 처음 학교에 갔을 때 글씨를 몰라 알림장을 적어오지 못했다. 칠판에 써 있는 걸 그냥 그대로 그려오라고 했더니, 칠판이 뭐냐고 되물었다. 생각해보니 칠판을 본 적이 없는 것이다. 학교에 갈 나이가 되면 칠판을 아는 것이 왜 당연한가? 초등학교 신입 학부모들이 가장 걱정하는 것이 유치원과 초등학교의 변화가 너무 급격하다는 것이다. 왜 이런 걱정을 하면서도 꾹 참고 그것을 당연한 것으로 받아들여야 하는가? 걱정과 두려움보다 기분 좋은 긴장감 정도면 충분하지 않을까? 그런 지점을 지적할 수 있는 사람은 당사자인 학부모뿐이다.

우리가 학교에 바라는 이런 내용을 학부모회에서 먼저 나누고 실천해보자. 학부모들도 모르는 것을 물어보고 필요한 것을 말할 수 있는 자리와 기회를 외면하지 말아야 한다. 학교는 과도한 개입을 두려워하는 것뿐이다.

학부모 모임을 시작할 때 특히 조심해야 할 것이 있다. 패거리가 생기지 않도록 하자. 친한 사람일수록 떨어져 앉고 돌아가며 인사하고 그동안의 안부를 말하는 것으로 모임을 시작하는 것이 좋다. 늦게 온 사람도 반드시 인사할 시간을 주면서 미안한 마음을 전할 기회를 주어야 한다. 마음을 여는 시간을 먼저 가지면 회의 중 다른 이야기로 흘러가는 빈도가 줄어든다. 각자의 안부는 가장 중요한 안건이다. 그 무엇보다 사람이 중요하기 때문이다. 감정이 깊어지는 이야기가 길어지면 잠시 휴식 시간을 가지는 게 좋다. 환기도 되고, 푸념이나 비난, 부정적인 흐름으로 이어지지 않도록 조절하는 것이다. 필요하다면 이후 뒤풀이나 한풀이 시간을 가지면 된다. 다만 회의 중간에 한풀이(또는 뒷담화)가 되지 않게 조절해야 한다. 모임이 끝났을 때는 끝났다는 것을 공지하는 것이 필요하다. 공식적인 한풀이가 아니라는 것을 명확히 하기 위해서이다.

또한 찬반을 나누지 않도록 하자. 찬반이 나뉘는 의견이 나올 때는 왜 찬반이 나뉘었는지 각자의 시선으로 들여다보자. 그 목적과 이유가 다름을 알 수 있다. 그 지점을 발견하면 어떤 내용이 우리의 목적과 부합하는지 판단할 수 있다. 마지막까지 찬반을 선택해야 할 경우, 적당히 섞어서 또 하나의 의견을 내놓는 것도 방법이다. 회의하는 동안 나뉜 사람들 간의 갈래를 재정비하는 것이다.

어디에서든 누군가를 뒤에서 비난하고 반대를 위한 반대를 하는 등 힘들게 하는 사람들은 있다. 그런 이들 때문에 학부모 활동을 하기 싫다는 분들도 있다. 그런 이들은 동조해주지 말고 슬쩍 피하면 절로 사라진다. 어디에나 있는 문제로 학부모 모임을 피하는 것은, 굳이 안 해도 되는 관계라고 생각하기 때문이다. 대부분의 사회관계는 안 해도 된다. 조금 아쉽고 불안하지만 먹고사는 데 지장이 없다. 학부모회도 마찬가지다. 그러나 관계를 통해 조금 더 내 아이가 안전하다면, 내 아이를 더 이해하게 된다면, 내 아이가 살아갈 세상이 풍요로워진다면 조금 수고롭더라도 만남을 시도해볼 만하지 않을까? 아이 친구 부모라는 관계를 넘어서 이웃이 생기고, 마을이 형성된다는 느낌을 받을 수 있으리라.

아직 우리는 함께 만들어가는 것에 익숙하지 않다. 전문가가 정리해주고 결론을 내려주길 기대한다. 또 내가 아이들을 잘 키우고 있는지 확인받고 싶고, 속상하고 힘들 때 위로받고 싶어 한다. 그러나 그것은 잠시간의 위로일 뿐이다. 전문가의 정리된 결론은 정보에 지나지 않는다. 내 아이와 교육의 문제는 부모 스스로 변하는 데서부터 해결이 시작된다. 이제 전문가는 그만 만나자. 우리 스스로가 전문가다. 위로만 받고 넘기지 말자. 이제는 내가 움직일 차례다. 시간은 지금도 흘러가고 아이들은 커간다.

지금 당장 책을 덮고 이웃을 만나보자. 불안을 나누지 말고 손을 잡자. '우리'가 하나씩 직접 해보자. 값진 경험이 될 것이다.

한눈에 보는 학부모회 연간 기본 활동 계획표(예시)

월별	내용	기타
12월	학부모회 임시총회 (1년 돌아보기 및 학부모 대표 임시 선출) 3주체 교육과정 토론회	
1월	인수인계 및 학부모 활동 목표 수립 학교와 교육과정 협의	교육과정위원회가 중심이 되어 논의
2월	학부모회 활동 계획 구상 학부모 교육 계획 구상	
3월	학부모총회(학부모 대표 및 활동 계획 인준) 신입 학부모 오리엔테이션 및 간담회 정기 학부모회 (학부모 활동 내용 의견 수렴)	학년별 교육과정, 학부모 교육 계획 공유
4월	학교 아카데미 정기 학부모회의 (신뢰 구축 및 학부모 활동 계획 발표)	
5월	정기 학부모 교육 정기 학부모회의	
6월	학교 아카데미 정기 학부모회의	
7월	3주체 교육과정 토론회 (상반기 돌아보기 및 계획) 정기 학부모회의(상반기 돌아보기)	
8월		방학
9월	학교 아카데미 정기 학부모회의(2학기 활동 내용 공유)	
10월	정기 학부모 교육 정기 학부모회의	
11월	3주체 교육과정 토론회 정기 학부모회의(하반기 돌아보기)	각 위원회 및 기관별 돌아보기

- 정기 학부모회의는 학급 학부모회 → 학년 학부모회 → 총학부모회 → 운영위원회로 전달되도록 하며, 모든 단위의 활동은 총학부모회와 운영위원회 심의를 거칠 수 있도록 한다.
- 학부모운영위원은 학급 학부모회에 참여, 운영위 협의 내용 전달 및 의견을 수렴하도록 한다.
- 학부모 활동은 운영위원회 산하 소위원회 활동을 우선으로 한다.
- 학부모 동아리 및 기관 등은 자립적으로 운영하되, 학교교육 목표에 맞게 활동 계획을 수립하도록 한다.
- 학부모회의 안건 내용은 ① 친목, ② 단위별 공지 및 교육 내용 공유, ③ 학부모 약속 및 실천 내용, ④ 건의 사항 및 기타 안건을 기본으로 한다.
- 학부모 교육은 학교 교육 목표에 맞는 교육 철학을 주 내용으로 한다. 그 외 필요한 학부모 교육은 각 단위에서 자체적으로 진행할 수 있다.

학부모를 위한 몇 가지 TIP

1. 학부모회 모임 동안 6학년이 학부모를 따라온 동생들을 돌보는 '돌봄교실'을 운영하면 좋다. 대신 6학년만의 특권이 될 수 있도록 어릴 때부터 기대감과 자부심을 주는 것이 필요하다. 중고생은 봉사 활동 점수를 줄 수 있도록 하면 더욱 좋다.

2. 학부모회가 했던 많은 먹거리 부스를 학생들이 할 수 있도록 권장한다. 먹거리는 엄마들의 몫이라는 사회적 인식이 학부모회가 먹거리 부스를 운영하는 계기가 되었다고 생각한다. 그동안 우리 아이들 잘 먹이고 싶어서 즐거운 마음으로 운영해왔지만, 이제는 그것도 아이들의 몫으로 돌려줄 때가 되었다. 필요한 것은 스스로 만들어가는 자치력을 높이기 위해서이다.

3. 교육청에서 다양한 연수와 활동으로 학부모 대표나 운영위원을 부르곤 한다. 공문에 따라 학부모가 교육청에 가는 경우, 출장으로 처리하고 교통비를 지급받을 수 있다. 행정실에 미리 출장 내역을 기록해야 한다. 학교 예산을 받는 것이라고 사양하는 학부모들도 있는데, 활동에 대한 정당한 대가를 받는 문화를 만들어갈 필요가 있다. 다음 세대 학부모들을 위해서라도 나부터 시작하자. 정 불편하면 모아서 학부모회 활동비로 쓰면 된다. 드문 일이지만, 학부모가 출장을 갔다가 사고를 당할 경우 기록이 없으면 보상을 받지 못한다. 내 시간과 교통

비 들여 교육청에 다녀야 한다는 불만을 말씀하시는 분들이 가끔 있어서 이런 시스템이 있다는 사실을 꼭 알리고 싶다.

4. 학부모 대상 연수에 가면 방명록을 기록하게 하는데, 나도 그랬고 많은 이들이 방명록을 위해 교육청에 간다. 우리 학교만 비어 있으면 학교에 불이익이 생기지 않을까 걱정되기 때문이다. 교육청 입장에서는 참석자가 있어야 하고 인원을 파악하기 위해서 미리 학교에 신청을 받기도 하고 학교에서도 꼭 참석하라고 권하기는 하지만, 사실 그 방명록은 행정 서류에 불과하다. 그런 이유로 불이익을 줄 수도 없지만, 방명록을 다시 들여다볼 시간이 없을 정도로 교육청은 바쁘다. 더구나 그 어떤 곳에도 학부모가 반드시 참석해야 할 의무는 없다.

5. 학부모 활동을 하다 보면 참여하지 않은 학부모들을 원망하거나 탓하기 쉬운데 참여의 기쁨을 아는 이들이 먼저 손을 내밀고 좀 더 편안하고 다양한 방식으로 초대해보자. 학부모회의를 하는 동안 아이들이 요리 체험을 하고 다 같이 나눠먹으며 수다 시간을 갖는다는 등 창의적인 아이디어를 내보자.

6. 내 학교라는 좁은 울타리에 갇히지 말자. 학부모 대표는 특히 우물 안 개구리를 벗어나 지역의 학부모들을 만나고 교육 전반을 조망할 필요가 있다. 교육은 끊임없이 움직이는 생물과 같다. 내가 지금 하는 활동에 만족하지 말고 새롭게 변주하는

시도를 멈추지 말자.

7. 학교 안에 각종 위원회(방과 후 학교 소위원회, 교육과정위원회, 학교 급식 소위원회, 수학여행 소위원회 등)가 있듯이, 교육청에도 많은 위원회 또는 자문기관 등이 있다. 안타까운 것은 현재 학부모회에서 활동하는 학부모 활동가들이 참여하는 경우가 극히 드물다는 것이다. 대부분 지역 유지이거나 학교에서는 활동하지 않고 단체에서 활동하는 이들이 참여하는 경우가 많다.

학부모 활동가들이 교육청 내 각종 위원회나 심사단에 적극적으로 참여했으면 좋겠다. 교육 정책과 정보도 알 수 있고, 각종 위원회의 활동 내용, 각종 공모사업의 심사 기준 등을 파악할 수 있다. 교통비, 회의비도 지급된다.

교육청에도 요구하고 싶다. 수많은 심사단에 학부모들이 참여할 기회를 열어주었으면 좋겠다. 학부모와 소통하는 교육청이 될 수 있을 것이다.

☞ 도움이 될 만한 사이트

전국학부모지원센터 www.parents.go.kr/

1365자원봉사포털 www.1365.go.kr/vols/main.do

한국평화교육훈련원 www.kopi.or.kr/

회복적 생활교육 cafe.daum.net/RD-goodteacher

에필로그

늦은 밤, 집으로 돌아오는 길에 기타를 메고 버스 정류장에 서 있는 솔이를 만났다. 이게 얼마만이냐며 얼싸안고 싶었지만 친구들과 술을 한잔했는지 말을 하기도 조심스러워했다.

"가끔 생각이 났어요. 어떻게들 지내시는지 궁금했어요."

솔이는 그때의 아이들이 어찌 지내는지 이야기해준다.

"형진이는 경영학과 다니다가 군대 갔고요, 채훈이는 게이머로 잘나가요. 지희는……."

그리운 이름들, 첫 번째 청소년 축제를 이끌었던 친구들이다. 당시 학교에서 하는 축제는 학급 발표회 식으로 진행되있기 때문에 진짜 끼를 발휘할 수 없었다. 우리끼리 모여서 놀아보자며 시작한 청소년 축제 준비위원회. 어떻게 이 아이들을 만나게 되었는지 기억이 나지 않는다. 뭐든 잘 잊는 나에게 너무나 오래된 일이고 그동안 많은 일이 있었기에, 첫 번째 청소년 축제는 그저 오래전 추억에 불과하다. 그런데 생각해보면 아이들과 무언가를 해본 첫 번째 활동이다. 그때의 감격스런 기쁨이 없었다면 이후도 없었을 것이다.

당시 우리는 방과 후에 수시로 만나 축제 기획과 준비를 했다.

하지만 매번 이야기는 진척되지 않았고 깔깔대며 웃기만 했다. 그 시간이 무척 즐거웠다. 막상 축제 날이 닥치니까 준비위원이고 뭐고 다 같이 덤벼들어 일을 해냈고, 무대와 상관없이 신나게 즐겼다. 아이들은 아무것도 없이 잘도 놀았다. 흥이 난 아이들은 너 나 할 것 없이 기차놀이를 하며 마구 뛰어댔다.

솔이는 지금 음악을 한다. 국카스텐의 팬인 나는, 음악 하는 이들의 짠내 나는 20대 시절을 잘 알기에 솔이를 보면 안타까움과 기대감이 동시에 들지만 무엇보다, 부럽다.

"솔아, 네 공연 보고 싶어. 어디든 갈 테니까 꼭 불러줘."

"네! 오시면 감사하죠. 저도 어디든 불러주세요. 꼭이요."

솔이의 약속이 지켜지길 바란다. 마을에서 솔이가 공연할 수 있는 기회를 주고, 마을이 낳은 세계적인 뮤지션이 되고, 다시 마을 축제에서 만날 수 있기를 바란다. 그것이 바로 우리가 바라는 마을공동체의 모습이 아니겠는가.

그러려면 학교는 학생들에게 실험과 상상의 기회를 주고, 마을은 청년들이 도전과 실패를 두려워하지 않게 품어주어야 할 것이다. 솔이처럼, 우리와 함께 활동하던 청년들을 마을 곳곳에서 만날 날이 머지않았다. 마을이 키우던 아이가 이제 우리와 어깨를 나란히 겯고 서로에게 도반이 되어줄 것이다.

"엄마, 시원이랑 친구들 온대."

큰아이 친구들이 오면 나는 가급적 운동을 핑계 삼아 얼른 집을 비워주는데 그날은 수박을 썰어놓겠다며 밍그적거렸다. 아이들이 들이닥치자 버선발로 달려 나가 시원이를 반겼다. 시원이가 하얀 이를 드러내며 활짝 웃었다. 맑고 밝은 얼굴이다. 수박을 내주고 기분 좋게 운동하러 나갔다.

추위가 시작되던 어느 해, 시원이와 친구들은 밤늦게까지 거리를 배회하다가 나를 만났다.

"좀 더 놀고 싶어요. 근데 너무 추워요."

아이들은 나에게 구원을 바라는 눈빛을 보냈다. 시원이 엄마에게 먼저 연락했다. 아이들에게 공간을 내주고 싶은데 괜찮겠냐고 물었더니 다행히 고맙다는 반응이다. 보통은 호통을 쳐서 집에 들여보내라거나 아이에게 따로 연락해서 동네 창피하니 빨리 들어오라고 한다.

아이들에게 마을 활동을 하는 사무실을 내어주고 절대 담배를 피우거나 위험한 행농을 해서는 안 된다고 신신당부했다. 아이들은 "금방 잘 거예요, 그저 같이 있고 싶어서 그래요"라고 기어들어가는 목소리로 말했다.

그날 밤 나와 남편은 한숨도 못 자고 수시로 사무실로 달려가 아이들을 확인했다. 투명한 유리문이어서 다행이었다. 아이들은 뒹굴거리며 핸드폰을 들여다보기도 하고, 뭐가 그리 재밌는지 서로 킥킥거리며 웃었다. 새벽녘에야 웅크리고 잠든 모습을 보고 우리도 잠시 눈을 붙였다. 동네 주민들이 나오기 전 이른 아침에 아이들을 깨워 컵라면을 사 먹여 돌려보내고서야 긴 안도의 숨을 토해냈다. 쑥스러운 듯 눈을 못 마주치던 시원이의 모습이 아직도 기억에 생생하다.

예전에는 동네 사랑방이 있어서 밤마다 모여 노닥거리고 추억을 나누었다고 한다. 그 뒤에는 TV가 거실이라는 공간에서 가족을 장악했는데, 이제는 가족도 흩어지고 핸드폰을 통한 개인의 시대가 되었다. 혼자 핸드폰을 보지만 옆에 누군가가 있기를 바라는 시대. 아이들은 '외로운' 것이다.

그날 밤에 나는 뭘 한 걸까? 하룻밤의 탈선을 도와준 꼴은 아니었을까? 하지만 아이들이 원하는 것은 이것이다. 뒹굴거리며 시시덕거릴 자신들만의 공간. 아이들은 이미 그날을 잊었겠지만 나는 영영 잊지 못할 것 같다. 나는, 우리 어른들은 그런 아이들에게 무엇을 해줄 수 있을까?

나는 평범한 아이들보다 방황하거나 결핍이 있는 아이들에게 마음이 간다. 학교나 사회제도적 변화를 통해 모든 아이에게 더 나은 교육 환경을 제공하는 것도 중요하지만, 잠시 길에서 방황하는 아이들 옆에 어른 친구가 한 명쯤 있다면 든든하지 않을까? 그런 아이들에게 내가 개인적으로 도움의 손길을 주는 것보다 좀 더 조직적이고 지속 가능한 체계를 갖추어서 안정적인 지원을 해줄 수 있으면 좋겠다. 학부모 활동가들이 해온 아이들을 키우고 마을을 돌보는 경험과 촘촘한 관계망이 흩어지지 않고 그대로 이어갈 수 있는 체계 말이다.

그러려면 마을 활동가를 자원으로 바라보는 정책이 시급하다. 학부모회는 우리 사회에서 돌봄과 배려, 공동체성을 갖춘 여성 활동가로 성장할 수 있는 거의 유일한 조직이다. 기본소득을 지원하는 활동가에 대한 일자리 창출이든, 마을 안에서 돌봄공동체성이 필요한 곳에 우리 학부모 활동가 출신이 안정적이고 지속적으로 활약할 수 있는 날이 오기를 바란다. 그날까지 엉터리 같은 나의 발걸음은 계속될 것이다.

조용미

부록

서울, 경기도교육청 학부모회
구성·운영 등에 관한 조례

서울특별시교육청
학교 학부모회 구성 및
운영 등에 관한 조례

[시행 2016. 1. 1.] [서울특별시 조례 제6141호, 2015. 12. 31., 일부 개정]

서울특별시교육청 (참여협력담당관) 02-3999-471

제1조(목적) 이 조례는 서울특별시 내 학교의 학부모회 설치와 운영에 관한 사항을 정하여 효율적인 학부모회 운영을 도모하고, 학부모들이 교육공동체의 일원으로 교육 활동을 지원하여 학교 교육 발전에 이바지함을 목적으로 한다.

제2조(정의) 이 조례에서 사용하는 용어의 뜻은 다음과 같다.

1. '학교'란 「초·중등교육법」 제2조에 따른 초등학교·중학교·고등학교 및 특수학교를 말한다. 다만 방송통신고등학교와 방송통신중학교는 제외한다.

2. '학부모'란 부모, 후견인 또는 다른 법령의 규정에 따라 보호·감독자 등의 지위에서 취학하여야 할 아동 또는 학교의 학생에 대하여 실질적인 교육의 책임을 지고 있는 사람을 말한다.

3. '학부모회'란 전체 학부모를 구성원으로 두고 있는 기구를 말한다.

4. '총회'란 학부모 전체가 참여하는 학부모회의 최고 의사 결정 방식으로서 「초·중등교육법 시행령」 제59조 제②항에 따른 학부모 전체회의를 말한다.

5. '대의원회'란 학부모 대표로 구성되어 이 조례 또는 총회에서 위임한 사항을 결정하는 의사 결정 기구를 말한다.

제3조(학부모회의 설치) 서울특별시 교육감 관할 공립학교에는 학부모회를 두고, 사립학교의 경우에는 학교 법인의 정관 또는 해당 학교의 규칙으로 정한다.

제4조(학부모회의 명칭) 학부모회의 학교별 명칭은 해당 학교명 다음에 '학부모회'를 붙여 표시한다.

제5조(기능) 학부모회는 학교교육 발전을 위하여 다음 각 호의 사항을 수행한다.

1. 학교운영에 대한 의견 제시 및 학교교육 모니터링

2. 학부모 자원봉사 등 학교교육 활동 참여·지원

3. 자녀교육 역량 강화를 위한 학부모 교육

4. 지역사회와 연계한 비영리 교육사업

5. 그 밖에 학교의 사업으로써 해당 학교 학부모회의 규정으로 정하는 사업

제6조(회원) 회원의 자격은 해당 학교에 재학하는 학생의 학부모로 한다. 다만, 졸업한 학생의 학부모 중 학부모회 임원은 임기 만료일까지 회원의 자격이 있는 것으로 본다.

제7조(임원 등의 구성)

① 학부모회의 임원은 회장 1명, 부회장과 감사로 구성하되, 임원의 정수는 해당 학교 학부모회 규정으로 정한다.

② 임원은 총회에서 민주적인 절차에 따라 선출한다.

③ 학부모회의 사무를 원활하게 처리하기 위하여 학부모회의 회원 중에서 간사를 둘 수 있다.

제8조(임원의 임기)

① 임원의 임기는 선출일 다음 날부터 다음 학년도 정기총회일까지로 한다. 다만, 학생의 졸업으로 인한 경우는 임기만료일까지 임원의 자격을 유지한다.

② 학부모회의 회장은 1회에 한하여 중임할 수 있다.

제9조(임원의 직무)

① 회장은 학부모회를 대표하고, 학부모회의 업무를 총괄한다.

② 부회장은 회장을 보좌하며 회장이 부득이한 사유로 직무를 수행할 수 없을 때에는 그 직무를 대행한다.

③ 감사는 학부모회의 업무 및 회계를 감사한다.

④ 제③항의 감사는 연 1회 실시하되, 감사가 학부모회의 공정한 운영을 위하여 필요하다고 인정할 경우에는 대의원회의 의결을 거쳐 특정 감사를 실시할 수 있다.

⑤ 감사는 감사 결과를 감사 종료 후 7일 이내에 학교 홈페이지 등을 통해 전체 회원에게 공개하여야 한다.

제10조(임원의 자격) 임원의 자격은 해당 학교 학부모회 규정으로 정한다.

제11조(학부모회의 조직) 학부모회는 총회를 두되, 필요한 경우 해당 학교 학부모회 규정이 정하는 바에 따라 대의원회, 학년별 학부모회, 학급별 학부모회, 기능별 학부모회를 둘 수 있다.

제12조(총회)

① 총회는 정기총회와 임시총회로 구분하며, 정기총회는 매년 3월에 개최한다.

② 총회는 회장이 소집한다.

③ 임시총회는 회장이 필요하다고 인정할 때, 또는 전체 회원의 10분의 1 이상의 요구가 있을 때 소집한다.

④ 회장은 총회를 개최하려는 경우 총회 소집 의안 및 일시, 장소를 총회 개최 7일 전까지 학교 홈페이지 등에 공고하여야 한다.

⑤ 총회는 회원의 10분의 1 이상의 출석과 출석 회원 과반수의 찬성으로 의결한다.

⑥ 회장은 회의 결과를 회의 종료 후 7일 이내에 학교 홈페이지 등을 통해 전체 회원에게 공개하여야 한다.

제13조(총회 의결 사항 등)

① 다음 각 호의 사항은 총회의 의결을 거쳐야 한다.

1. 학부모회 활동 계획 수립

2. 해당 학교 학부모회 규정의 제·개정

3. 학부모회 임원 선출

4. 학교운영에 있어서 학부모들과 직접 관련 있는 사항으로

써 학부모들의 의견 수렴이 필요한 사항

5. 그 밖에 회장이 총회의 의결을 거치는 것이 필요하다고 인정하는 사항

② 총회는 「초·중등교육법 시행령」 제59조 제②항 및 「서울특별시립학교 운영위원회 구성 및 운영 등에 관한 조례」 제4조에 따른 학교운영위원회의 학부모위원과 「학교폭력예방 및 대책에 관한 법률」 제13조에 따른 학교폭력대책자치위원회의 학부모위원을 선출한다.

③ 학부모회 회장은 총회의 의결 사항 중 「초·중등교육법」 제32조 및 「서울특별시립학교 운영위원회 구성 및 운영 등에 관한 조례」 제11조에 해당하는 사항에 대하여 학교운영위원회 위원장에게 의견을 제출할 수 있다.

④ 학부모회 회장은 그 밖에 학부모회 규정이 정하는 사항에 대하여 학교운영위원회 위원장에게 의견을 제출할 수 있다.

제14조(대의원회)

① 대의원회는 임원, 학년별 학부모회 대표, 학급별 학부모회 대표, 기능별 학부모회 대표를 포함하여 구성한다. 이 경우 대의원의 수는 해당 학교 학부모회 규정으로 정한다.

② 대의원회의 회장은 학부모회 회장이 겸임한다.

③ 대의원회는 정기회와 임시회로 구분하며, 정기회는 매년 1회 이상 개최하고, 임시회는 회장이나 재적 대의원 5분의 1 이상의 요구가 있을 때 개최한다.

④ 대의원회는 회장이 소집한다.

⑤ 회장은 대의원회를 개최하려는 경우 회의 소집 의안 및 일시, 장소를 회의 개최 7일 전까지 학교 홈페이지 등에 공고하여야 한다.

⑥ 대의원회 회의는 재적 대의원 과반수 출석과 출석 대의원 과반수의 찬성으로 의결한다.

⑦ 회장은 회의 결과를 회의 종료 후 7일 이내에 학교 홈페이지 등을 통해 전체 회원에게 공개하여야 한다.

제15조(대의원회 의결 사항) 대의원회는 다음 각 호의 사항을 의결한다.

1. 제13조 제①항 각 호의 총회의 의결 사항 외의 학부모회 운영에 관한 사항

2. 총회의 의결로 대의원회에 위임한 사항

제16조(학년·학급·기능별 학부모회)

① 학년 학부모회는 해당 학년의 학부모로 구성하고, 학년 학부모 대표는 해당 학년별로 민주적 절차에 따라 선출한다.

② 학년 학부모회에서는 해당 학년의 학교생활, 학년 운영 등에 대한 건의와 지원 사항 등 의견을 학부모회 회장에게 제출한다.

③ 학년 학부모회는 해당 학년 학부모회 대표나 해당 학년 학부모회 회원 5분의 1 이상의 요구가 있을 때 개최한다.

④ 학급 학부모회는 제①항에서 제③항의 규정을 따른다.

⑤ 기능별 학부모회는 해당 학부모회에 참여를 희망하는 학부모로 구성하며 그 밖의 사항은 해당 학교 학부모회 규정으로 정한다.

제17조(해산)

① 학교 통·폐합 등으로 학부모회가 존속할 필요가 없을 때에는 통·폐합 일자로 해산한다.

② 학부모회를 해산하였을 때에는 해산 일로부터 2주 이내에 회원에게 해산 사항을 알려야 한다.

③ 학부모회가 해산된 경우 교육청 및 지방자치단체의 보조금 등 학부모회의 남은 예산은 해당 학교의 학교 회계에 귀속된다.

제18조(청산) 학부모회를 해산할 때에는 임원이 청산 사무를 담당한다.

제19조(재정 지원 등)

① 교육감과 학교의 장은 학부모회의 효율적인 운영을 위하여 필요한 예산을 지원할 수 있다.

② 학부모회원에게는 일체의 회비를 징수하지 아니한다.

제20조(위임 규정) 이 조례에서 규정하지 아니한 학부모회 운영 등에 관한 사항은 해당 학교 학부모회 규정으로 정한다.

부칙 〈제6141호, 2015. 12. 31.〉

제1조(시행일) 이 조례는 2016년 1월 1일부터 시행한다.

경기도교육청
학교 학부모회 설치·운영에 관한 조례

[2013. 2. 27. 제정]

제1조(목적) 이 조례는 경기도 내 학교의 학부모회 설치와 운영에 관한 사항을 정하여 효율적인 학부모회 운영을 도모하고, 학부모들이 교육공동체의 일원으로 교육 활동에 참여하여 학교교육 발전에 이바지함을 목적으로 한다.

제2조(정의) 이 조례에서 사용하는 용어의 뜻은 다음과 같다.

1. '학교'란 「초·중등교육법」 제2조에 따른 초등학교·중학교·고등학교 및 특수학교를 말한다.

2. '학부모'란 부모, 후견인 또는 다른 법령의 규정에 따라 보호·감독자 등의 지위에서 취학하여야 할 아동 또는 학교의 학생에 대하여 실질적인 교육의 책임을 지고 있는 사람을 말한다.

3. '학부모회'란 전체 학부모를 구성원으로 두고 있는 기구를 말한다.

4. '총회'란 학부모 전체가 참여하여 학부모회의 최고 의사를

결정하는 회의체로서 「초·중등교육법 시행령」 제59조 제
②항에 따른 학부모 전체 회의를 말한다.

　　5. '대의원회'란 학부모 대표로 구성되어 이 조례 또는 총회에
　　　　서 위임한 사항을 결정하는 의사 결정 기구를 말한다.

제3조(학부모회의 설치) 경기도 교육감 관할 공립학교에는 학
부모회를 두고, 사립학교의 경우에는 해당 학교의 규칙 또는 학교
법인의 정관으로 정한다.

제4조(학부모회의 명칭) 학부모회의 학교별 명칭은 해당 학교
명 다음에 '학부모회'를 붙여 표시한다.

제5조(기능) 학부모회는 학교교육 발전을 위하여 다음 각 호의
사항을 수행한다.

　　1. 학교운영에 대한 의견 제시 및 학교교육 모니터링

　　2. 학부모 자원봉사 등 학교교육 활동 참여·지원

　　3. 자녀교육 역량 강화를 위한 학부모 교육

　　4. 그 밖에 학교의 사업으로써 해당 학교 학부모회 규정으로
　　　　정하는 사업

제6조(회원) 회원의 자격은 해당 학교에 재학하는 학생의 학부
모로 한다.

제7조(임원 등의 구성)

　　① 학부모회의 임원은 회장 1명, 부회장과 감사로 구성하되,
　　　　임원의 정수는 해당 학교 학부모회 규정으로 정한다.

　　② 임원은 총회에서 민주적인 절차에 따라 선출한다.

③ 학부모회의 사무를 원활하게 처리하기 위하여 학부모회의 회원 중에서 간사를 둘 수 있다.

제8조(임원의 임기)

① 임원의 임기는 선출일 다음 날부터 다음 연도 정기총회일까지로 한다. 다만, 학생의 졸업으로 인한 경우는 임기 만료일까지 임원의 자격을 유지한다.

② 학부모회의 회장은 한 차례만 연임할 수 있다.

제9조(임원의 직무)

① 회장은 학부모회를 대표하고, 학부모회의 업무를 총괄한다.

② 부회장은 회장을 보좌하며 회장이 부득이한 사유로 직무를 수행할 수 없을 때에는 그 직무를 대행한다.

③ 감사는 학부모회의 업무 및 회계를 감사한다.

제10조(임원의 자격) 임원의 자격은 해당 학교 학부모회 규정으로 정한다.

제11조(학부모회의 조직)

① 학부모회의 효율적 운영을 위해 총회와 대의원회를 둔다. 다만, 학생수가 100명 미만인 학교는 대의원회를 두지 아니할 수 있다.

② 학부모회 산하에 학년별 학부모회와 학급별 학부모회를 두되, 필요한 경우 해당 학교 학부모회 규정이 정하는 바에 따라 기능별 학부모회를 둘 수 있다.

제12조(총회)

① 학부모회의 정기총회는 매년 3월에 개최하며, 필요한 경우에는 임시총회를 개최할 수 있다.

② 정기총회는 회장이 소집한다.

③ 임시총회는 회장이 필요하다고 인정할 때, 또는 해당 학교 학부모회 규정으로 정하는 회원 수 이상의 요구가 있을 때 소집한다.

④ 회장은 총회를 개최하려는 경우 총회 소집 의제 및 일시, 장소를 총회 개최 7일 전까지 공고하여야 한다.

⑤ 총회는 회원의 10분의 1 이상의 출석과 출석 회원 과반수의 찬성으로 의결한다.

⑥ 회장은 회의 종료 후 7일 이내에 회의 결과를 학교 홈페이지 등을 통해 전체 회원에게 공개하여야 한다.

제13조(총회의 의결 사항)

① 다음 각 호의 사항은 총회의 의결을 거쳐야 한다.

1. 학부모회 활동 계획 수립

2. 해당 학교 학부모회 규정의 제·개정 사항

3. 학교운영에 있어서 학부모들과 직접 관련 있는 사항으로써 학부모들의 의견 수렴이 필요한 사항

4. 그 밖에 회장이 학부모회의 의결을 거치는 것이 필요하다고 인정하는 사항

② 「초·중등교육법 시행령」 제59조 제②항에 따라 총회에서 학교운영위원회의 학부모위원을 선출한다.

③ 학부모회 의결 사항 중 「초·중등교육법」 제32조 및 「경기
도립학교 학교운영위원회 설치·운영에 관한 조례」 제9조
에 해당하는 사항은 학교운영위원회 심의를 거쳐야 한다.

제14조(대의원회)

① 대의원회는 임원, 학년별 학부모회 대표, 학급별 학부모회
대표를 포함하여 구성한다. 이 경우 대의원의 수는 해당
학교 학부모회 규정으로 정한다.

② 대의원회의 회장은 학부모회 회장이 겸임한다.

③ 대의원회는 정기회와 임시회로 구분하며, 정기회는 매년
1회 이상 개최하고, 임시회는 회장이나 재적 대의원 4분
의 1 이상의 요구가 있을 때 개최한다.

④ 대의원회는 회장이 소집한다.

⑤ 회장은 대의원회를 개최하려는 경우 회의 소집 의제 및
일시, 장소를 회의 개최 7일 전까지 공고하여야 한다.

⑥ 대의원회 회의는 재적 대의원 과반수 출석과 출석 대의원
과반수의 찬성으로 의결한다.

제15조(대의원회의 의결 사항) 대의원회는 다음 각 호의 사항
을 의결한다.

1. 제13조 제①항 각 호의 총회의 의결 사항 외의 학부모회
운영에 관한 사항

2. 총회의 의결로 대의원회에 위임한 사항

제16조(학년·학급별 학부모회)

① 학년 학부모회는 해당 학년의 학부모로 구성하고, 학년 학부모 대표는 해당 학년별로 민주적 절차에 따라 선출한다.

② 학년 학부모회에서는 해당 학년의 학교생활, 학년 운영 등에 대한 건의와 지원 사항을 의논하여 의견을 받아들인다.

③ 학년 학부모회는 학년 학부모회 대표나 해당 학년 학부모회 회원 4분의 1 이상의 요구가 있을 때 개최한다.

④ 학급 학부모회는 학년 학부모회의 규정을 따른다.

제17조(해산)

① 학교 통·폐합 등으로 학부모회가 존속할 필요가 없을 때에는 통·폐합 일자로 해산한다.

② 학부모회를 해산하였을 때에는 해산 일부터 2주 이내에 회원에게 해산 사항을 알려야 한다.

③ 학부모회가 해산된 경우 국가와 지방자치단체의 보조금 등 학부모회의 남은 예산은 해당 학교의 학교 회계에 귀속된다.

제18조(청산) 학부모회를 해산할 때에는 임원이 청산 사무를 담당한다.

제19조(재정 지원 등)

① 학부모회의 운영과 사업 수행에 필요한 재정은 국가와 지방자치단체의 보조금 등으로 한다.

② 학교의 장은 학부모회의 효율적 운영을 위하여 필요한 예
산을 지원할 수 있다.

③ 학부모회원에게는 일체의 회비를 징수하지 아니한다.

제20조(위임 규정) 이 조례에서 규정하지 아니한 학부모회 운
영 등에 관한 사항은 해당 학교 학부모회 규정으로 정한다.

부칙

제1조(시행일) 이 조례는 공포한 날부터 시행한다.

제2조(학부모총회의 소집) 이 조례에 따라 소집되는 최초의 학
부모총회는 학교의 장이 소집한다.

참고 문헌

- 경기도교육청, 《2015 학교운영위원회 업무편람》
- 경기도교육청, 《2017 학부모회 핸드북》
- 안선회, 〈학부모의 자기 혁신과 역할〉, 전국학교운영위원회
  총연합회, 2005
- 오재길, 〈학부모 교육 주체화 방안 연구〉, 경기도교육연구원
  연차보고서, 2016
- 이수광, 〈4·16의 교육적 함의와 학교 체제 전환의 상상력〉,
  전국 혁신학교 교사 대회 발표 원고, 2014
- 전국학부모지원센터, 〈학부모 학교참여 길라잡이〉, 2016
- 정진, 《회복적 생활교육 학급운영 가이드북》, 피스빌딩, 2016
- 하워드 제어, 《회복적 정의란 무엇인가?》, 손진 옮김, KAP,
  2011

삶과 교육을 바꾸는
맘에드림 출판사 교육 도서

나는 혁신학교에 간다

경태영 지음 / 값 14,000원

공교육을 바꾸겠다는 거대한 희망을 품고 시작된 '혁신학교'. 이 책은 일곱 개 혁신학교의 이야기를 담고 있다. 지금 우리 교육이 변화하는 생생한 현장의 모습과 아이들이 꿈을 키우고 행복하게 공부하는 희망의 터로 새롭게 자리매김하는 학교들을 이 책에서 만날 수 있다.

혁신학교란 무엇인가

김성천 지음 / 값 15,000원

교육공동체가 만들어내는 우리 시대 혁신학교 들여다보기. 혁신학교 전반에 관한 이야기를 다루고 있는 책으로, 공교육 안에서 혁신학교가 생기게 된 역사에서부터 혁신학교의 핵심 가치, 이론적 토대, 원리와 원칙, 성공적인 혁신학교의 모습을 보이고 있는 단위학교의 모습까지 담아냈다.

학부모가 알아야 할 혁신학교의 모든 것

김성천·오재길 지음 / 값 15,000원

학부모들을 위한 혁신학교 지침서!
'혁신학교에서는 무엇을, 어떻게 가르치고 있는지, 교사·학생·학부모는 어떻게 만나서 대화하고 관계를 맺어가는지, 어떤 교육 목표를 지향하고 있는지 등 이 책은 대한민국 학부모들의 궁금증에 친절하게 답을 한다.

덕양중학교 혁신학교 도전기

김삼진 외 지음 / 값 14,500원

이 책의 1부는 지난 4년 동안 덕양중학교가 시도한 혁신과 도전, 성장을 사실과 경험에 기반한 스토리텔링 방식의 성장기로 전개하고 있다. 그리고 2부는 지역사회와 협력하여 펼치고 있는 교육 프로그램, 배움의 공동체 수업 등을 현장 사례 중심의 교육적 에세이 형태로 담고 있다.

학교 바꾸기 그 후 12년

권새봄 외 지음 / 값 14,500원

MBC 〈PD 수첩〉에 방영되어 화제가 되었던 남한산초등학교. 아이들이 모두 행복하고, 얼굴 표정이 밝은 아이들. 학교 가는 것을 무엇보다 좋아하고, 방학을 싫어하는 아이들. 수업과 발표를 즐겼던 이 학교를 졸업한 아이들이 그 후 12년의 삶을 세상에 이야기한다.

교사는 수업으로 성장한다

박현숙 지음 / 값 12,000원

그동안 교사는 수업에서 아이들을 만나지 못해왔다. 관계와 만남이 없는 성장의 결손을 낳았다. 그리하여 우리 아이들과 교사들은 모두 참 아프고 외로웠다. 이 책에서는 교사, 학생, 학부모, 지역사회가 공동체로서 서로 관계를 맺을 때에만 배움은 즐거운 활동으로서 모두가 성장하는 삶의 일부가 될 수 있음을 보여준다.

교사와 학부모가 함께 읽는 주제 통합 수업

김정안 외 지음 / 값 15,000원

'서울형 혁신학교'로 지정된 일곱 개 혁신학교들이 지난 1~2년 동안 운영한 주제 중심 통합 교육 과정과 수업 사례를 소개한 책이다. 이 학교들의 교육과정은 전국적으로 이루어지는 혁신학교들의 성과를 반영하였고, 자신의 지역사회의 실제 환경과 경험을 살려 실제 수업에 적용한 것이다.

혁신교육 미래를 말한다

서용선 외 지음 / 값 14,000원

혁신교육은 2009년 이후 공교육 되살리기의 새로운 희망이 되어왔다. 이러한 정책을 입안하고 추진하는 데 기여해왔던 6명의 교사 출신 연구자들이 혁신교육 발전에 필요한 정책 과제들을 모아 하나의 책으로 제시한다. 이 책은 교육철학, 교육과정, 교육행정과 학교 운영(거버넌스) 등에서 주요 이슈들을 정리하고 혁신교육의 성과와 과제가 무엇인가를 보여준다.

수업을 살리는 교육과정

서우철 외 지음 / 값 16,500원

최근 교육과정을 재구성하는 논의가 활발한 가운데, 이 책에서는 개별 교과목과 교과서의 형식에 얽매이지 않고 아이들의 발달을 고려하여 주제를 중심으로 교육과정을 재구성하여 통합적으로 운영하는 방법과 구체적인 실천 사례를 설명하고 있다. 이러한 과정은 같은 학년을 맡고 있는 교사들의 토론과 협력을 통해서 이루어진 것임을 이야기한다.

수업 딜레마

이규철 지음 / 값 14,000원

이 책을 관통하는 키워드는 '사람'이다. 저자의 노하우를 전수하는 것이 아니라, 수업 속에서 딜레마에 맞닥뜨려 고통받고 있는 선생님들의 고민을 담고, 신념을 담고, 그것을 이겨내기 위한 한 분 한 분의 마음을 담고 있다. 이런 고민 속에 이 책을 집어든 나를 귀하게 여기며, 다시 한 번 교사로 잘 살아보고 싶은 도전을 하게 한다.

좋은 엄마가 스마트폰을 이긴다

깨끗한미디어를위한교사운동 지음 / 값 13,500원

스마트폰에 대한 아이들의 집착은 대단하다. 스마트폰은 '재미있고 편리하다'. 그러나 스마트폰 때문에 아이들은 시간을 빼앗기고, 건강이 나빠지고, 대화가 사라지며, 공부와 휴식, 수면마저 방해를 받는다. 이 책은 이러한 사례들을 생생하게 소개하고 부모들에게 아이들의 스마트폰 사용에 어떻게 대응해야 하는지 대안을 제시한다.

엄선생의 학급운영 레시피

엄은남 지음 / 값 14,000원

34년 경력의 현직 교사가 쓴 생동감 넘치는 학급운영 지침서. 초등학교에서 아이들은 문자와 숫자를 익히는 것보다 학교와 교실에서 낯설고 모험적인 사건을 겪으면서 더 많은 것을 배운다. 이 책은 초등학교에서 교과서 지식보다 더 중요한 학교생활과 학급문화를 만드는 담임교사의 역할을 다룬다. 교사와 아이들이 서로 존중하고 신뢰하는 관계를 어떻게 만들어야 하는지 구체적인 경험과 사례로 설명해준다.

진짜 공부
김지수 외 지음 / 값 15,000원

혁신학교가 추구하는 '진짜 공부'와 '진짜 스펙'이 무엇인지 보여주는, 졸업생들의 생동감 넘치는 경험담. 12명의 졸업생들은 학교에서 탐방, 글쓰기, 독서, 발표, 토론, 연구, 동아리, 학생회 활동을 통해 자신들이 생각하지도 못한 진짜 공부를 경험했음을 보여준다. 이 책을 통해 수능이 아니라 정말로 청소년 스스로 하고 싶은 것을 즐기면서 성장하는 일이 우리 사회에 필요한 것임을 새삼 느낄 수 있다.

수업 디자인
남경운 · 서동석 · 이경은 지음 / 값 15,000원

서울형 혁신학교의 대표적인 수업 혁신을 담은 이야기. 아이들이 서로 협력하면서 배우는 수업을 목표로 삼은 저자들은 범교과 수업모임을 통한 공동 수업설계를 대안으로 제시한다. 아이들은 교사의 설명을 통해 배우는 것이 아니라 서로 '옥신각신'하며 함께 문제에 도전할 때 수업에 몰입하고 배우게 된다. 이 책은 이러한 수업을 위해서 교사들이 교과를 넘어 어떻게 협력하고 수업을 연구해야 하는지 잘 보여준다.

아이들이 가진 생각의 힘
데보라 마이어 지음 / 징훈 옮김 / 값 15,000원

미국 공교육 개혁의 전설적 인물 데보라 마이어가 전하는 교육 개혁에 대한 경이롭고도 신선한 제언. 이 책은 학교 혁신의 생생한 기록을 통해 우리가 학교에서 무엇을, 왜 가르치고, 배워야 하는지에 대한 근원적인 성찰을 담고 있다. 아이들이 지성적으로 생각하는 마음의 습관을 배우는 것이 얼마나 중요하고 그것을 위해 학교가 무엇을 해야 하는지를 일깨워준다.

어! 교육과정? 아하! 교육과정 재구성!
박현숙 · 이경숙 지음 / 값 16,500원

교육과정 재구성을 고민하는 교사를 위한 현장 지침서. 이 책은 저자들이 학교 현장에서 교육과정 재구성이라는 화두를 고민하고, 실행한 사례들이 담겨져 있다. 책의 내용은 주제 통합 수업, 교과 통합 수업, 범교과 주제 학습, 교과 체험 학습, 프로젝트 수업 등 학교 현장에서 적용해 큰 성과를 본 것들을 세밀하게 소개하면서 교육과정 재구성 작업의 노하우를 펼쳐 보인다.

행복한 나는 혁신학교 학부모입니다

서울형혁신학교학부모네트워크 지음 / 값 16,000원

이 책은 학부모가 자신의 눈높이에서 일러주는 아이들의 혁신학교 적응기일 뿐만 아니라, 학부모 역시 학교를 통해 자신의 삶을 고양시켜가는 부모 성장기라는 점에서 대한민국의 모든 학부모들에게 건네는 희망 보고서이기도 하다. 혁신학교가 궁금한 모든 학부모들이 이 책을 통해 혁신학교 학부모로서의 체험을 미리 하는 데 부족함이 없을 것이다.

일반고 리모델링 혁신고가 정답이다

김인호·오안근 지음 / 값 15,000원

교육 환경이 열악한 지역에 있던, 서울의 한 일반계 고등학교가 혁신학교로서 4년간 도전과 변화를 겪으면서 쌓은 진로, 진학의 비결을 우리 사회 모든 학생, 학부모, 교사, 시민 등에게 낱낱이 소개해주는 책. 무엇보다 '혁신학교는 대학 입시에 도움이 안 된다'는 세간의 편견을 말끔히 떨어 없앤다. 저자들은 '결과' 중심 교육과정을 '과정' 중심으로 바꾸고, 교내 대회와 동아리 활동, 봉사 활동을 장려함으로써 대학 진학이란 놀라운 결과가 어떻게 이루어질 수 있었는지 보여주고 있다.

우리가 신뢰하는 학교, 어떻게 만들 것인가?

데보라 마이어 지음 / 서용선 옮김 / 값 15,000원

이 책의 저자인 데보라 마이어는 보수와 진보를 막론하고 미국 공교육 개혁 분야에서 가장 신뢰받는 실천가이자 이론가로 평가받는다. 학교 안에서 '신뢰의 붕괴'를 오늘날 공교육이 직면한 가장 큰 도전으로 인식한다. 이 책의 원제 〈In Schools We Trust〉에서 나타나듯, 저자는 신뢰할 수 있는 공교육의 조건이 무엇인지 자신의 경험 속에서 제안하고, 탐색하고, 성찰한다.

교사, 어떻게 살아야 하는가

김성천 외 지음 / 값 15,000원

오랫동안 교육 현장에서 교육과 연구를 병행해온 저자 5인이 쓴 '신규 교사를 위한 이 시대의 교사론'. 이 책은 학교 구성원과의 관계 맺기부터 학교 현장에서 맞닥뜨리게 되는 여러 가지 문제들과 극복 방법, 교육 개혁에 어떻게 주체로 설 수 있는지, 어떤 과정을 통해 개인의 성장을 도모해야 하는지 등 신규 교사의 궁금점에 대해 두루 답하고 있다.

리셋, 교육과정 재구성

서울신은초등학교교육과정 연구회 모임 지음 / 값 16,000원

서울형 혁신학교인 서울신은초등학교 교사들이 1학년부터 6학년까지 모든 학년의 교육과정을 재구성하고 실천한 경험을 모두 담았다. 이 책에 소개된 혁신학교 4년의 경험은 진정한 학습이란 몸과 마음을 통해 경험함으로써, 생각이나 감정을 다른 사람과 주고받음으로써, 과거 경험을 새로운 지식으로 다시 생각함으로써 실현된다는 점을 잘 보여주고 있다.

다섯 빛깔 교육이야기

이상님 지음 / 값 16,000원

충북 혁신학교(행복씨앗학교)인 청주 동화초등학교의 동화 작가 출신 선생님이 아이들과 함께 보낸 한해살이 이야기다. 이오덕 선생의 '아이들의 삶을 가꾸는 교육'을 고민하던 저자가 동화초 아이들을 만나면서 초등학생의 특성에 맞도록 활동 중심의 교육과정을 재구성하는 한편, 표현 위주의 교육을 위한 생활 글쓰기 교육을 실천하면서, 학교교육을 아이들의 놀이와 생활, 삶과 연결시키고자 노력한 교단 일지를 바탕으로 구성되었다.

만들자, 학교협동조합

박주희·주수원 지음 / 값 14,500원

이 책은 학교협동조합이 무엇인지, 어떤 유형의 학교협동조합이 가능한지, 전국적으로 현재 학교협동조합의 추진 상황은 어떠한지 국내외 사례를 통해 소개하고 안내하는 한편, 학교협동조합을 운영하는 원리와 구체적인 교육 방법을 상세하게 풀어놓고 있다. 저자들의 실천적 지침들을 따라가다 보면 학교협동조합은 더 이상 상상이 아니라 학교 구성원의 필요와 의지, 실천으로 극복할 수 있는 실현 가능한 미래라는 점을 알게 된다.

땀샘 최진수의 초등 수업 백과

최진수 지음 / 값 21,000원

초등학교에서 20여 년간 아이들을 가르쳐온 저자가 초등학교 수업에 대해서 기록하고 연구하고 실천하며 쌓아온 경험을 바탕으로 초등학생들과 수업을 함께하는 방법을 담고 있다. 아이들의 학습 동기, 아이들이 수업에 참여하는 방법, 칠판과 공책을 사용하는 방법, 모둠 활동, 교과별 수업, 조사와 발표 등 초등학교 교사가 아이들을 가르칠 때 알아야 할 가장 기본적이면서도 가장 중요한 모든 것을 다루고 있다.

혁신 교육 내비게이터 곽노현입니다

곽노현 편저 · 해제 / 값 17,000원

서울시 18대 교육감이자 첫 번째 진보 교육감으로서 혁신 교육을 펼쳤던 곽노현은, 우리 사회 전반을 아우르는 주요 교육 현안들을 이 책에서 포괄적으로 다루고 있다. 2014년 3월부터 1년간 방송된 교육 전문 팟캐스트 '나비 프로젝트' 인터뷰에 출연한 전문가들과 나눈 대화와 그에 대한 성찰적 후기를 담고 있다. 이 책은 그야말로 우리가 '지금 알아야 할 최소한의 교육 이야기'를 포괄하고 있다.

무엇이 학교 혁신을 지속가능하게 하는가

권성호 · 김현철 · 유병규 · 정진헌 · 정훈 지음 / 값 14,500원

독일 '괴팅겐 통합학교', 미국 '센트럴파크이스트 중등학교', 한국 혁신학교의 사례들을 통해 성공적인 학교 혁신의 공통점을 찾아내고 그것을 지속가능하도록 만들기 위해서 필요한 것은 무엇인지를 보여준다. 독자들은 이 책에서 괴팅겐 통합학교의 볼프강 교장이 말한 것처럼 '좋은 학교'를 만들기 위한 학교 혁신에 세계적으로 보편적이라고 할 만한 공통점을 찾을 수 있다.

교과를 꽃피게 하는 독서 수업

시흥 혁신교육지구 중등 독서교육 연구회 지음 / 값 16,500원

이 책은 지난 5년 동안 진행된 혁신교육지구 사업의 일환으로 학교에서 고군분투하며 독서교육을 이끌어왔던 독서지도사들이 실천 경험을 엮어낸 것으로 청소년기 학생들에게 장래 진로, 사랑, 우정, 삶의 지혜를 찾는 데 도움을 주는 독서교육을 잘 보여주고 있다. 특히 이 책에 소개된 국어, 수학, 과학, 사회, 도덕, 미술, 역사 등 다양한 교과와 연계한 협력수업은 독서교육의 새로운 전망을 보여주는 결실이다.

혁신학교의 거의 모든 것

김성천 · 서용선 · 홍섭근 지음 / 값 15,000원

이 책은 혁신학교에 대한 100가지 질문에 답하면서 혁신학교의 역사, 배경, 현황, 평가와 전망을 구체적인 증거를 통해 설명하고 있다. 이 책에 서술된 혁신학교에 관한 100문 100답을 통하여 우리 사회에 필요한 교육은 무엇인지, 교사와 학생들이 더 즐겁게 가르치고 배우면서 성장할 수 있는 교육을 위해 필요한 것이 무엇인지, 그것을 위해서 우리 사회 시민 각자가 자신의 위치에서 무엇을 하면 좋은가를 더 깊이 생각해볼 기회를 얻을 것이다.

교실 속 비주얼씽킹

김해동 지음 / 값 14,500원

이 책은 비주얼씽킹 기본기부터 시작하여 교과별 수업, 생활교육, 학급운영 등에 비주얼씽킹을 응용하는 방법을 설명하고 있다. 특히 교사들이 초등학교 1학년부터 고등학교 3학년까지 국어, 수학, 영어, 과학, 사회 등 모든 교과 수업에 비주얼씽킹을 활용할 수 있도록 수업 지도안을 상세하면서도 간결하게 제시하고 있다. 또한 독자들이 책 내용에 대해 더욱 풍부한 이미지와 자료를 접할 수 있도록 저자의 블로그로 연결되는 QR코드를 담고 있다.

교육과정-수업-평가 어떻게 혁신할 것인가

이형빈 지음 / 값 15,500원

이 책은 교육과정 사회학자 번스타인(Basil Bernstein)이 제시한 '재맥락화(recontextualized)'의 관점에 따라 저자가 장기간에 걸쳐 일반 학교 한 곳과 혁신학교 두 곳의 수업을 현장에서 면밀하게 관찰하고 심층 인터뷰와 설문조사를 통한 연구를 바탕으로 무기력과 불평등을 재생산하는 교실을 민주적이고 평등한 구조로 바꾸기 위해 교육과정-수업-평가를 어떻게 혁신해야 하는지 제안하는 내용을 담고 있다.

혁신학교 효과

한희정 지음 / 값 15,000원

이 책에서 저자는 혁신학교 효과를 살펴보기 위해 혁신학교가 OECD DeSeCo 프로젝트에 제시된 '핵심 역량'을 가르치고 있는지, 학생·학부모·교사가 서로 배우는 교육공동체를 이루고 있는지, 학생의 발달을 위한 다양한 교육과정을 운영하고 있는지, 교사의 자율성과 전문성을 강화하고 있는지, 자치적이고 민주적인 학교문화를 가지고 있는지, 지역사회와 협력하고 있는지를 다른 일반 학교와 비교하여 설명한다.

교실 속 생태 환경 이야기

김광철 지음 / 값 15,000원

아이들이 자연과 친해지고 즐길 수 있도록 교육하는 것은 쉬운 일이 아니다. 특히 도시에서는 더욱 어렵다. 그래서 이 책은 도시 지역 학교에서도 쉽게 실천에 옮길 수 있는 다양한 생태·환경교육을 폭넓게 다루고 있다. 이 책에서 저자는 계절에 따라 할 수 있는 20가지 환경교육 프로그램을 제시하고, 방법과 순서, 재료 등을 상세히 설명해준다.

이제는 깊이 읽기

양효준 지음 / 값 15,000원

교과서에는 수많은 예화와 발췌문이 들어가 있다. 이런 자료들은 교육부가 교육과정에서 요구하는 기준에 맞춰 어떤 이야기, 소설, 수필, 논픽션 등에서 일부만 가져온 토막글이다. 아이들은 교과서에 수록된 작품이나 이야기 전체를 읽지 못한 상태에서 단편적인 지문만 읽고 이해를 해야 하기 때문에 책을 읽으면서 생각하고 공감할 수 있는 기회와 흥미를 찾을 수 없게 된다. 이 책은 이러한 문제를 개선하기 위해서 한 권이라도 책 전체를 꾸준히 읽어가는 방법인 '깊이 읽기'를 대안으로 소개하고 있다.

인성의 기초가 되는 초등 인문학 수업

정철희 지음 / 값 15,500원

이 책은 아이들의 올바른 인성교육을 위한 새로운 방법으로써 인문학 수업을 제시하고 있다. 이 책에서 설명하고 있는 인문학 수업은 교사가 신화, 문학, 영화, 그림, 역사적 인물의 일대기 등에서 이야기를 찾아 아이들에게 제시하고, 아이들이 그 이야기에 나오는 여러 문제와 인물 등에 대해 자신의 감정을 스스로 공책에 기록하고 일상의 경험과 비교하고 토의와 토론을 통해 자신의 생각을 발전시키는 수업이다.

수업, 놀이로 날개를 달다

박현숙 · 이응희 지음 / 값 13,500원

교육계에서 최근 가장 중요한 과제로 삼고 있는, OECD의 여덟 가지 핵심 역량(DeSeCo)에 따라 여러 놀이들을 분류해서 설명하고 있다. "놀이에 내재된 긴장의 요소는 사람의 심성, 용기, 지구력, 총명함, 공정함 등을 시험하는 수단이 되므로" 그것은 학생들의 역량을 키우는 수단이 된다. 이 책의 저자들은 수업이 놀이를 만났을 때 어떻게 핵심 역량이 강화되는지 이야기하고 있다.

더불어 읽기

한현미 지음 / 값 13,500원

이 책은 교사들이 학습공동체를 통해 교직의 전문성과 자율성을 새롭게 발견하며 성장하는 이야기를 다룬다. 우리 사회의 기존 교육 제도는 효율성이라는 명분으로 아이들에게 경쟁을 강요하면서 교사들 역시 서로 경쟁하도록 만드는 시스템으로 이루어져 있다. 이 책에서 저자는 이러한 비인격적인 제도와 환경 아래서 교사들이 행복을 되찾기 위해서는 서로 협력하며 같이 배우면서 아이들과 함께 성장할 수 있어야 한다고 말한다.

땀샘 최진수의 초등 글쓰기

최진수 지음 / 값 17,000원

글쓰기가 아이들에게 필요한 중요한 것이 되려면 먼저 솔직하게
써야 한다. 모르는 것은 '모른다', 잘못은 '잘못이다', 싫은 것은
'싫다'고 솔직하게 드러낼 때 글쓰기는 아이가 성장하는 디딤돌이
될 수 있다. 그리고 이것은 가르치는 교사에게도 적용된다.
지도하는 사람과 지도받는 사람이 따로 있는 것이 아니라 함께
쓰고, 함께 나누면서 서로 성장을 돕는 것이다.

성장과 발달을 돕는 초등 평가 혁신

김해경 · 손유미 · 신은희 · 오정희,
이선애 · 최혜영 · 한희정 · 홍순희 지음 / 값 15,500원

이 책은 교육적 대안을 마련하기 위해 혁신학교에서 지난 5~6년
동안 초등학생의 성장과 발달을 돕는 평가를 실천해온, 현장 교사
8명이 자신들의 지혜와 경험을 모아놓은 최초의 결실을 담고
있다. 독자들은 이 책을 통해 평가는 시험이 아니며 교육과정과
수업의 연장으로서 아이들의 잠재력을 측정하고 적절한 조언을
제공한다는 원래의 목표를 되살리는 첫걸음을 찾을 수 있다.

수업 코칭

이규철 지음 / 값 15,500원

가르치는 일을 함으로써 학생들의 배움을 돕는 교사들에게 수업은
시간적으로도, 공간적으로도 학교에서 자신이 하는 일의 중심을
이룬다. 그래서 수업에 관한 고민은 교과를 가리지 않고 교사들에게
일반적으로 드러난다. 교사들은 공통의 문제로 씨름하게 된다.
최근에 그 공통의 문제를 교사들이 함께 풀어 나가자는 흐름이
곳곳에서 일어나고 있다. 이 책은 그중에서도 '수업 코칭'이라는
하나의 흐름을 다룬다.

교사들이 함께 성장하는 수업

서동석 · 남경운 · 박미경 · 서은지,
이경은 · 전경아 · 조윤성 지음 / 값 15,000원

이 책은 아이들의 배움에 중점을 둔 수업을 위해 구성한 교사
학습공동체로서, 서로 다른 여러 교과 교사들이 수업을 디자인하고
연구하는 '수업 모임'에 관해 다룬다. 수업 모임 교사들은 공동으로
교과 수업을 디자인하고, 참관하고, 발견한 내용을 공유하고
평가하는 피드백을 통해 수업을 개선해간다. 그리고 이러한
실천이 쌓여가면서 공개수업을 준비하는 방법과 절차는 더욱
명료해지고, 수업설계는 더욱 정교해진다.

땀샘 최진수의 초등 학급 운영

최진수 지음 / 값 19,000원

이 책의 저자는 학급운영의 출발은 아이들을 '가르치는 대상'에서 '존중받는 존재'로 바라보는 것에서 시작해야 한다고 이야기한다. 또한 아이들과 함께하면서 교사는 성장한다. 이러한 성장은 시간이 흐르고 경력이 쌓인다고 이뤄지는 것이 아니라 여러 가지 어려운 문제를 헤쳐 나가며 교사 스스로 자신을 되돌아보고 성찰할 때 비로소 아이들과 함께하는 올바른 학급운영이 이루어진다고 말한다.

당신의 교육과정-수업-평가를 응원합니다

천정은 지음 / 값 14,500원

이 책은 빛고을혁신학교인 신가중학교에서 펼쳐진, 학교교육 혁신 과정과 여전히 완성되지 않은 그 결과를 다루고 있다. 드라마 〈대장금〉에 나오는 '신비'의 메모가 보여준 것과 같이 교육 문제를 여전히 아리송한 것처럼 적고, 묻고, 적기를 반복하며 다가가는 것이다. 저자인 천정은 선생님은 이 책을 통해 자신의 수업이 앞으로도 교육의 본질에 더 가깝게 계속 혁신되기를 바라고 있다.

에코 산책 생태 교육

안만홍 지음 / 값 16,500원

오늘날 인류에게는 에너지와 자원을 대량으로 소비하는 생활양식이 보편화되어 있다. 이러한 생활양식은 자연을 파괴하고 수많은 환경 문제를 야기하고 있다. 이 책은 그러한 생태 교육을 위해 필요한 내용을 다루고 있다. 아이들이 지구 환경을 다시 복원하기 위해서 갖춰야 할 것은 관찰하고 기록하고 어떤 과학적 추론을 이끌어내는 능력이 아니라, 오감을 통해 스스로 자연을 느끼고, 자연의 소중함을 배우는 것이다.

I Love 학교협동조합

박선하 외 지음 / 값 13,000원

학교에 협동조합을 만드는 일에 참여했던 학생들의 협동조합 활동과 더불어 자신과 친구들이 어떻게 성장했는지를 이야기한다. 글쓴이 중에는 중학교 1학년 때부터 사회복지사라는 장래 희망을 가지고 학교협동조합에 참여한 학생도 있고, 고등학교 3학년 때 참여하기 시작한 학생도 있다. '뭔가 재밌을 것 같다'는 호기심을 가지고 시작한 학생이 있는가 하면, 어떤 학생은 자의 반 타의 반으로 학교협동조합에 참여했다.

얘들아, 하브루타로 수업하자!

이성일 지음 / 값 13,500원

최근에는 공부 방식이 외우는 것에서 생각하는 것으로, 수업 방식은 교사 위주의 강의 수업에서 학생 위주의 참여 수업으로 많은 변화가 이루어지고 있다. 이는 4차 산업혁명 시대를 살아가야 할 학생들을 위해서는 당연한 것이다. 학교 교실에서 실제로 질문하고, 토론하는 하브루타 참여 수업의 성과를 담은 이 책은 하브루타 수업을 통하여 점점 성장해가는 아이들의 모습을 보여준다.

내면 아이

이준원 · 김은정 지음 / 값 15,500원

그동안의 상담 사례를 모아 부모 · 교사의 마음속에 숨어 있는 완벽주의, 억압, 방치, 거절, 징벌, 충동성, 과잉보호 등의 '내면 아이'가 자녀/학생과의 관계에서 어떠한 영향력을 행사하는지, 어떻게 갈등을 일으키는지 볼 수 있게 한다. 그 뿌리를 찾아 근원부터 치유하는 방법들은 필자의 경험을 바탕으로 종합한 것이다. 또한 임상 경험을 아주 쉽게 소개하여 스스로 자신의 '내면 아이'를 만나고 치유할 수 있도록 하는 데 중점을 두었다.

핵심 역량을 키우는 수업 놀이

나승빈 지음 / 값 21,000원

이 책은 [월간 나승빈]으로 유명한 나승빈 선생님의 스타일이 융합된 놀이책이다. 놀이 백과사전이라고 불러도 될 만한 이 책은 교실에 갇혀 넘치는 에너지를 발산하지 못하는 아이들과, 단순한 재미를 뛰어넘어 배움이 있는 수업을 고민하는 선생님을 위한 것이다. 본문에서는 수업 속에서 실천이 가능한 다양한 놀이를 제시하고 있다. 각각의 놀이들을 수업과 어떻게 연계할 수 있으며, 수업 놀이를 통해 어떤 역량을 키울 수 있는지 이야기한다.

교실 속 비주얼 씽킹 (실전편)

김해동 · 김화정 · 김영진 · 최시강,
노해은 · 임진묵 · 공세환 지음 / 값 17,500원

전 편이 교과별 수업, 생활교육, 학급운영 등에 비주얼씽킹을 응용하는 방법을 이론적으로 설명했다면, 《교실 속 비주얼씽킹 실전편》은 실제 초 · 중 · 고 학생을 대상으로 수업을 진행한 교사들의 활동지를 담았다.

수업 고민, 비우고 담다

김명숙·송주희·이소영 지음 / 값 15,500원

이 책은 수업 하기의 열정을 잃지 않고 수업 보기를 드라마 보는 것만큼 재미있어 하는 3명의 교사가 수업 연구에 대한 이론적 체계가 아닌, 현장에서의 진솔한 실천 과정을 순도 높게 녹여낸 책이다. 이 속에는 수업에서 실패를 두려워하지 않는, 발랄한 아이들과 함께한 자신의 교실을 용기 있게 들여다보며 묵묵히 실천적 연구자로 살아가는 선생님들의 고민과 성장이 담겨 있다.

뮤지컬 씨, 학교는 처음이시죠?

박찬수·김준성 지음 / 값 12,000원

각고의 노력으로 학교 뮤지컬을 개척한 경험과 노하우를 소개한 책. 뮤지컬은 학생들의 삶을 보다 풍요롭게 만듦으로써 학교교육 위기의 대안으로 크게 주목받고 있다. 현장에서 바로 적용하고 고민할 수 있는 현재진행형의 살아 있는 지식이 담겨 있다.

독자 여러분의 소중한 원고를 기다립니다

맘에드림 출판사는 독자 여러분의 소중한 원고를 기다리고
있습니다. 원고가 있으신 분은 nurio1@naver.com으로
원고의 간단한 소개와 연락처를 보내주시면 빠른 시간에
검토하여 연락을 드리겠습니다.

목적) 이 조례는 서울특별시 내 학교의 학부모회 설치와 운영에 관한 사항을 정하여 효율적인 학부모

제2조(정의) 이 조례에서 사용하는 용어의 뜻은 다음과 같다. 1. '학교'란 「초·중등교육법」 제2조

부모'란 부모, 후견인 또는 다른 법령의 규정에 따라 보호·감독자 등의 지위에서 취학하여야 할 아동

두고 있는 기구를 말한다. 4. '총회'란 학부모 전체가 참여하는 학부모회의 최고 의사 결정 방식으로서

조례 또는 총회에서 위임한 사항을 결정하는 의사 결정 기구를 말한다. 제3조(학부모회의 설치) 서울

한다. 제4조(학부모회의 명칭) 학부모회의 학교별 명칭은 해당 학교명 다음에 '학부모회'를 붙여 표시

교교육 모니터링 2. 학부모 자원봉사 등 학교교육 활동 참여·지원3. 자녀교육 역량 강화를 위한 학부

제6조(회원) 회원의 자격은 해당 학교에 재학하는 학생의 학부모로 한다. 다만, 졸업한 학생의 학부

명, 부회장과 감사로 구성하되, 임원의 정수는 해당 학교 학부모회 정으로 정한다. ② 임원은 총회에서

있다. 제8조(임원의 임기) ① 임원의 임기는 선출일 다음 날부터 다음 학년도 정기총회일까지로 한다.

수 있다. 제9조(임원의 직무) ① 회장은 학부모회를 대표하고, 학부모회의 업무를 총괄한다. ② 부회

무 및 회계를 감사한다. ④ 제③항의 감사는 연 1회 실시하되, 감사가 학부모회의 공정한 운영을 위하

7일 이내에 학교 홈페이지 등을 통해 전체 회원에게 공개하여야 한다. 제10조(임원의 자격) 임원의 자격

회 규정이 정하는 바에 따라 대의원회, 학년별 학부모회, 학급별 학부모회, 기능별 학부모회를 둘 수

다. ③ 임시총회는 회장이 필요하다고 인정할 때, 또는 전체 회원의 10분의 1 이상의 요구가 있을 때 소

집하여야 한다. ⑤ 총회는 회원의 10분의 1 이상의 출석과 출석 회원 과반수의 찬성으로 의결한다. ⑥ 회

사항 등) ① 다음 각 호의 사항은 총회의 의결을 거쳐야 한다. 1. 학부모회 활동 계획 수립2. 해당 학교 학부

의견 수렴이 필요한 사항 5. 그 밖에 회장이 총회의 의결을 거치는 것이 필요하다고 인정하는 사항 ②

조에 따른 학교운영위원회의 학부모위원과 「학교폭력 예방 및 대책에 관한 법률」 제13조에 따른 학

「서울특별시립학교 운영위원회 구성 및 운영 등에 관한 조례」 제11조에 해당하는 사항에 대하여 학교

운영위원회 위원장에게 의견을 제출할 수 있다. 제14조(대의원회) ① 대의원회는 임원, 학년별 학부모

규정으로 정한다. ② 대의원회의 회장은 학부모회 회장이 겸임한다. ③ 대의원회는 정기회와 임시회로

대의원회는 회장이 소집한다. ⑤ 회장은 대의원회를 개최하려는 경우 회의 소집 의안 및 일시, 장소를

과반수의 찬성으로 의결한다. ⑦ 회장은 회의 결과를 회의 종료 후 7일 이내에 학교 홈페이지 등을 통하

각 호의 총회의 의결 사항 외의 학부모회 운영에 관한 사항2. 총회의 의결로 대의원회에 위임한 사항

년별로 민주적 절차에 따라 선출한다. ② 학년 학부모회에서는 해당 학년의 학교생활, 학년 운영 등에

학부모회 회원 5분의 1 이상의 요구가 있을 때 개최한다. ④ 학급 학부모회는 제①항에서 제③항의 규

교회 규정으로 정한다. 제17조(해산) ① 학교 통·폐합 등으로 학부모회가 존속할 필요가 없을 때에는

다. ③ 학부모회가 해산된 경우 교육청 및 지방자치단체의 보조금 등 학부모회의 남은 예산은 해당 학

교육감과 학교의 장은 학부모회의 효율적인 운영을 위하여 필요한 예산을 지원할 수 있다. ② 학부모

한다. 제2조(정의) 이 조례에서 사용하는 용어의 뜻은 다음과 같다. 1. '학교'란 「초·중등교육법」
2. '학부모'란 부모, 후견인 또는 다른 법령의 규정에 따라 보호·감독자 등의 지위에서 취학하여야 할
]으로 두고 있는 기구를 말한다. 4. '총회'란 학부모 전체가 참여하는 학부모회의 최고 의사 결정 방식
되어 이 조례 또는 총회에서 위임한 사항을 결정하는 의사 결정 기구를 말한다. 제3조(학부모회의 설치) 서
]으로 정한다. 제4조(학부모회의 명칭) 학부모회의 학교별 명칭은 해당 학교명 다음에 '학부모회'를 붙여
및 학교교육 모니터링 2. 학부모 자원봉사 등 학교교육 활동 참여·지원 3. 자녀교육 역량 강화를 위한 학부모
사업 제6조(회원) 회원의 자격은 해당 학교에 재학하는 학생의 학부모로 한다. 다만, 졸업한 학생의 학부모
회장 1명, 부회장과 감사로 구성하되, 임원의 정수는 해당 학교 학부모회 정으로 정한다. ② 임원은 총회에서
둘 수 있다. 제8조(임원의 임기) ① 임원의 임기는 선출일 다음 날부터 다음 학년도 정기총회일까지로 한다
]할 수 있다. 제9조(임원의 직무) ① 회장은 학부모회를 대표하고, 학부모회의 업무를 총괄한다. ② 부회장
업무 및 회계를 감사한다. ④ 제③항의 감사는 연 1회 실시하되, 감사가 학부모회의 공정한 운영을 위하여
7일 이내에 학교 홈페이지 등을 통해 전체 회원에게 공개하여야 한다. 제10조(임원의 자격) 임원의 자격은
]회 규정이 정하는 바에 따라 대의원회, 학년별 학부모회, 학급별 학부모회, 기능별 학부모회를 둘 수
]다 ③ 임시총회는 회장이 필요하다고 인정할 때, 또는 전체 회원의 10분의 1 이상의 요구가 있을 때 소집
]하여야 한다. ⑤ 총회는 회원의 10분의 1 이상의 출석과 출석 회원 과반수의 찬성으로 의결한다. ⑥ 회
사항 등) ① 다음 각 호의 사항은 총회의 의결을 거쳐야 한다. 1. 학부모회 활동 계획 수립 2. 해당 학교 학
] 의견 수렴이 필요한 사항 5. 그 밖에 회장이 총회의 의결을 거치는 것이 필요하다고 인정하는 사항 ② 총
조에 따른 학교운영위원회의 학부모위원과 「학교폭력 예방 및 대책에 관한 법률」 제13조에 따른 학교폭
「서울특별시립학교 운영위원회 구성 및 운영 등에 관한 조례」 제11조에 해당하는 사항에 대하여 학교운
]영위원회 위원장에게 의견을 제출할 수 있다. 제14조(대의원회) ① 대의원회는 임원, 학년별 학부모회
]규정으로 정한다. ② 대의원회의 회장은 학부모회 회장이 겸임한다. ③ 대의원회는 정기회와 임시회로 구
대의원회는 회장이 소집한다. ⑤ 회장은 대의원회를 개최하려는 경우 회의 소집 의안 및 일시, 장소를
과반수의 찬성으로 의결한다. ⑦ 회장은 회의 결과를 회의 종료 후 7일 이내에 학교 홈페이지 등을 통해
각 호의 총회의 의결 사항 외의 학부모회 운영에 관한 사항 2. 총회의 의결로 대의원회에 위임한 사항 제16
]로 민주적 절차에 따라 선출한다. ② 학년 학부모회에서는 해당 학년의 학교생활, 학년 운영 등에 대한
]모회 회원 5분의 1 이상의 요구가 있을 때 개최한다. ④ 학급 학부모회는 제①항에서 제③항의 규정을
] 규정으로 정한다. 제17조(해산) ① 학교 통·폐합 등으로 학부모회가 존속할 필요가 없을 때에는 통
③ 학부모회가 해산된 경우 교육청 및 지방자치단체의 보조금 등 학부모회의 남은 예산은 해당 학교의
]감과 학교의 장은 학부모회의 효율적인 운영을 위하여 필요한 예산을 지원할 수 있다. ② 학부모회의
]은 해당 학교 학부모회 규정으로 정한다. 부칙 〈제6141호, 2015. 12. 31.〉 제1조(시행일) 이 조례는 20

초등학교·중학교·고등학교 및 특수학교를 말한다. 다만 방송통신고등학교와 방송통신중학교는 제

교의 학생에 대하여 실질적인 교육의 책임을 지고 있는 사람을 말한다. 3. '학부모회'란 전체 학부모를

중등교육법 시행령」 제59조 제2항에 따른 학부모 전체회의를 말한다. 5. '대의원회'란 학부모 대표로 구

교육감 관할 공립학교에는 학부모회를 두고, 사립학교의 경우에는 학교 법인의 정관 또는 해당 학교의 규

5조(기능) 학부모회는 학교교육 발전을 위하여 다음 각 호의 사항을 수행한다. 1. 학교운영에 대한 의견제

. 지역사회와 연계한 비영리 교육사업 5. 그 밖에 학교의 사업으로써 해당 학교 학부모회의 규정으로 정하는

모회 임원은 임기 만료일까지 회원의 자격이 있는 것으로 본다. 제7조(임원 등의 구성) ① 학부모회의 임원

인 절차에 따라 선출한다. ③ 학부모회의 사무를 원활하게 처리하기 위하여 학부모회의 회원 중에서 간사

생의 졸업으로 인한 경우는 임기만료일까지 임원의 자격을 유지한다. ② 학부모회의 회장은 1회에 한하여

보좌하며 회장이 부득이한 사유로 직무를 수행할 수 없을 때에는 그 직무를 대행한다. ③ 감사는 학부모

고 인정할 경우에는 대의원회의 의결을 거쳐 특정 감사를 실시할 수 있다. ⑤ 감사는 감사 결과를 감사 종료

7 학부모회 규정으로 정한다. 제11조(학부모회의 조직) 학부모회는 총회를 두되, 필요한 경우 해당 학교

(총회) ① 총회는 정기총회와 임시총회로 구분하며, 정기총회는 매년 3월에 개최한다② 총회는 회장이

회장은 총회를 개최하려는 경우 총회 소집 의안 및 일시, 장소를 총회 개최 7일 전까지 학교 홈페이지 등

결과를 회의 종료 후 7일 이내에 학교 홈페이지 등을 통해 전체 회원에게 공개하여야 한다. 제13조(총회

정의 제·개정3. 학부모회 임원 선출4. 학교운영에 있어서 학부모들과 직접 관련 있는 사항으로써 학

·중등교육법 시행령」 제59 조제2항 및 「서울특별시립학교 운영위원회 구성 및 운영 등에 관한 조례

치위원회의 학부모위원을 선출한다. ③ 학부모회 회장은 총회의 의결 사항 중 「초·중등교육법」 제32

위원장에게 의견을 제출할 수 있다. ④ 학부모회 회장은 그 밖에 학부모회 규정이 정하는 사항에 대하여

별 학부모회 대표, 기능별 학부모회 대표를 포함하여 구성한다. 이 경우 대의원의 수는 해당 학교 학부

기회는 매년 1회 이상 개최하고, 임시회는 회장이나 재적 대의원 5분의 1 이상의 요구가 있을 때 개최한다

일 전까지 학교 홈페이지 등에 공고하여야 한다. ⑥ 대의원회 회의는 재적 대의원 과반수 출석과 출석

게 공개하여야 한다. 제15조(대의원회 의결 사항) 대의원회는 다음 각 호의 사항을 의결한다. 1. 제13조

학급·기능별 학부모회) ① 학년 학부모회는 해당 학년의 학부모로 구성하고, 학년 학부모 대표는 해당

원 사항 등 의견을 학부모회 회장에게 제출한다. ③ 학년 학부모회는 해당 학년 학부모 대표나 해당

기능별 학부모회는 해당 학부모회에 참여를 희망하는 학부모로 구성하며 그 밖의 사항은 해당 학교

로 해산한다. ② 학부모회를 해산하였을 때에는 해산 일로부터 2주 이내에 회원에게 해산 사항을 알려

귀속된다. 제18조(청산) 학부모회를 해산할 때에는 임원이 청산 사무를 담당한다. 제19조(재정 지원 등

의 회비를 징수하지 아니한다. 제20조(위임 규정) 이 조례에서 규정하지 아니한 학부모회 운영 등에

부터 시행한다. 제1조(목적) 이 조례는 경기도 내 학교의 학부모회 설치와 운영에 관한 사항을 정하여

다른 초등학교·중학교·고등학교 및 특수학교를 말한다. 다만 방송통신고등학교와 방송통신중학교

는 학교의 학생에 대하여 실질적인 교육의 책임을 지고 있는 사람을 말한다. 3. '학부모회'란 전체 학부

「초·중등교육법 시행령」 제59조 제2항에 따른 학부모 전체회의를 말한다. 5. '대의원회'란 학부모 다

별시교육감 관할 공립학교에는 학부모회를 두고, 사립학교의 경우에는 학교 법인의 정관 또는 해당

다. 제5조(기능) 학부모회는 학교교육 발전을 위하여 다음 각 호의 사항을 수행한다. 1. 학교운영에 대한

육 4. 지역사회와 연계한 비영리 교육사업 5. 그 밖에 학교의 사업으로써 해당 학교 학부모회의 규정으

학부모회 임원은 임기 만료일까지 회원의 자격이 있는 것으로 본다. 제7조(임원 등의 구성) ① 학부모회

주적인 절차에 따라 선출한다. ③ 학부모회의 사무를 원활하게 처리하기 위하여 학부모회의 회원 중에

만, 학생의 졸업으로 인한 경우는 임기만료일까지 임원의 자격을 유지한다. ② 학부모회의 회장은 1호

회장을 보좌하며 회장이 부득이한 사유로 직무를 수행할 수 없을 때에는 그 직무를 대행한다. ③ 감사

필요하다고 인정할 경우에는 대의원회의 의결을 거쳐 특정 감사를 실시할 수 있다. ⑤ 감사는 감사 결

해당 학교 학부모회 규정으로 정한다. 제11조(학부모회의 조직) 학부모회는 총회를 두되, 필요한 경우

다. 제12조(총회) ① 총회는 정기총회와 임시총회로 구분하며, 정기총회는 매년 3월에 개최한다 ② 총

한다. ④ 회장은 총회를 개최하려는 경우 총회 소집 의안 및 일시, 장소를 총회 개최 7일 전까지 학교

은 회의 결과를 회의 종료 후 7일 이내에 학교 홈페이지 등을 통해 전체 회원에게 공개하여야 한다. 저

부모회 규정의 제·개정 3. 학부모회 임원 선출 4. 학교운영에 있어서 학부모들과 직접 관련 있는 사항

회는 「초·중등교육법 시행령」 제59 조제2항 및 「서울특별시립학교 운영위원회 구성 및 운영 등에

력대책자치위원회의 학부모위원을 선출한다. ③ 학부모회 회장은 총회의 의결 사항 중 「초·중등교

영위원회 위원장에게 의견을 제출할 수 있다. ④ 학부모회 회장은 그 밖에 학부모회 규정이 정하는 사

대표, 학급별 학부모회 대표, 기능별 학부모회 대표를 포함하여 구성한다. 이 경우 대의원의 수는 해당

하며, 정기회는 매년 1회 이상 개최하고, 임시회는 회장이나 재적 대의원 5분의 1 이상의 요구가 있을

의 개최 7일 전까지 학교 홈페이지 등에 공고하여야 한다. ⑥ 대의원회 회의는 재적 대의원 과반수 출석

체 회원에게 공개하여야 한다. 제15조(대의원회 의결 사항) 대의원회는 다음 각 호의 사항을 의결한다

6조(학년·학급·기능별 학부모회) ① 학년 학부모회는 해당 학년의 학부모로 구성하고, 학년 학부모

건의와 지원 사항 등 의견을 학부모회 회장에게 제출한다. ③ 학년 학부모회는 해당 학년 학부모회

를 따른다. ⑤ 기능별 학부모회는 해당 학부모회에 참여를 희망하는 학부모로 구성하며 그 밖의 사항

폐합 일자로 해산한다. ② 학부모회를 해산하였을 때에는 해산 일로부터 2주 이내에 회원에게 해산 사

학교 회계에 귀속된다. 제18조(청산) 학부모회를 해산할 때에는 임원이 청산 사무를 담당한다. 제19조

에게는 일체의 회비를 징수하지 아니한다. 제20조(위임 규정) 이 조례에서 규정하지 아니한 학부모회